2023 年教育部高校思想政治工作精品项目
"'信蜂'行动:师范生'双扶双助'乡村实践模式创建与实施"研究成果

新时代高校青年学生骨干培养研究

雷　源　秦大伟　杨舒雅　著

哈尔滨工程大学出版社
Harbin Engineering University Press

内容简介

青年是国家的未来,民族的希望,是中国特色社会主义事业的建设者和接班人。坚持和发展中国特色社会主义,实现中华民族伟大复兴,需要一代又一代青年学生骨干投身其中,接续奋斗。

本书在总结已有研究成果的基础上,就高校青年学生骨干培养问题展开深入探索,结合新时代的机遇与挑战,阐述新时代高校"青马工程"的内涵,并对新时代高校青年骨干培养的价值维度作出界定。在梳理高校"青马工程"提出与发展历程的基础上,为新时代高校"青马工程"指出有针对性的建设路径,助力新时代高校"青马工程"的实践探索。

图书在版编目(CIP)数据

新时代高校青年学生骨干培养研究/雷源,秦大伟,
杨舒雅著.—哈尔滨:哈尔滨工程大学出版社,2023.8
ISBN 978-7-5661-4101-9

Ⅰ.①新… Ⅱ.①雷… ②秦… ③杨… Ⅲ.①高等学
校-学生干部-干部培养-研究 Ⅳ.①G645.5

中国国家版本馆 CIP 数据核字(2023)第 168197 号

新时代高校青年学生骨干培养研究
XINSHIDAI GAOXIAO QINGNIAN XUESHENG GUGAN PEIYANG YANJIU

选题策划	张　昕
责任编辑	张　彦　刘思凡
封面设计	李海波

出版发行	哈尔滨工程大学出版社
社　　址	哈尔滨市南岗区南通大街 145 号
邮政编码	150001
发行电话	0451-82519328
传　　真	0451-82519699
经　　销	新华书店
印　　刷	哈尔滨午阳印刷有限公司
开　　本	787 mm×1092 mm　1/16
印　　张	12
字　　数	294 千字
版　　次	2023 年 8 月第 1 版
印　　次	2023 年 8 月第 1 次印刷
定　　价	58.00 元

http://www.hrbeupress.com
E-mail:heupress@ hrbeu.edu.cn

本著作系 2023 年教育部高校思想政治工作精品项目"'信蜂'行动:师范生'双扶双助'乡村实践模式创建与实施"阶段性研究成果。

本著作系 2022 年教育部产学合作协同育人项目"基于 OBE 理念的思政课教师师资培训"(项目编号:220600520145230)阶段性研究成果。

本著作系 2021—2023 年四川省高等教育人才培养质量和教学改革项目"'互联网+'背景下基于'顶天立地、一体两翼'的创新思维与创业能力培养实践"(项目编号:JG2021－1385)阶段性研究成果。

本著作系 2022 年国家级大学生创新创业训练项目"新建本科院校'青马工程'实践课程建设研究"(项目编号:202214389064)阶段性研究成果。

本著作系 2023 年四川省大学生创新创业训练项目"弘扬优秀传统文化背景下新建本科院校'青马工程'实践中的机遇和挑战"(项目编号:S202314389142)阶段性研究成果。

前　言

　　青年是国家的未来,民族的希望,是中国特色社会主义事业的建设者和接班人。中国特色社会主义进入新时代,对培养青年学生骨干提出了更为紧迫的要求。党的二十大报告明确指出:"全党要把青年工作作为战略性工作来抓,用党的科学理论武装青年,用党的初心使命感召青年,做青年朋友的知心人、青年工作的热心人、青年群众的引路人。"坚持和发展中国特色社会主义,实现中华民族伟大复兴,需要一代又一代青年学生骨干投身其中,接续奋斗。可以说,培养一大批坚定的青年学生骨干事关党和国家事业的后继有人,事关中国特色社会主义事业的前途命运。

　　中国共产党是用马克思主义武装起来的政党,马克思主义是中国共产党人理想信念的灵魂。党的十八大以来,习近平总书记高度重视在青年群体中开展马克思主义教育,提出要加强对青年的政治引领,在广大青年中加强和改进理论武装工作,引导广大青年运用马克思主义立场、观点、方法观察分析问题。"青马工程"自2007年启动实施以来,在推动马克思主义理论在青年中广泛传播、加强青年政治骨干培养实践探索等方面取得了积极成效,为党培养了一批信仰坚定、能力突出、素质优良、作风过硬的青年政治骨干。当前,面对新的形势和要求,"青马工程"还存在不少突出问题。因此,必须提高政治站位,强化责任担当。要站在坚持马克思主义在意识形态领域的指导地位,巩固和扩大党执政的青年群众基础,确保党的事业后继有人、兴旺发达的高度,切实增强责任感、使命感、紧迫感,创新优化体制机制,不断强化"青马工程"为党育人的政治功能。

　　本书旨在总结已有研究成果的基础上,就高校青年学生骨干的培养问题展开深入探索,结合新时代的机遇与挑战,深入阐述新时代高校"青马工程"的内涵,并就新时代高校青年骨干培养的价值维度做出界定,梳理高校"青马工程"提出与发展历程,进而对其地位与功能,目标、内容与任务,原则与方法,管理与评估,培育机制,课程体系建设展开深入探究,并根据新时代高校"青马工程"培养工程的现状,发现问题,总结原因,在此基础上提出有针对性的建设路径,助力新时代高校"青马工程"实践探索研究。

本书主要由雷源、秦大伟、杨舒雅共同撰写完成,具体分工如下:雷源撰写第一章至第六章(共计11.2万字),秦大伟撰写第七章、第九章、第十章(共计10.6万字),杨舒雅撰写导论、第八章(共计5.5万字)。另外,雷源还负责本著作的总体策划、结构设计以及最后的审稿、校稿、统稿工作。

本书在撰写过程中参考并引用了一些学术著作和文献资料,在此向这些学术著作和文献资料的原著者表示诚挚的感谢。同时,由于著者水平有限,书中难免有疏漏和不足之处,请各位读者、专家批评指正。

著　者

2023 年 6 月

目　　录

导　　论

　　青年马克思主义者培养工程通过教育培训和实践锻炼等方式,不断提高大学生骨干、团干部、青年知识分子等青年群体的思想政治素质、政策理论水平、创新能力、实践能力和组织协调能力。"青马工程"有着极其深厚的理论基础,并在这些理论的影响下高速发展。对青年自身、高校思想政治工作、党和国家事业发展都有着重要意义。

第一节　新时代高校"青马工程"的相关概念

一、马克思主义

　　马克思主义是马克思主义理论体系的简称,是关于全世界无产阶级和全人类彻底解放的学说。它由马克思主义哲学、马克思主义政治经济学和科学社会主义三大部分组成,是马克思、恩格斯在批判地继承和吸收人类关于自然科学、思维科学、社会科学优秀成果的基础上于19世纪40年代创立的,并在实践中不断地丰富、发展和完善的无产阶级思想的科学体系。马克思主义理论体系是博大精深的理论体系,马克思主义世界观是工人阶级的世界观,马克思主义是工人阶级认识世界和改造世界的思想武器,是工人阶级争取阶级解放和人类解放的科学理论,是人类优秀文化成果,是19世纪欧洲重大社会科学成果和工人运动相结合的产物。狭义上说,马克思主义即马克思、恩格斯创立的基本理论、基本观点和学说的体系。马克思主义是科学的理论,创造性地揭示了人类社会发展规律。马克思主义是我们认识世界、改造世界的强大思想武器。马克思主义为我们提供了科学的思想方法,正确运用马克思主义,我们在观察事物时就能正确地提出问题、分析问题和解决问题。马克思主义是在批判地吸收前人优秀思想成果、总结人类历史经验的基础上创立的科学理论。马克思主义深刻揭示了自然界、人类社会、人类思维发展的普遍规律,为人类社会发展进一步指明了方向。马克思主义揭示了事物的本质、内在联系及发展规律,是"伟大的认识工具"。马克思主义是人民的理论,它第一次创立了人民实现自身解放的思想体系。马克思主义博大精深,归根到底就是一句话:为人类求解放。在马克思之前,社会上占统治地位的理论都是为统治阶级服务的。马克思主义第一次站在人民的立场探求人类自由解放的道路,以科学的理论为最终建立一个没有压迫、没有剥削、人人平等、人人自由的理想社会指明了方向。马克思主义之所以具有跨越国度、跨越时代的影响力,就是因为它植根于人民之中,指明了依靠人民推动历史前进的人间正道。马克思主义是实践的理论,指引着人民改造世界的行动。马克思主义不仅致力于科学解释世界,而且致力于积极改变世界。在伦敦海格特公墓的马克思墓碑上,镌刻着马克思的一句名言:"哲学家们只是用不同的方式解释世界,问题在于改变世界。"这鲜明地表现了马克思主义重视实践、以改造世界为己任的基本特征。正是在马克思主义的指导下,社会主义由空想变成科学,由科学理论转变为社会实践。社会主义国家的出现和社会主义制度的建立,深刻改变着人类历史的走向。

作为中国共产党和社会主义事业指导思想的马克思主义,是从广义上理解的马克思主义。它既包括由马克思、恩格斯创立的马克思主义的基本理论、基本观点、基本方法,也包括经列宁等对其继承和发展,推进到新的阶段,并由毛泽东、邓小平、江泽民、胡锦涛、习近平等为主要代表的中国共产党人将其与中国具体实际相结合,进一步丰富和发展了的马克思主义,即中国化的马克思主义。中国特色社会主义的成功实践,无可辩驳地证明了马克思主义具有鲜活的实践性和创造性,证明了马克思主义在中国的实践动力。在人类思想史上,还没有一种理论像马克思主义那样对人类文明进步产生如此广泛而巨大的影响。马克思主义是不断发展的开放的理论,始终站在时代前沿。

马克思主义诞生于19世纪中叶,但并没有停留在19世纪。马克思一再告诫人们,马克思主义理论不是教条,而是行动指南,必须随着实践的变化而发展。一部马克思主义发展史就是马克思、恩格斯以及他们的后继者们不断根据时代、实践、认识发展而发展的历史,是不断吸收人类历史上一切优秀思想文化成果丰富自己的历史。因此,马克思主义能够永葆其美妙之青春,不断探索时代发展提出的新课题,回应人类社会面临的新挑战。马克思主义进入中国,既引发了中华文明的深刻变革,也走过了一个逐步中国化的过程。马克思主义不是教条,而是行动的指南。一百多年来,它指导无产阶级的解放斗争取得重大胜利,随着社会实践和科学技术的发展而不断发展。马克思、恩格斯在进行深刻的科学研究工作的同时,亲身参加和领导国际共产主义运动,建立无产阶级的革命组织,指导国际无产阶级的革命斗争,总结无产阶级革命斗争的历史经验,在理论和实践相统一的基础上不断丰富和发展马克思主义。百年来,中国共产党坚持解放思想和实事求是相统一、培元固本和守正创新相统一,不断开辟马克思主义新境界,产生了毛泽东思想、邓小平理论、"三个代表"重要思想、科学发展观,产生了习近平新时代中国特色社会主义思想,为党和人民事业发展提供了科学理论指导。中国共产党的历史就是一部不断推进马克思主义中国化时代化的历史,就是一部不断推进理论创新、进行理论创造的历史。以史为鉴、开创未来,必须继续推进马克思主义中国化时代化。马克思主义只要同中国具体实际相结合、同中华优秀传统文化相结合,就能焕发出强大的生命力、创造力和感召力。"中国共产党为什么能,中国特色社会主义为什么好,归根到底是因为马克思主义行!"马克思主义是党和人民事业不断发展的参天大树之根本,是党和人民不断奋进的万里长河之源泉。

二、马克思主义者

当代青年是在党的关怀和教育下成长起来的，是可爱、可信、可靠、可为的一代。他们拥有广阔的发展空间，也肩负着伟大的时代使命。当前，中华民族正处在伟大复兴的关键时期，我国改革发展正处在克难攻坚、闯关夺隘的重要阶段，教育引领广大青年成为坚定的马克思主义者，是党的事业兴旺发达、国家长治久安的必然要求。马克思主义是历经实践反复检验的真理，它创造性地揭示了人类社会的发展规律，创立了人民实现自身解放的思想体系，并始终站在时代前沿，不断指引人民改造世界。培养青年马克思主义者，就是要使广大青年学生学会运用马克思主义立场、观点、方法分析解决社会现实问题，矢志不渝为共产主义远大理想和中国特色社会主义共同理想而奋斗。

1989 年 10 月，江泽民同志首次提出了"青年马克思主义者"的概念，指出"青年马克思主义者，是理论修养较为深厚、视野较为广阔，能密切联系群众，了解中国的国情与实际，能自觉依据理论与实际相结合的原则，创造性地开展工作的青年"。1997 年，全国高校党建工作会议上，江泽民同志进一步对青年马克思主义者的基本要求做出了界定：青年马克思主义者要有政治信仰、立场、观点和纪律，敏锐性与鉴别能力要比较突出，此外，科学文化素质、专业知识与能力也要比较突出。这一阐述将青年马克思主义者的概念统一于政治性和专业性之中，是一个比较完整的青年马克思主义者的定义。

当今世界正在经历百年未有之大变局，世界多极化、经济全球化、社会信息化、文化多样化深入发展，新兴的信息传播技术已经在青年的生活中占据了主导地位。青年是网民的主力军，而网络信息错综复杂，当代中国青年如何在当下快速且大量传播的信息中取其精华，避免受到不良信息诱导，迫切需要党和国家进行积极、正确的引导。且当代中国青年与新时代同步前行，既是现在的生力军，也是未来的主力军，必将肩负起全面建设社会主义现代化国家的使命，这也需要党和国家的进一步指导。青年马克思主义者，是在党和国家正确的引导下树立了正确的马克思主义观，成为服务人民、心怀集体、忠于国家的时代新青年，也是新时代中国特色社会主义事业的参与者和建设者，为全面建成社会主义现代化强国与实现中华民族伟大复兴的历史使命而努力的奋斗者。

青年马克思主义者具有鲜明的政治性、强烈的时代性和突出的实践性。这体现在，青年马克思主义者当用马克思列宁主义、毛泽东思想、邓小平理论、"三个代表"重要思想、科学发展观、习近平新时代中国特色社会主义思想强化自身，用马克思主义指导学习、工作和实践，解决当前社会面临的各种问题，坚定共产主义信仰，坚持党的领导，坚定中国特色社会主义道路，建立为社会主义事业奋斗的政治理念和人生理想。

马克思主义理论具有与时俱进的特点，可随时代的需求自我更新、完善，青年马克思主义者要具有强烈的时代性，不断继承马克思主义理论，也要能运用马克思主义理论解决新问题、肩负新使命；青年马克思主义者要着眼实际，增强自身实践能力，掌握建设社会主义事业的知识和技能，致力于推动国家富强、民族复兴、社会发展、人民幸福，在伟大的社会主义建设事业中实现个人价值和社会价值的统一。

青年马克思主义者面向大学生骨干、共青团干部和青年知识分子。大学生骨干主要包括各级各类学生干部、学生社团干部、学生党员和入党积极分子、理论学习骨干及在学术科技、文化体育等方面成绩突出的优秀学生;共青团干部主要指各级共青团组织的专职干部;青年知识分子主要指在人文社会科学和自然科学领域从事科学研究、技术开发应用、教学推广等工作的青年高级知识分子。

当代青年马克思主义者要具备四方面素质:高度的理论自觉,要用马克思主义科学理论武装头脑,关键是学懂弄通习近平新时代中国特色社会主义思想,并内化为固有的理论品格,武装头脑、指导工作;鲜明的实践品格,要能够深刻把握改革开放伟大实践的丰富性、复杂性、艰巨性,充分认识社会主义初级阶段的基本国情和中国发展的阶段性特征以及我国社会主要矛盾的转变,通过踏踏实实的奋斗不断开辟事业发展的新天地;深厚的群众根基,要坚守人民立场,深刻认识人民群众是创造历史的真正英雄,扎根于人民群众这片丰厚沃土,始终保持与人民群众的深厚感情,努力为最大多数人民谋利益,努力具备过硬的群众工作本领;过硬的政治素质,牢固树立"四个意识"、对党绝对忠诚,增强"四个自信"、信念极为坚定,要具备在关键时刻能够为党和人民挺身而出的斗争意识和能力。

在新时代的大背景下,青年马克思主义者担负着重要的历史使命。把他们培养成具有坚定的马克思主义信仰、共产主义远大理想和中国特色社会主义共同理想、德才兼备、全面发展的社会主义合格建设者和可靠接班人,是努力开创中国特色社会主义事业更加广阔前景的内在要求,是一项刻不容缓的政治责任、历史责任。为此,需要进一步提高政治站位,强化责任担当,坚定马克思主义信仰,巩固和扩大党执政的青年群众基础,确保党的事业后继有人、兴旺发达,把红色江山世世代代传下去,不断培养一大批坚定的青年马克思主义者,为党的队伍和党的事业输送政治骨干。这是一个长期性、系统性的战略工程,而非一般的事务性工作,需要我们咬定目标、脚踏实地,埋头苦干、久久为功。

三、青年马克思主义者培养工程

"青马工程"是青年马克思主义者培养工程的简称。2007年,团中央在相关部委的支持下,启动实施了"青马工程",旨在为党培养信仰坚定、能力突出、素质优良、作风过硬的青年政治骨干。

共青团十八大以来,团中央将"青马工程"作为履行根本任务和政治责任的重要载体,明确以科学化培养具备"忠诚的政治品格、浓厚的家国情怀、扎实的理论功底、突出的能力素质,忠恕任事、人品服众"的青年政治骨干为目标,突出培训培养并重,着力提质扩面,改革创新工作机制,以更好发挥为党育人的政治功能。"青马工程"每一期集中培养周期原则上为1年。全国班每期规模约200人,其他层级班遵循"少而精"的原则合理安排规模。截至2020年6月,各级"青马工程"共培养近200万人。

"青马工程"开展的基本原则是坚持党的领导,坚持"党管青年""党管人才"原则,将党的基本理论、基本路线、基本方略贯穿"青马工程"实施的各领域和全过程;突出核心目标,把理想信念教育放在首位,坚持用马克思主义科学理论武装青年头脑,引导学员树立共产主义远大理想和中国特色社会主义共同理想;注重实践导向,组织引导青年在中国特色社会主义实践、群众工作实践、各种重大事件和急难险重任务中,深入了解世情、国情、党情、站稳立场、坚定信念、锻炼能力、敢于担当,充分发挥"点亮一盏灯、照亮一大片"的示范带动作用;遵循育人规律,聚焦"培养青年政治骨干"这一目标,尊重思想政治教育规律、青年成长规律等,突出青年马克思主义者培养的特殊要求。

"青马工程"逐步构建覆盖高校、国企、农村、社会组织等各领域优秀青年,不断为党培养和输送青年政治骨干的培养体系。通过持续深化改革和提质增效,"青马工程"的培养体系更加完备,培养模式更为规范,加强青年政治引领的功能效应愈发凸显,在各行业各领域切实为党培养和输送了一批具有忠诚的政治品格、浓厚的家国情怀、扎实的理论功底、突出的能力素质,以及忠恕任事、人品服众的青年政治骨干。

"青马工程"培养内容为深化理论学习,主要目标是帮助学员加深对党的科学理论的理解掌握,学深悟透习近平新时代中国特色社会主义思想,掌握马克思主义的立场、观点和方法,进一步坚定跟党走的中国特色社会主义道路的信心和决心。其主要方式是引导学员读原著、学原文、悟原理,深读《习近平谈治国理政》等马克思主义经典著作,跟进学习习近平总书记重要讲话精神;邀请党政领导、专家学者就党的创新理论、重大政策以及社会热点等进行专题辅导;为学员安排具有马克思主义理论学科高级专业技术职称的专家学者担任理论导师,组织学员对经济社会发展的重要问题开展调查研究。原则上学员每年集中理论学习不少于 2 周或总学时不少于 80 学时。开展红色教育,主要目标是帮助学员弘扬民族精神和时代精神,加强对党史、新中国史、改革开放史、社会主义发展史等内容的学习。引导学员增强对革命传统精神的理解,实现爱国主义精神的升华。其主要方式是组织学员赴革命传统教育基地、爱国主义教育基地、革命遗址等实地学习,参加祭奠革命先烈、重温入党誓词等仪式教育。通过寻访历史见证人,观看优秀典型事迹的影像资料、专题展览,邀请先进典型做事迹报告等活动,加强实践锻炼。其主要目标是帮助学员深入了解我国国家制度和国家治理体系,加强社会观察,在基层一线、困难艰苦的地方磨砺意志、锤炼品格、增长才干,不断增进与人民群众的感情,树立群众观念,坚持群众路线。同时,开展集中实践,组织学员到有代表性的基层地区和行业开展实地锻炼。深化日常实践,培养期内设置跟岗见习、志愿服务等内容,组织学员就近就便开展常态化实践训练。引导学员在网络上主动发声亮剑,同各种错误观点和思潮做斗争,在面对重大事件和各种急难险重任务时冲锋在前、经受考验。另外,积极创造条件,组织学员参加与国际交流、与港澳台地区青年交流等活动,通过对不同体制制度和发展模式的比较研究,进一步增强制度自信。

习近平总书记在庆祝中国共产主义青年团成立 100 周年大会上的重要讲话精神和习近平总书记关于做好新时代人才工作的重要思想,进一步提升了青年马克思主义者培养工程制度化规范化水平。

共青团中央印发的《青年马克思主义者培养工程管理办法(试行)》,是"青马工程"培养体系科学化、培养制度规范化的又一次探索。《青年马克思主义者培养工程管理办法(试行)》规范了"青马工程"管理机制和组织单位管理责任,明晰了各实施领域的开展层级,着力破解"青马工程"培养工作认识不清、管理不严、指导不足等问题,为提升"青马工程"制度化规范化水平提供详细、具体指导,在机制上确保"青马工程"组织管理工作有章可循、有规可依。

作为共青团为党育人的重要品牌,"青马工程"15 年来累计培养学员超过 300 万人,在青年中培养造就了一大批用马克思主义中国化时代化最新成果武装的马克思主义者。各级"青马工程"组织单位须压实管理责任,严格按照《青年马克思主义者培养工程管理办法(试行)》各环节培养标准从严实施,切实提升培养质量,引导青年成长为社会主义的合格建设者和可靠接班人。

第二节 新时代高校"青马工程"理论基础

2007 年 5 月,团中央在北京启动"青年马克思主义者培养工程"。其目的是通过教育培训和实践锻炼等方式,不断提高大学生骨干、团干部、青年知识分子等青年群体的思想政治素质、政策理论水平、创新能力、实践能力和组织协调能力,使他们进一步坚定跟党走中国特色社会主义道路的信念,成长为中国特色社会主义事业的合格建设者和可靠接班人。"青马工程"的发展离不开理论的支持。

一、马克思、恩格斯的有关论述

马克思、恩格斯没有关于青年的专门论著,他们对于青年的本质特征、社会地位、成长和教育等方面的论述散见于其论著中,形成了马克思主义青年观。这是高校"青马工程"理念创立的根源性追溯。1845 年至 1846 年,马克思、恩格斯共同撰写的《德意志意识形态》发表,奠定了马克思主义青年观的理论基础。文章科学地阐述了关于人的全面发展的学说:"私有制只有在个人得到全面发展的条件下才能消灭,因为现存的交往形式和生产力是全面的,所以只有全面发展的个人才可能占有它们,即才可能使它们变成自己的自由的生活活动。"这是马克思主义青年观的萌芽,是"青马工程"的鼻祖式价值理念。"青马工程"旨在培养中国特色社会主义事业的合格建设者和可靠接班人,必然追求青年群体的全面发展。

二、毛泽东的青年观

毛泽东作为中国共产党第一代中央领导集体的核心,作为一位伟大的马克思主义者,其青年思想的形成和演进,是在中西思想文化进行剧烈撞击的历史背景下实现的。青年毛泽东在肯定中西文化思想在人类文化构成中的地位的同时,主张兼收并蓄。正是他对各种理论的比较、鉴别和吸收,使他完成了从唯心史观向唯物史观的转变,从爱国主义向社会主义的转变,为其成为马克思主义者奠定了坚实的思想基础,也为其青年思想的形成奠定了坚实的思想基础。毛泽东对青年、青年运动、青年工作给予了极大的关注。毛泽东提倡的"青年观",特别推崇志气、热气、生气、豪气、朝气之类的"青年之气",充满着豪情壮志,蕴含着深刻哲理。毛泽东的"青年观",是在他青年时期就逐渐形成并且付诸实践的。1918 年,毛泽东在一首诗中抒发了"修身修心、常新常美"的青年志向,他写道:"管却自家身与心,胸中日月常新美。"后来,经过漫长的革命和战争岁月,到新中国成立后的 1955 年,毛泽东在为一篇文章所作的按语中,对青年提出热情褒扬:"青年是整个社会力量中的一部分最积极最有生气的力量。他们最肯学习,最少保守思想,在社会主义时代尤其是这样。"1957 年 11月 17 日,毛泽东在苏联莫斯科大学的讲话中提出:"世界是你们的,也是我们的,但是归根结底是你们的。你们青年人朝气蓬勃,正在兴旺时期,好像早晨八、九点钟的太阳。希望寄托在你们身上。"他对青年问题做了一系列的论述，形成了内容丰富的毛泽东青年思想，这丰富和发展了马克思主义青年学说，为"青马工程"提供了初步理念，使得当代"青马工程"的实施显得有可能、有必要。

三、邓小平的青年观

中国改革开放的"总设计师"邓小平，把青年成长与党和国家事业兴旺发达紧紧联系了起来，提出了争做"四有"新人的"青年观"。1978年3月18日，在中共中央、国务院举办的全国科学大会上，面对当时科技队伍青黄不接的状况，邓小平疾呼加速培养年轻一代科技人才。"青年一代的成长，正是我们事业必定要兴旺发达的希望所在。"短短数语成为鼓舞一代中国青年争分夺秒、团结起来、振兴中华的强大精神动力。1983年5月4日，邓小平为时代青年的楷模张海迪题词："学习张海迪，做有理想、有道德、有文化、守纪律的共产主义新人!"争做"四有"新人，成为改革开放时期中国青年的响亮口号。邓小平运用马列主义、毛泽东思想的基本原理，结合建设中国特色社会主义事业的实际，针对我国青年面临的新情况、新问题，高瞻远瞩地提出了一系列关于青年和青年工作的基本观点和思路，形成了独具特色的青年思想体系。邓小平指出，青年要走学习、实践、到第一线的成长道路。邓小平多次鼓励青年要解放思想、实事求是、勇于实践、勇于探索、勇于创新、大胆地试、大胆地闯。当代"青马工程"以此为借鉴，坚持与时俱进，不断丰富和完善相关内容。"青马工程"在培养青年马克思主义者时，也注意把组织培养对象参加社会实践作为引导他们了解社会、全面提高综合素质、坚定理想信念的重要途径。

四、江泽民的青年观

江泽民曾说："社会主义现代化需要青年去建设，中华民族的伟大复兴需要青年去奋斗。青年一代要承担起这个历史责任，就要坚持学习科学文化与加强思想修养的统一，坚持学习书本知识与投身社会实践的统一，坚持实现自身价值与服务祖国人民的统一，坚持树立远大理想与进行艰苦奋斗的统一，努力成长为有理想、有道德、有文化、有纪律的人，成长为对党和国家、对人民有所建树的人。"江泽民的青年思想是在新的历史条件下，对毛泽东青年思想和邓小平青年思想的丰富和发展。他从永葆中华民族的生机和活力的角度出发，从国家长治久安的高度出发，运用马克思主义关于青年的一系列论述，对青年进行了科学的判断，做了具体的分析。他相信青年是优秀的，同时也不忽视他们的弱点和不足。在"青马工程"的落实过程中，要明确青年具有步入社会的过渡性、适应社会的继承性、改造社会的开拓性，对青年要有正确评估和正确态度。

五、胡锦涛的青年观

胡锦涛曾指出："青年是祖国的未来、民族的希望。全面建成小康社会、加快推进社会主义现代化的历史任务需要青年们奋勇承担，中华民族伟大复兴的光明前景需要青年们奋力开创。"他希望全国广大团员和各族青年牢记党和人民的重托，自觉担负起时代的重任，以英雄模范为榜样,努力成为理想远大、信念坚定的新一代,品德高尚、意志顽强的新一代,视野开阔、知识丰富的新一代,开拓进取、艰苦创业的新一代,让青春在建设中国特色社会主义的伟大事业中焕发出更加绚丽的光彩。广大青年要"坚持高尚品行,刻苦学习,艰苦奋斗,开拓创新,要面向现代化、面向世界、面向未来,不畏艰难、矢志奋斗、立足岗位、立足实际,讲求科学、讲求方法,把创新潜能充分发挥出来,不断开辟新的发展空间、取得新的突破性进展",积极投身于中国特色社会主义伟大事业,不负重托,不辱使命,创造更加壮美的青春业绩。2007 年 5 月 15 日,团中央在北京启动"青年马克思主义者培养工程",从政策上确立了对青年群体的重视和培养目标。"青马工程"以此为理论前提,充分满足多层次、立体化的青年群体,着重培养社会主义现代化建设的生力军。

六、习近平的青年观

习近平总书记在庆祝中国共产主义青年团成立 100 周年大会上讲道:"新时代的广大共青团员,要做理想远大、信念坚定的模范;要做刻苦学习、锐意创新的模范;要做敢于斗争、善于斗争的模范;要做艰苦奋斗、无私奉献的模范;要做崇德向善、严守纪律的模范。"这为新时代青年的成长成才指明了方向。当今世界正在经历百年未有之大变局,中华民族正处于伟大复兴的关键时期。新时代青年是在党的关怀和教育下成长起来的,肩负着伟大的历史使命。面对新挑战新机遇,如何教育引领广大青年成为坚定的马克思主义者,成为堪当民族复兴重任的时代新人,事关党和国家的前途命运。党的十八大以来,习近平总书记亲自谋划和指导青年工作,多次接见青年代表、参与青年活动、回复青年来信,强调"青年一代有理想、有本领、有担当,国家就有前途,民族就有希望""实现中华民族伟大复兴的中国梦,需要一代又一代有志青年接续奋斗""未来属于青年,希望寄予青年"等,凸显了青年在推动社会进步与发展中的重要价值,寄托了党和国家对青年的重视、信任与期望。2017 年 4 月,《中长期青年发展规划(2016—2025 年)》出台,这是以习近平同志为核心的党中央做出的重大战略部署,推动了党的青年工作迈上新台阶。而在庆祝中国共青团成立 100 周年大会上,习近平总书记指出"要千方百计为青年办实事、解难事,主动想青年之所想、急青年之所急",让青年真切感受到党的温暖和关怀。新形势下,团结和组织青年,要以马克思主义青年观为指导,用心用情用智做好团结教育服务青年工作,努力把青年培养成中国特色社会主义事业的建设者和接班人。

2023 年,共青团中央印发了《青年马克思主义者培养工程管理办法(试行)》(以下简称《办法》),着眼于青年政治人才培育需要,在 2019 年共青团中央、教育部、民政部、农业农村部、国务院国资委联发《关于深入实施青年马克思主义者培养工程的意见》的基础上,进一步明确了"青马工程"工作原则和培养内容,细化了针对学员和导师等群体要素的具体要求。在学员方面,强化了政治标准,严格进行政治把关,使学员选拔条件与淘汰机制更为明确。在导师方面,明确了导师应具备的基本条件,规范导师聘用程序、聘用期和续聘等事项,规定导师指导学生数量及应遵守的义务。《办法》的出台,是"青马工程"培养体系科学化、培养制度规范化的又一次探索。《办法》规范了"青马工程"管理机制和组织单位管理责任,明晰了各实施领域的开展层级,着力破解"青马工程"培养工作认识不清、管理不严、指导不足等问题,为提升"青马工程"制度化规范化水平提供详细具体指导,在机制上确保"青马工程"组织管理工作有章可循、有规可依。

当前,中国特色社会主义进入新时代,党和国家事业进入"两个一百年"奋斗目标的历史交汇期,这对青年马克思主义者的培养提出了更高要求。以马克思主义青年观融入青年马克思主义者培养,是实现中华民族伟大复兴的战略需要,也是新时代高校提升青年马克思主义者培养质量的需要。"青春孕育无限希望,青年创造美好明天。"用马克思主义青年观培养青年马克思主义者是一项系统性工程,只有不断丰富与发展新时代马克思主义青年观,将其有机融入青年马克思主义者培养的目标设置、内容安排、价值取向中,才能把青年凝聚在党的理想信念旗帜之下,更好地团结、组织、动员青年,为实现第二个百年奋斗目标、实现中华民族伟大复兴的中国梦不懈奋斗。

第三节　新时代高校"青马工程"现实意义

党的二十大召开以来,以习近平同志为核心的党中央高度重视青年发展事业,反复强调青年一代有理想、有担当,国家就有前途,民族就有希望,实现中华民族伟大复兴就有源源不断的强大力量。同时也进一步明确了中国特色社会主义青年运动方向,全面加强对青年的思想政治引领和成长成才服务,制定实施一系列促进青年发展的政策措施,激励引导青年与民族同命运、与祖国共奋进、与时代齐发展,为广大青年指明了正确成长道路,创造了良好成长环境。

2017年4月13日,中共中央、国务院印发了《中长期青年发展规划(2016—2025年)》,指出青年是国家经济社会发展的生力军和中坚力量,党和国家事业要发展,青年首先要发展。赢得青年才能赢得未来,塑造青年才能塑造未来。要站在党和国家事业后继有人、兴旺发达的高度,把青年发展摆在党和国家工作全局中更加重要的战略位置,整体思考、科学规划、全面推进,努力形成青年人人都能成才、人人皆可出彩的生动局面,为实现"两个一百年"奋斗目标及实现中华民族伟大复兴的中国梦注入强劲、持久的青春动力。

青年是国家的未来、民族的希望,"青马工程"开展的目的就是在当前这一信息大流通的时代正确引领青年的思想观念和价值取向,促使他们肩负起党和国家未来的事业,为全面建设社会主义现代化国家与实现中华民族伟大复兴而努力。开展"青马工程"对我国青年具有重大的现实意义和历史意义,要遵循客观规律、强化使命担当,不断推进"青马工程"向前发展,促使青年加强学习,争做新时代的合格马克思主义者和优秀中国青年。

一、"青马工程"在培养青年道路上的重要引领作用

党的十八大以来,以习近平同志为核心的党中央高度重视青年发展事业,反复强调青年一代有理想、有担当,国家就有前途,民族就有希望,实现中华民族伟大复兴就有源源不断的强大力量。同时进一步明确了中国特色社会主义青年运动方向,全面加强对青年的思想政治引领和成长成才服务,制定实施一系列促进青年发展的政策措施,激励引导青年与民族同命运、与祖国共奋进、与时代齐发展,为广大青年指明了正确成长道路,创造了良好

成长环境。习近平同志在纪念"五四运动"100周年大会上的重要讲话指出,"实践充分证明,中国青年是有远大理想抱负的青年！中国青年是有深厚家国情怀的青年！中国青年是有伟大创造力的青年！无论过去、现在还是未来,中国青年始终是实现中华民族伟大复兴的先锋力量"！

新时代的中国青年须是有远大理想抱负的青年！国家的前途、民族的命运、人民的幸福,是当代中国青年必须和必将承担的重任。青年一代有理想、有担当,国家就有前途,民族就有希望。中华民族伟大复兴的中国梦终将在一代代青年的接力奋斗中变为现实。广大青年只有把自己的小我融入祖国的大我、人民的大我之中,与时代同步伐、与人民共命运,才能更好地实现人生价值、升华人生境界。"青马工程"是在思想上筑起一道防火墙,重视文化培养,并要注意其持久性,时时紧跟政治步伐,有效地拓宽大学生学习科学文化知识的深度和广度,使大学生真正学习好马克思主义中国化时代化的知识,使大学生真正培养起民族文化自信,胸怀理想抱负。

新时代的中国青年须是有深厚家国情怀的青年！"青马工程"旨在培养"信仰坚定、能力突出、素质优良、作风过硬"的青年政治骨干,其人才培养具有渐进性与生成性特点。从奋战在扶贫第一线的党员干部,到扎根大山的乡村教师；从守卫世界和平的维和官兵,到用生命灭火英勇牺牲的消防战士；从以十一连胜夺取世界杯冠军的女排姑娘,到助力中国"奔月"梦想照进现实的年轻"嫦娥人"……新时代的中国青年满怀对祖国和人民的赤子之心,以国家任务为己任,在祖国需要的各行各业积极行动、热忱付出,这就是情怀,把最美好的青春献给了祖国和人民,为中华民族的伟大复兴贡献自己的青春力量。

新时代的中国青年须是有伟大创造力的青年！当前,我国正处于实现中华民族伟大复兴的关键时期、攻坚时期,新时代的中国青年,要勇做走在时代前列的奋进者、开拓者和奉献者,毫不畏惧面对一切艰难险阻。在劈波斩浪中开拓前进,在披荆斩棘中开辟天地,在攻坚克难中创造业绩。用青春和汗水创造出让世界刮目相看的新奇迹！

二、"青马工程"推进高校思想政治工作建设

近年来,高校共青团在高校党委和上级团委的领导和指导下,立足持续为党的伟大事业薪火相传、培养坚定的青年马克思主义者的目标定位,切实将"青马工程"融入思想政治工作"大格局",整体谋划、统筹推进,形成系统化实施、立体化支撑和常态化引领的工作格局。增强大学生思想政治教育的针对性、实效性,提升大学生思想政治教育的质量,是当前高校宣传思想工作的重要内容,是实现高校培养合格人才目标的重要保障。随着社会经济不断变化,国际形势风云莫测,互联网飞速发展的今天,大学生受网络政治舆论影响很大,也给高校思想政治教育工作提出了更多的挑战,高校思想政治教育工作也存在许多问题。"青马工程"提出和实施以来,在理论和具体实践层面都取得了丰硕成果,为破解大学生思想政治教育工作中的难题提供了宝贵的经验,为推进高校开展大学生思想政治教育工作提供了有益参考。

"青马工程"是高校思想政治教育工作的重要延伸。高校承载着人才培养、科学研究、服务社会等重大职能,是传播知识、培养人才、立德铸魂的重要阵地。高校的教学设计、人才培养计划、课程体系建设等方方面面的顶层办学规划都与广大青年学生的成长成才有着

紧密的联系。"青马工程"对大学生思想政治教育工作具有引领带动和辐射示范作用。绝大多数"青马工程"学员经过理论教育和实践训练，成为"思想上的前行者、学习上的佼佼者、工作中的奉献者、实践中的带头者、生活中的服务者"，逐步形成良好的自我教育、自我管理和自我服务的能力，成为引领广大学生追求进步的正能量，成为激发学生学习先进、争做先进、赶超先进的榜样和表率。

同时，"青马工程"能为开展高校思想政治教育工作补充重要的学生骨干力量。广大学生干部是开展大学生思想政治教育工作的重要力量。"青马工程"有力地推动了学生骨干队伍建设，帮助学生干部提升自身思想觉悟，使其在组织日常校、院活动时，能担当起组织者、策划者的责任，在学校校园文化活动方面，成为重要的设计者和实施者；在学生日常教育管理和服务工作中，发挥上下衔接、传达动员、组织实施的重要作用，成为师生沟通交流的重要桥梁和纽带。

"青马工程"打造资深教师队伍。高校是国家优秀人才培养的重要源泉之一，广大高校学生是国家的重要知识群体，他们正处在人生中学习的最宝贵时段，对他们进行有目的的培养，将他们培养成中国特色社会主义事业的合格建设者和可靠接班人是社会主义现代化建设的要求。马克思主义深刻地阐述了人类历史发展的客观规律，高瞻远瞩地规划了人类发展的美好蓝图。建设专业化的"青马"教师队伍。队伍成员可以为长期奋战在教学一线的高校资深思政教师、从事思政研究的校领导、杰出校友、校外资深马克思主义理论研究者等。该教师队伍为"青马工程"实践课程的理论性、学理性提供智力支持，完善实践课程整体规划的综合考虑、总体布局。要力求在长期的实践中，让"青马工程"教师队伍内形成统一规划、各展其长、定期学术研讨等体制机制。同时，在探索中形成统一规划的机制，制定统一教学目标推动课程体系化，结合各展其长的教学机制在实践中不断增强课程的全面性、专业性。在"青马工程"教师队伍中推行建设实践课程考核机制，形成良性的竞争、合作关系，赋予"青马工程"教师队伍自我提升的属性。各高校在同资深学者建立长期合作的机制中，充分利用外嵌式资源，定期联系学界学者开展学术研讨，不断加强"青马工程"教师队伍的学术建设，推动"青马工程"知识与时俱进、推陈出新，夯实"青马工程"的学术基础。

"青马工程"是高校实现"中国梦"的重要行动。党的二十大以来，习近平总书记提出了实现中华民族伟大复兴的"中国梦"，并寄语全国广大青少年："要志存高远，增长知识，锤炼意志，让青春在时代进步中焕发出绚丽的光彩。"高校作为汇聚优秀青年的阵地，承担着光荣而艰巨的任务——就是为全民族实现伟大的"中国梦"培养坚强的后续力量。这支力量就是我党事业的后备力量，它由成千上万信仰坚定、人格健全、学识渊博、能力突出的优秀青年汇聚而成。要想培养好这支力量，"青马工程"是一个极佳选择。高校因其拥有培养青年马克思主义者的优势资源，具备培养青年马克思主义者的卓越能力和丰富经验，必然成为培养后备力量的重要阵地。大学阶段是人生成长过程中思想政治素质提升、人生观及世界观形成的最重要的时期，是团组织能够对个人产生直接影响的重要阶段，此时进行思想政治引导也最为有效。一方面可以通过正常的课堂教学，从正面直观地对青年学生进行教育和指导，引导广大青年成为理想信念坚定、身心素质健强、知识素养扎实、社会参与主动，可堪大任的新时代中国青年；另一方面可以通过打造精彩的学术讲座、激烈的辩论赛、高雅的音乐欣赏会等能够展现学生个性、锻炼学生能力的校园文化活动，充分发挥各种学生团体良好的带动引领作用，营造良好的校园精神环境，为广大青年学子创造各种各样的实践机会和展示平台,在实践中增长才干,在服务中磨砺锻炼,培养出高水平、全方位的综合型人才。

三、"青马工程"对党和国家事业发展上的助推作用

党的二十大报告指出,中国共产党立志于中华民族千秋伟业,为全面建设社会主义现代化国家、全面推进中华民族伟大复兴而团结奋斗。马克思主义是我们立党立国、兴党兴国的根本指导思想。中国共产党人要把握好新时代中国特色社会主义思想的世界观和方法论,坚持好、运用好贯穿其中的立场观点和方法。要办好人民满意的教育,全面贯彻党的教育方针,落实立德树人根本任务,培养德智体美劳全面发展的社会主义建设者和接班人。"青年马克思主义者培养工程"是党中央提出的一项旨在培养党的青年政治骨干、培养党的事业接班人的战略。这项工程既是推动我国青年发展的长期战略,也是我党实现自我革命、壮大自身力量的重大项目。

开展"青马工程"是我党的增添新鲜血液的重要环节。2017年,在中央下发的《中长期青年发展规划(2016—2025年)》中,把"青马工程"作为第一个重点项目。2020年,教育部、中组部、中宣部等八部委《关于加快构建高校思想政治工作体系的意见》指出,要加大马克思主义者和青年马克思主义者的培养力度,加快培养一批立场坚定、功底扎实、经验丰富的马克思主义者,特别是培养一大批青年马克思主义者。同年6月,教育部、团中央等五部委又下发了《关于深入实施青年马克思主义者培养工程的意见》,强调了"青马工程"要着力为党培养和输送青年政治骨干,确保党的事业后继有人、兴旺发达,不断强化"青马工程"为党育人的政治功能。通过学习"青马工程"让学员撰写学习感悟等方式,充分发挥学员的能动性、自主性,让学员能够更为主动地挖掘红色资源,感悟红色精神,促使参训学员感悟中国共产党人的初心使命,感悟艰苦创业精神、改革开放精神、新时代伟大奋斗精神等对学生干部的塑造作用,着力铸造信念坚定的时代新青年。同时,将"青马工程"实践课程同青年文化相结合,推动"青马工程"实践课程与时俱进、推陈出新。随着时代的不断发展,青年文化也在不断变化,要把握住当代新党员的心理活动,创建出集我国主流意识形态和青年文化为一体的实践课程。实践课程既要遵循对高校"青马工程"学员、党员进行思想政治教育的规律,转变传统的以灌输式为主的课程教授方式,让理论知识生动化,又要适应学员成长发展的规律,满足受教育者的内在精神需求。要创新高校固有的实践课程,使实践课程更接地气,让"青马工程"知识在党建工作中落地生根。将"青马工程"同党建文化相结合,不仅能够使"青马工程"实践课程内容得到丰富,也能够将"青马工程"实践课程的发展推送到全新的层次。

第一章 高校"青马工程"的提出与发展

我国关于青年马克思主义者的培养可以追溯到民主革命时期。在李大钊、陈独秀、毛泽东等先驱的指引下,马克思主义理论在中国大地生根发芽,成为取得革命胜利、传播科学真理、团结青年群体的理论法宝。经过革命探索时期、社会主义建设时期和改革开放时期,我国不断积累起培养青年马克思主义者的宝贵经验。在新形势、新任务的呼唤下,"青年马克思主义者培养工程"应运而生。作为党中央推出的一项育人铸魂的长期性战略工程,高校"青马工程"的发展经历了萌芽、建设、调整、深化阶段,在培养规模和育人成材方面取得了巨大成效。在习近平新时代中国特色社会主义思想的指引下,新时代高校"青马工程"贴合时代背景,在理论建设和实践模式上加强创新,不断调整、纠正发展过程中的问题,推动自身全面化、纵深化、高质化发展。

第一节 高校"青马工程"提出的根源与标志

"十月革命一声炮响,给中国送来了马克思列宁主义"。自此,马克思主义的命运同中国共产党的命运、中国人民的命运、中华民族的命运紧紧连在一起,为中国革命、建设、改革提供了强大的思想武器,使中国这个古老的东方大国创造了人类历史上前所未有的发展奇迹。事实上,在十月革命初期,由于对十月革命的了解和认识不同,彼时中国报章杂志上的评论五花八门,时人的认识多停留在政变的层面上。在一片混沌的形势中,第一个向中国民众阐释十月革命的伟大意义、主张向俄国十月革命学习的先驱是李大钊。

在中国共产党成立之前,以李大钊、陈独秀、毛泽东等一批高校师生为代表的马克思主义先驱在十月革命一声炮响的感召下,以北京大学和《新青年》为阵地开始了马克思主义在中国的传播。中国先进分子们为促使马克思主义在中国青年学生中的广泛传播不遗余力,这也为促进马克思主义与中国革命实践相结合奠定了坚实的基础。建党过程中,党也高度重视对青年后备力量的培养,因此于1922年5月成立了党的后备军和预备学校,即中国社会主义青年团。其实在成立前夕,党的早期组织既已选派积极分子到俄学习,并在相当一段长的时期内坚持着这个传统。对马克思主义理论进行十分深刻的认识学习,特别是注重对青年人进行马克思主义的教育与督促学习,使我们领悟认识到马克思主义是科学的理论、是人民的理论、是实践的理论、是开放的理论。

马克思主义是我们立党立国、兴党兴国的根本指导思想。实践告诉我们,中国共产党为什么能,中国特色社会主义为什么好,归根到底是马克思主义行,是中国化时代化的马克思主义行。拥有马克思主义科学理论指导是我们党坚定信仰信念、把握历史主动的根本所在。推进马克思主义中国化时代化是一个追求真理、揭示真理、笃行真理的过程。① 马克思主义作为中国共产党的指导思想之一,应深入贯彻其为党的行动指南,马克思主义是正确的、科学的,是经过了历史和实践检验的先进原理,能够在中国共产党追求共产主义崇高理想的路途中展现强大的生命力。

新中国成立后,马克思主义思想的传播开始进入有组织、有计划的新阶段。党始终把教育引导青年一代特别是青年学生学习掌握马克思主义及其中国化的最新成果作为重要战略任务,中国共产党高度重视对青年一代马克思主义坚定立场的培养。培养马克思主义,做坚定的青年马克思主义者,应把握马克思主义之于中国具体实际相结合的过程,这不仅仅是实践需要,是进行实践的现实过程,也是一个体现马克思主义理论本性,实现理论升华意识形态的过程。

马克思主义中国化时代化,就是在马克思主义开辟认识真理的道路上,对伟大实践不断升华而形成的科学理论。"青马工程"课堂教育是主要围绕社会主义核心价值体系内容进行教育,是通过中国特色社会主义理论体系培养大学生正确的意识形态,是对马列思想和中国特色社会主义思想体系的进一步学习和思考,是在学习中深刻领会我国新时代中国特色社会主义思想的科学体系和核心要义。习近平新时代中国特色社会主义思想坚持把马克思主义基本原理同中国具体实际相结合、同中华优秀传统文化相结合,坚持解放思想、实事求是、守正创新,坚持科学地回答新时代我们应该坚持和发展怎样的中国特色社会主义。一个民族要独立发展,走在时代前列,必将有科学的、正确的思想引领民族发展。青年大学生要学习反思我国特色社会主义思想体系和文化精神体系,只有深刻学习才能明白其中的深刻含义,才能领悟其中的精神内涵,反思问题。"青马工程"结合现实题材和我国传统文化历史背景,教导学生学习我国思想体系,阐述含义,探究背景,探寻意义及其优缺点。在"青马工程"中利用理论加实际来教导学生要坚定树立我国的道路自信、理论自信、制度自信、文化自信。系统学习我国思想体系和文化精神体系,便于学生树立起理论体系。

中国共产党团结带领中国人民以马克思主义为指导,为了解决帝国主义和中华民族的矛盾、封建主义和人民大众的矛盾,浴血奋战、百折不挠,进行了新民主主义革命实践;为了解决"人民对于建立先进的工业国的要求同落后的农业国的现实"之间的矛盾,自力更生、发愤图强,进行了社会主义建设实践;为了解决"人民日益增长的物质文化需要同落后的社会生产"之间的矛盾,解放思想、锐意进取,进行了中国特色社会主义建设实践;为了解决"人民日益增长的美好生活需要和不平衡不充分的发展"之间的矛盾,自信自强、守正创新,

---

① 习近平:高举中国特色社会主义伟大旗帜 为全面建设社会主义现代化国家而团结奋斗——在中国共产党第二十次全国代表大会上的报告。

统揽伟大斗争、伟大工程、伟大事业、伟大梦想,进行了新时代中国特色社会主义建设实践。原本荒漠尘尘的草原,黄沙滚滚的大漠,现在已是牛羊成群、树木丛生、百草丰茂;原本上漏下湿的茅屋,现在也都变成了高楼大厦,真正实现了古人杜甫在几千年前"安得广厦千万间,大庇天下寒士俱欢颜"的夙愿。我党正是依靠这些伟大实践,检验并发展了马克思主义,并由此先后创立了毛泽东思想、形成了中国特色社会主义理论体系、创立了习近平新时代中国特色社会主义思想等中国化马克思主义理论,马克思主义也因此在中国实践中实现了更高一级的从实践到理论的升华。毛泽东指出,"马克思列宁主义并没有结束真理,而是在实践中不断地开辟认识真理的道路"。无论时代如何变迁、科学如何进步,马克思主义依然显示出科学思想的伟力,依然占据着真理和道义的制高点。就中国而言,马克思的理论孕育了毛泽东思想,发展出邓小平理论,演变为习近平新时代中国特色社会主义思想。习近平新时代中国特色社会主义思想是马克思主义中国化的最新理论成果。深入学习和贯彻这一理论成果,是高校共青团重要的政治任务。用马克思主义中国化时代化的最新理论成果武装广大青年,帮助其了解国家发展形势,培养大局意识,提高其在经济社会发展过程中应对复杂问题的能力,增强贯彻党的路线、方针、政策的自觉性和坚定性。

青年强,则国家强。当代中国青年生逢其时,施展才干的舞台无比广阔,实现梦想的前景无比光明。大学阶段是青年发展的关键时期,以思想政治教育强化政治引领为目标,以培养怀抱梦想又脚踏实地、敢想敢为又善作善成为目标,以立志做有理想、敢担当、能吃苦、肯奋斗的新时代好青年为目标,是办好青年马克思主义者培养工程必不可少的项目,也是当前高校工作开展的一项重要工程。"青马工程"的主体恰为高校青年,他们是推动中华民族伟大复兴使命的重要群体,高校更应该将重心放在"青马工程"干部培养上,以培养一支优秀的青年干部队伍来推动高校青年的持久发展,青年干部应坚持将党和国家的殷切期望化作努力奋斗的信念,带好青年团体队伍,不做学生官,敢当青年友,做好青年团体的榜样,带出一支厚积薄发的青年团体队伍。

高校承载着教书育人、科学研究、服务社会、文化引领的重大责任,是传播知识、价值和思想的主要阵地。当前,随着我国进入经济转型的加速期和社会矛盾的凸显期,我国大学生的思想观念和行为方式也发生了深刻变化,他们的思维方式更加活跃、价值取向更加多元、利益诉求更加多样,在接触新事物、新观念过程中更容易受到不同思想文化的渗透和影响。①

"青马工程"是在新形势、新任务的要求下,在总结我党几代领导人关于青年工作经验的基础上提出来的,是培养广大青年马克思主义者,使他们成为社会主义现代化建设接班人的一项宏伟工程,是共青团工作的一项重要政治任务,也是青年人从马克思主义对人与社会、人类未来的科学预见中,汲取强大的政治洞察力、时代洞察力和磅礴广阔的视野的必修课。

我们党的几代领导人在接班人的问题上保持高度一致,这是我们党从国家和民族事业长远发展的战略高度对青年教育和培养提出的新的更高要求。20世纪60年代,毛泽东同志曾说过这样一番话,"为了保证我们党和国家不改变颜色,我们不仅需要正确的路线和政

① 喻蔚:《高校"青马工程"培养的课程化建设思考》,载赵英军主编《人才培养与教学改革:浙江工商大学教学改革论文集》,浙江工商大学出版社,2011,118-122.

策,而且需要培养和造就千百万无产阶级革命事业的接班人"。① 从中可以明显看出,对党的接班人的培养需要对青年一代进行政治理想的培养。不仅毛泽东同志重视接班人问题,1980 年,邓小平也多次强调过,"解决组织路线问题,也是最难、最迫切的问题,是选好接班人""要选好人,人选好了,帮助培养,让更多的年轻人成长起来,他们成长起来我们就放心了"。② 在 2002 年纪念中国共产主义青年团成立 80 周年大会上,江泽民同志强调指出,"马克思主义政党只有赢得青年,才能赢得未来。党的事业离不开青年,青年的成长更离不开党"。胡锦涛同志在党的十六届六中全会第二次全体会议上强调,"要赢得青年、赢得未来的高度,抓好大学生理论学习,深入推进马克思主义中国化时代化的最新理论成果进教材、进课堂、进头脑工作,让青年知识分子了解和相信党的理论,在广大青年中培养一大批坚定的马克思主义者"。这也印证了在青年学生中推动马克思主义大众化,是坚定青年学生马克思主义信仰和中国特色社会主义信念的需要,是应对多变的国内国际环境对大学生影响的需要。"青年马克思主义者培养工程"就是在改革开放和社会主义市场经济深入发展的形势下,培养中国特色社会主义事业的合格建设者和接班人的重要工程,也是在高校中推进马克思主义大众化的重要载体。

有关青年马克思主义者的概念是党的十三届四中全会之后在党和政府的文献中开始出现的。青年马克思主义者,理所当然要将马克思主义作为人生信条和理想信念,以马克思主义为师为友,深入体察个人的、民族的、国家的精神与命运,最终走向人民、走向民族复兴的伟大时代洪流,并以一名马克思主义者的名义书写人生传奇。首先,青年马克思主义者坚定地拥护和信仰马克思主义。当代青年马克思主义者自觉接受马克思主义的指导,对马克思主义的发展前途以及马克思主义指导的中国特色社会主义事业充满必胜信心,并且甘愿为实现这一伟大理想和奋斗目标而贡献青春力量。③ 第二,青年马克思主义者善于把理想信念建立在对马克思主义这一科学理论的理性认同上。同时,要从内心深处接受马克思主义,把对马克思主义的信仰上升到精神境界,自觉地将马克思主义内化为自身的信仰追求,外化为具体的实践行动。青年马克思主义者是一群共同信仰马克思主义的先进青年群体。马克思主义信仰是青年马克思主义者成长发展的重要生命线。有了对马克思主义的信仰,青年马克思主义者才能拥有成熟的领航旗帜和发展方向。

2006 年 10 月,团中央下发了《高校学生干部培养规划(2006—2010)》,明确提出要培养一大批青年马克思主义者,这为今后"青年马克思主义培养工程"的开展实施提供了上层基础。高校是我们培养青年马克思主义者的重要场所,大学生骨干是我们青年马克思主义者培养工程的重点群体。加强青年人才培养,强化骨干培养,以"青年马克思主义者培养工程"为龙头,拓宽团学干部培养路径,在高校实施"青年马克思主义者培养工程",形成一批特色鲜明、制度完善、成效显著的示范院校,完善高校培养培育体系。

青年是国家的未来、民族的希望,"青马工程"的开展在当前这一信息大流通的时代能够正确引领青年的思想观念和价值取向,促使他们肩负起党和国家未来的事业,为全面建

---

① 毛泽东:《关于赫鲁晓夫的假共产主义及其在世界历史上的教训:九评苏共中央的公开信》,《人民日报》,1964 年 7 月 14 日。

② 邓小平:《邓小平文选》第 3 卷,人民出版社,1993 年版,第 380-381 页。

③ 肖红新:《思行如一:青年马克思主义者培养教程》,厦门大学出版社,2014,第 33 页。

设社会主义现代化国家与实现中华民族伟大复兴而努力。2007年5月,团中央在相关部委的支持下于北京启动实施了"青年马克思主义者培养工程",旨在为党培养信仰坚定、能力突出、素质优良、作风过硬的青年政治骨干。成都师范学院深度贯彻落实团中央的政策,开展了十九期"青马工程"团干培训,以培养思想政治修养好、行为规范佳的青年团体为目标,稳步实施计划。

共青团从十八大以来,将"青马工程"作为履行根本任务和政治责任的重要载体,明确以科学化培养"忠诚的政治品格、浓厚的家国情怀、扎实的理论功底、突出的能力素质,忠恕任事、人品服众"青年政治骨干的培养目标,突出培训培养并重,着力提质扩面,改革创新工作机制,以更好发挥为党育人的政治功能。

此后,全国各高校共青团迅速贯彻落实团中央精神,落实高校青年马克思主义者培养工程培养机制。开展大学生骨干培养工作启动实施的"青马工程",培养了一大批信仰坚定、素质过硬的青年骨干人才,促进了马克思主义在青年学生中的传播,创新了共青团思想政治引领的工作机制,其自身也逐步成为共青团担负根本任务、履行政治责任、服务党政大局的重要品牌项目。青年马克思主义者,从狭义上讲是2007年团中央印发的《"青年马克思主义者培养工程"实施纲要》所指出的,包括大学生骨干、共青团干部和青年知识分子等群体在内的,能起到党联系青年、凝聚青年、引导青年的纽带作用的典型代表。坚定理想,做有志气的青年马克思主义者;挺直脊梁,做有骨气的青年马克思主义者;修身立德,做有底气的青年马克思主义者,争做新时代的合格马克思主义者和优秀的中国青年。

青年马克思主义工程是当代青年学习贯彻马克思主义及中国特色社会主义理论体系并将理论知识融入社会实践中去的重要途径。历史和实践证明,"鉴于马克思主义在当代中国的作用与地位,党与社会主义事业的接班人只能是马克思主义者"。高校实施"青马工程"无论对社会还是青年个人都具有积极的现实意义。一方面,这对我国大学生的理想信念教育和独立思考能力都具有重大的现实意义,能保障我国青年意识形态和三观的正确性,牢牢把握着我国现在、未来意识形态,提高青年的政治素养,强化责任担当;另一方面,这对社会发展也具有重大的现实意义。青年马克思主义工程是社会发展的优质教育产物,是思想政治教育的重要课程。

高校"青马工程"是一项长期战略性工程,更是一项育人铸魂的工程,任务艰巨,具有很重要的意义。党的十八大以来,以习近平同志为核心的党中央站在"背离或放弃马克思主义,我们党就会失去灵魂、迷失方向"的历史新高度,一再强调党和国家对开展好针对青年的马克思主义教育的高度重视,要求高校"要坚持不懈地传播马克思主义科学理论,抓好马克思主义理论教育,为学生一生成长奠定科学的思想基础",加强思想引领,提升青年素质,突出培养和造就一批又一批青年马克思主义者。

第二节　高校"青马工程"的发展历程

理清高校"青马工程"的发展历程是全面了解该工程和进行深入研究的前提。基于此,笔者对高校"青马工程"取得的理论和实践成果进行分析总结,结合时代背景和重大事件,梳理出高校"青马工程"发展的历史脉络。"青马工程"于 2007 年 5 月在全国正式启动,高校作为主要阵地,至今共经历了萌芽、建设、调整、深化四个时期。

一、萌芽时期(2007.4—2007.7)

随着我国生产力的不断发展和改革开放的深入实施,社会面貌焕然一新,人民物质生活水平和精神文化水平得到了极大改善。同时,广大青年暴露在各种文化观念的相互碰撞和冲击中,成为众多信息接收和传播的主要群体。在这样复杂的时代背景下,培养一批具有坚定政治立场和正确思想观点的青年群体,对党和国家事业发展至关重要。2007 年 5 月,为贯彻落实党中央重要指示精神,团中央正式启动"青年马克思主义培养工程",作为履行根本任务和政治责任的重要载体。这是党中央首次将"为党育人、为国育才"的培养观念落实为强制性、广覆盖、系统化的工程项目,这不仅体现了党中央对青少年的殷切期盼和强烈要求,还展现出党中央应对复杂多变的环境的信心与决心。

作为"青马工程"的重要内容之一,中国大学生骨干培养学校也于 2007 年 7 月首期开班。团中央、全国学联决定"以省级团委推荐、团中央核定"两环节确定培养对象,学员主要从"211 工程"高校中院级的主席中选出,以确保"青马工程"的顺利实施。同时,团中央规定了"青马工程"的实施方式和实现目标,即通过深化理论学习、参与社会实践、接受红色教育、加强交流学习、导师指导点拨等主要途径,使得马克思主义理论深入人心、外化于行,不断提高高校青年的政治、思想和道德水平及实践创新能力,使其成为堪当民族复兴大任的时代新人。同年,团中央制定并发布了《"青少年马克思主义培养工程"实施纲要》(以下简称《纲要》),为各高校履行该工程提供了官方参考文件。《纲要》明确提出了"青马工程"的培养对象,规定了"青马工程"的培养内容,尤其对大学生骨干培养和共青团员干部培养做出了详细的说明,重视"青马工程"的机制建设,倡导各个高校要努力选拔并层层举荐优秀培养学员。

经过 3 个月的部署安排,"青马工程"基本确定方向,准备工作落下帷幕。随后,在党中央的号召下,全国各高校对"青马工程"予以了高度重视,依据自身的办学特色和实际条件,认真学习并陆续启动相关工作,取得了初步进展。例如,新疆大学开展了围绕"反分裂、反暴恐和反非法宗教活动"的主题教育,有效宣传了党的方针政策、巩固了青年的思想防线,受到了学生的一致好评和其他高校的借鉴效仿。

二、建设时期(2007.7—2017.4)

伴随着"青马工程"的启动和实施,各高校陆续响应,由此进入了长达近 10 年的建设时期。2013 年,"青马工程"被纳入中央马克思主义理论研究和建设工程,侧面反映出党中央对"青马工程"取得成就的认可,有利于推动其理论和实践领域的进一步突破。10 年期间,各高校不仅紧随党中央步伐、回应时代之问,还结合自身实际,创造性地建设出"青马工程"的高校主阵地。这一时期,"青马工程"主要在以下方面取得了重要突破。

(一)培养模式逐渐成熟

确立行之有效的培养模式是建设"青马工程"的保障,各高校要解决培养谁、为什么培养、怎样培养的问题。起初,很多高校采取模仿、借鉴的方式,对于培养模式的探索停留在宏观层面,缺乏微观、细致的设计,在一定程度上影响了"青马工程"的实施。在长期的实践中,各高校逐渐探索出具有自身特色的培养模式。总的来说,"青马工程"的培养原则要与团中央保持一致,但由于学校性质和具体实际不同,因此,在实施策略上可以灵活调试,选择不同的实施路径。例如新疆是一个多民族地区,少数民族的大学生是新疆高校的主要组成部分。因此,新疆大学在推进中就将五观(国家观、民族观、历史观、文化观、宗教观)以及四个认同(对伟大祖国的认同、对中华民族的认同、对中华民族文化的认同、对中国特色社会主义道路的认同)、"三个离不开"(汉族离不开少数民族,少数民族离不开汉族,各少数民族之间也互相离不开)作为首要原则之一。同时,高校逐渐采取理论学习、实践研修、学术沙龙等方式,从校级培养延伸至院级培养,打通培养格局,形成层层递进的院校分级培训模式。例如,广西师范大学以构建"双师、双教、双岗、双育、双网、双选"的六双青马体系,基地化、专业化、系统化实施工程,得到了团中央的肯定和支持。

(二)教育内容逐渐丰富

由于"青马工程"具有强烈的政治色彩,在课程教育内容上多偏向于理论性的学习,容易产生忽略学生实践能力培养的倾向。除此之外,理论教育也多采取传统的灌输模式,学生能够吸收的知识有限,自主判断和思考的机会较少,学习成效难以得到保证。这一时期,各高校在不断挖掘和总结教育内容的过程中逐渐意识到这一问题,由此逐步开发出多维度、多层面的学习内容,既能提升学生的理论水平,也能锻炼实践能力,使其真正能够利用马克思主义的立场、观点、方法去分析和解决问题,这主要表现在高校积极地利用重大社会事件开展专题辅导学习,结合学校办学理念、学生情况等开发特色教学内容。例如,长春中医药大学党委将中医药专业教育与传统文化教育、马克思主义教育进行深度融合,实施组建了"金木水火土"五行计划理论学习,创新了实施"青马工程"的载体,为吉林省青年马克思主义培养工程建设提供了有益探索。

(三)推行渠道逐渐拓宽

互联网的快速发展带动了自媒体的兴起。在网民群体全覆盖、人人皆有话语权的信息时代下,"青马工程"也适应时代的发展,逐渐走向网络空间,帮助青少年树立正确的情感、态度、价值观,力求掌握网络话语体系主导权。这一时期,"青马工程"不再局限于传统的线下课程,而是开拓线上教学空间,采取线上线下相结合的方式,在众多青少年接触的网络平台如微信、微博、知乎等开展教育教学,扩大"青马工程"的知识传播范围。值得注意的是,在这一时期,已经出现部分高校主动搭建"青马工程"校园网络平台,推送符合主流意识形态的正向内容,例如部分高校在网络平台上大力宣传优秀共产党员、优秀青年人物、优秀学员等先进积极分子,发挥榜样的先锋模范作用,凝聚积极向上的力量,潜移默化地引导高校学生不断进步成长。同时,部分高校充分利用校级组织、校园社团以及校园活动,使大学生真正感受到"青马工程"的良好氛围并参与其中,从而满足不同群体的学习需求。

三、调整时期（2017.4—2020）

经过十余年的建设，"青马工程"在各个高校取得了显著成就，但是不可否认的是也出现了许多亟待解决的问题。2017年4月，中共中央、国务院发布了《中长期青年发展规划（2016—2025年）》（以下简称《规划》），引发了学术界和社会的广泛关注。《规划》的第一部分即青少年的道德培养，其中明确提出要深入实施"青年马克思主义者培养工程"。这一时期，高校总结出现的问题，依据《规划》不断调整、更新相关措施，建立健全相关制度，推动"青马工程"进入更高台阶。总的来说，高校"青马工程"调整方向如下。

（一）明确培养定位

关于"青马工程"的培养对象，各高校在实施时一直聚焦在大学生干部群体上，一些对马克思主义相关理论有强烈兴趣的青年知识分子并未被完全吸纳至"青马工程"的队伍中。甚至在一些大学中，""青马工程""逐渐演变为只针对学生干部进行培养，这既不利于""青马工程""的全面深入发展，也无法全面满足青年成长成才的需要。因此，这一时期，各个高校对于培养对象做出了进一步的修正，除了主要学生干部之外，高校广泛吸收学校各个组织和部门的进步人才，例如入党积极分子、学生社团干部以及在思想品德、学术科技、文化体育等方面有重要贡献的人才，扩大人才培养体系，增加"青马工程"的凝聚力和号召力。同时，《规划》指出，青少年的发展事关国家未来，要科学规划、长期推进、久久为功。因此，"青马工程"也更加关注培养对象的长期跟踪和持续教育，更好地提升育人成效。

（二）完善培养方式

高校"青马工程"在理论上侧重于进行马克思主义理论知识和新时代中国特色社会主义思想以及红色教育，旨在学生能够真正运用马克思主义相关理论解决实际问题，并成长为一名为中国特色社会主义事业建设的奋斗者。但在实际工作中，理论教育多以灌输为主，帮助大学生培养辩证思维、理性思维的效果较差；其次，高校不够重视在实践维度的培养，围绕"青马工程"开展的实践活动十分有限，志愿服务、实地考察、劳动教育等一些主要途径被其余学校其余活动设置所抢占，"青马工程"的实践培养路径出现缺位。基于此，如何深层次地提升理论和实践中的培养并将两者有机结合成了这一时期工作的主要目的。这一阶段，各高校把"青马工程"理论教育与大学生关心的职业规划、创新创业，以及发生的时政事件和社会新闻相结合，从学生实际出发，引导大学生关注国家大事、关心社会发展，提升独立分析问题、自主辨析各种观点的能力；同时，高校还开展了革命红色区域参观学习、进入英雄家庭进行考察学习、对重要专业问题开展调查研究等活动，促进学生知行合一，提升学生创新、实践的能力，推动其全面发展。

（三）规范考核标准

高校"青马工程"要实现精英化教育，就离不开严格的考核标准，以此避免资源浪费和假大空的撒网式教育。高校"青马工程"依据重要的学习环节以及学习目标的多重维度，建立起相应的考核指标。再将考核指标具化为不同权重，比如课堂时间、参与实践活动次数、撰写学习报告、任职情况等。同时,这一时期,也有不少高校提出用多种考核方法来衡量教学质量,综合运用定向评估、横纵比较评估、静态评估、综合评估与重点评估相结合、定期考核与不定期考核相结合,确保指标体系的全面性、具体性、可行性。

这一时期,"青马工程"主要目的是依据《规划》与时俱进,不断调整,努力提质增效。但是,"青马工程"的发展是机遇与挑战并存的,虽经过 10 年的发展,但仍然存在实施保障尚不健全、培养路径较为单一、培养内容缺乏创新等问题。这些问题反映出这一时期"青马工程"仍有发展空间,所取得成效和培训质量有待进一步提高,而解决这些问题是"青马工程"创新深入发展的必然途径。

四、深化时期(2020 年至今)

2020 是全面建成小康社会和"十三五"规划收官之年,面对这一关键的历史交汇期和相应复杂艰巨的政治任务以及多变的国际环境,"青马工程"肩负了更重的任务。为了更好地指导新形势下"青马工程"的发展,共青团中央、教育部、民政部、农业农村部、国务院国资委五部门于 2020 年 6 月印发了《关于深入实施青年马克思主义者培养工程的意见》(以下简称《意见》),作为新形势下的遵循和依据。《意见》以习近平新时代中国特色社会主义思想和党的十九大精神为指导,以落实《中长期青年规划》为目的,关心关注青年发展,从以下几个方面对新时期"青马工程"做出了规划。

在培养要求方面,突出强调学员的政治素养。《意见》指出,坚持党的领导就是坚持马克思主义,引导广大青年真正掌握马克思主义是加强政治引领的关键,也是青年工作的根本。面对新的形势和情况,各高校不仅要努力突破瓶颈,而且要以高度的使命感、责任感、紧迫感不断持续创新优化,切实保障"青马工程"政治功能的实现。同时,各高校"青马工程"学习内容要与党中央保持高度一致,既要钻研经典,掌握重要理论,也要深入学习最新论述和习近平新时代中国特色社会主义思想,让学生真正团结在党中央的周围,巩固思想基础。此外,重视实践锻炼。加强学生的社会观察能力,开展基层实践,逐渐让学生树立坚定的人民观和群众观;丰富常规实践,鼓励学生在网络平台运用所学知识同各种错误思想和观点做斗争,使他们学有所用,学有所成。

在培养机制方面,建立健全的科学化、规范化的培养机制。《意见》指出,一是高校班要继续巩固全国、省级、高校的培养格局,构建分层分类的培养体制;二是规范学员选拔标准,要对党中央的领导和习近平新时代中国特色社会主义有强烈的认同感,这是选拔的前提;按照逐级提高及差额选举的原则保证选举的公信力和透明度,推动优秀人才进入队伍;三是严格健全管理、请假及淘汰与跟踪制度,保障人才的稳进稳出。

在工作保障方面,《意见》指出,要健全党委领导,统筹协调,不断分工,提升工作实行效率;加大理论和实践研究力度,加强与马克思主义学院及相关科研机构的交流和合作,促使"青马工程"朝专业化水平发展。充分利用各高校可以开展教育的人力、物力、财力及技术,提升实施合力,提高"青马工程"影响力和吸引力。

总而言之,高校"青马工程"历经十余年发展,规模逐渐庞大、培育质量显著提升,为各个领域输送了大量人才。2022 年,团中央将"青马工程"与西部计划、乡村支教有机结合,既创新了"青马工程"的发展途径,又扩大了其影响力和号召力。数据显示,过去两年内,"青马工程"全国高校班53名应届毕业生学员中有14人成为选调生或进入公务员队伍,12人进入复旦、南开等高校,成为一线辅导员或思政教师,11人继续深造攻读博士学位;国企班中26名学员职务(职级)得到晋升,成长为本领域内的业务骨干;农村班中有16名学员成长为村"两委"班子成员,19名学员作为创业致富带头人不断带领群众挖掘新的收入增长点;社会组织班中有21名学员带领所在社会组织积极投身社会治理、志愿服务等工作,并获得国家级荣誉;少先队工作者班中有19名学员通过理论宣讲等获得省市级荣誉。

第三节 新时代高校"青马工程"的发展与创新

习近平总书记在党的二十大谈到:"青年强,则国家强。当代中国青年生逢其时,施展才干的舞台无比广阔,实现梦想的前景无比光明。全党要把青年工作作为战略性工作来抓,用党的科学理论武装青年,用党的初心使命感召青年,做青年朋友的知心人、青年工作的热心人、青年群众的引路人。"[①]由此可见,青年就是未来,掌握和了解青年,指导和引领青年,在青年群体中培养坚定的马克思主义者,已成为党和国家的重要工作之一。据悉,团中央于2007年启动实施"青马工程",颁布了《青年马克思主义者培养工程实施纲要》。15年来全国累计培养学员超过300万人,培养数量规模逐步扩大,培养范围突破以往的局限,取得了较为显著的成果。2020年下发的《关于深入实施青年马克思主义者培养工程的意见》,一方面肯定了"青马工程"实施以来取得的成就,另一方面在前期的成果基础上,结合新时代发展的背景,对于深化推进"青马工程"做出更加全面、完善的部署。总体来看,新时代高校青年马克思主义者培养的全过程符合事物发展的前进性和曲折性的规律,即前途是光明的,道路是曲折的。通过辩证唯物主义的观点看待培养过程中的成果和仍待解决的问题,有关学者针对这些问题也提出了有针对性的解决措施,为高质量培养新时代高校青年马克思主义者做出了重大贡献。

高校作为"青马工程"实施开展和教育培养人才的重要基地,通过适应新时代发展要求和社会主义核心价值观的价值引领,利用大学生作为马克思主义理论继承和发扬的重要力量的优势,让大学生在"青马工程"的具体实践中对马克思主义基本原理有更加深刻的把握,进而反作用于社会实践。这也契合马克思所说:"人的认识活动表现为实践基础上的由感性认识到理性认识,再由理性认识到实践的具体认识过程。"青年马克思主义者培养过程中,笔者通过查阅相关文献,对相关权威文章进行信息提取、归纳和整理,发现进入中国特色社会主义新时代,对于青年马克思主义者的培养理念、培养实践、培养资源和培养机制都有相应的创新发展。这也为笔者从宏观角度剖析新时代高校青年马克思主义者培养工程的发展与创新提供了积极有益的借鉴。

---

① 习近平:《决胜全面建成小康社会 夺取新时代中国特色社会主义 伟大胜利:在中国共产党第十九次全国代表大会上的报告》,《人民日报》2017年10月28日第1版。

一、新时代"青马工程"理念的发展和创新

新时代青年马克思主义者培养理念主要分为以党的十八大召开的研究成果和倡导精神为指引(2012—2016)和以习近平新时代中国特色社会主义理论为引领(2017—至今)两个阶段。前者突出强调社会主义核心价值观教育、信仰教育、五大发展理念教育的贯彻和落实,后者注重思想引领和"大中小思政课程一体化"的研究,突出互联网在"青马工程"发展建设中所发挥的作用。习近平总书记在党的十九大报告中指出:"社会主义核心价值观是当代中国精神的集中体现,凝结着全体人民共同的价值追求。要把社会主义核心价值观融入社会发展各方面,转化为人们的情感认同和行为习惯。"刘勇在《新时代社会主义核心价值观融入青年马克思者培养全过程的三重逻辑》中,从社会主义核心价值观融入高校马克思主义者培养全过程的理论逻辑、现实逻辑、实践逻辑三个方面进行了条理清晰、逻辑严密的阐释。首先,高校重视社会主义核心价值观的融入教育,明确认识到社会主义核心价值观在社会价值体系中处于重要地位,作为一种最根本的价值性原则,服从服务于社会主义国家的意识形态发展,蕴含着对国家、社会、个人的道德要求。社会主义核心价值观终极指向与高校青年马克思主义者培养的核心政治素养目标要求根本一致。其次,高校强化对马克思主义基本原理的教授和学习。高校思想政治教育理论课的开展,主张回归学习马克思主义经典著作的相关基本原理学习,充分利用第一材料的原始性优势,从哲学层面探索马克思主义中国化时代化一系列成果的精髓,深化其合理性和普适性,自觉增强信仰力量,结合中华民族伟大复兴教育,让高校青年马克思主义者为党和国家发展的宏伟事业提供源源不断的精神动力和不竭的智力支持。最后,高校提升与时俱进学习最新理论成果的意识,多所高校在党的二十大召开后积极组织学生进行会议精神的学习,作为习近平新时代中国特色社会主义理论成果的补充和完善。经过学习,高校青年马克思主义者深刻领悟了"两个确立"的意义和作用,增强了"四个意识",贯彻"两个维护",践行"十个明确"和"十四个坚持",进而实现用科学的理论武装人、以正确的舆论引导人、以高尚的精神塑造人的美好愿景。

二、新时代"青马工程"实践的发展和创新

马克思曾言:"实践是检验真理的唯一标准。"首先,社会主义进入新时代,对新时代青年马克思主义者培养的实践发展提出了新要求、力求创新发展。史为磊结合习近平总书记关于青年工作的重要思想,赋予青年马克思主义者以新的时代内涵和鲜明特征,概括起来就是要具备"五型"特质:信仰型、学习型、创新型、奋斗型、修德型。[①] 高莹客观分析中国面临百年未有之大变局,在这个历史节点上,需要青年马克思主义者利用丰富的专业知识储备和强烈的创新意识解决所面临的个人之问、社会之问、国家之问。其次,对于青年马克思主义者培养的方式进行优化,注重理论联系实际。在理论学习方面,高校注意到以往通过注重思想政治教育相关课程的开设、各级团委组织开办主题活动、定期组织选拔人员进行

---

① 焦义培:《新时代高校青年马克思主义者培养研究综述》,《新生代》2022 年第 5 期.

学习和汇报的方式并不能够彻底激发大学生自身对于马克思主义学习的积极性,例如某些高校存在只将对"青马工程"学习有倾向的学生干部或者从事相关工作的学生群体进行培养的问题,因此,"青马工程"学习两极分化态势逐渐凸显。为改善这种状况,高校构建塔层式的学习组织体系,设立公开读书会,小组定期分享学习心得,注重培养积极优秀的成员,运用榜样示范法,促进形成良好的学习学术氛围,小组成员互帮互助,提升彼此思想觉悟。此外,在实际践行方面,《纲要》规定的"青马工程"培养对象方式中对于志愿服务方面做出明确要求,设置每人每年志愿服务时长不低于 100 小时,高校应其要求,组织校内青年志愿者服务队伍,结合本校各个专业发展实际,定期分派志愿服务名额至各个班级,且服务范围深入社区、企业、基层,服务形式多样,包括慰问老人、宣传普通话、义务清扫街道等。通过开展一系列活动,广大同学认识到志愿服务精神和集体精神的重要性,身心得到成长和锻炼。最后,对于新时代高校青年马克思主义者培养与互联网结合进行了纵深发展。随着信息化的发展,各种贴吧论坛以及微博超话、微信公众号等新媒体已经深刻影响大众的日常生活。新媒体具有便捷性、即时性、交互性等优势特征,具有显著的传播优势。高校青年马克思主义者存在心智尚未成熟,思想多样化、个性化、自由化的现象,这也为量化调查高校学生价值观倾向造成了一定困难。为攻克其中最为缺失的部分,各高校也开展了针对性教育。借助大数据的传播优势,解决了传统问卷调查和抽样调查无法全面系统地反映青年马克思主义者培养工程实践的真实效果的问题,构建了"网络青马工程"趣味性以及便捷性的参与模式。很大程度上实现了数据化的成果发送至相关权威学者专家,以便其进行扎根理论研究,不断为"青马工程"的实施提供高效解决策略,引领学生占领思想和行动的高地。高校青年马克思主义者培养的实践要求、方式、途径均基于中国特色社会主义的现实状况,运用现代化信息技术,尊重学生自身发展规律,充分发挥高校学生实践的主观能动性,为促进新时代"青马工程"的实施发挥积极作用。

三、新时代"青马工程"机制的发展和创新

党的十八大以来,学术界对于新时代青年马克思主义者培养机制的研究逐渐增多。学术界在引入优秀师资资源、融入红色教育、培养科学的效果考评机制三方面达成共识,以此增强对"青马工程"开展的支持力度。首先,教师承担着传道、授业、解惑的责任,教师作为青年学生助力中华民族伟大复兴中国梦的指路人,自身须具有的专业知识素养、科学理论知识储备、教育教学能力都是不可或缺的。除此之外,"青马工程"教师要厚植于爱国情怀,拥有国际视野,强化创新思维,成为培养新时代人才的中坚力量。高校积极开展专业化师资活动,在校内定期组织教师进行集体学习,并设置教师奖惩机制,倡导正反馈调节为主、负反馈调节为辅、物质激励和精神激励并重的方式,调动教师的积极性。在校外则将目光放在相关专业领域中,采用导师制,通过积极邀请或外聘马克思主义理论相关专业导师针对国家发展状况和社会发展时兴问题进行调查研究,建立"青马工程"培养小组,介绍马克思主义相关书籍和读书创作方法,拟定讨论提纲,布置议学和定期汇报任务。[①] 运用这些方

① 何秋霞:《新时代高校青年马克思主义者培养路径创新研究》,《湖北开放职业学院学报》2022 年第 13 期。

式让青年学生体会到党和高校对自身发展的重视,促进自身向"青马工程"培养目标方向靠拢,减少了培养过程中消极倦怠的现象,成为更加符合社会主义现代化建设接班人的时代标准。此外,2020 年团中央、教育部等五部委联合印发《关于深入实施青年马克思主义者培养工程的意见》,明确将理想信念教育、坚持用马克思主义科学理论武装青年头脑、树立共产主义远大理想和中国特色社会主义共同理想作为深入实施"青马工程"的核心目标,并把红色文化教育作为"青马工程"的重要培养内容。① 红色文化教育与青年马克思主义者培养高度契合,红色资源的充分利用符合青年马克思主义者教育的培养需要。红色文化的萌芽、发展、壮大与中国共产党以科学的理论为指引,带领近代中国人民摆脱沉沦命运,取得新民主主义革命的胜利,实现中国人民从站起来、富起来到强起来的整个革命、建设、改革历程有关。红色文化教育不仅局限于校内课程和活动的开展,在校外组织"青马工程"培养对象参加红色博物馆参观、定期红色旅游之行、足迹寻访、红色故事义务宣讲等红色教育活动,注重理论与实践相结合、历史与现实相结合,以实现内化于心、外化于行的良好育人效果。红色文化教育融入新时代"青马工程"培养机制的重要意义主要体现在能够坚定青年理想信念、继承和发展以爱国主义为核心的民族精神和以改革创新为核心的时代精神、深刻学习马克思主义中国化时代化理论的成果。最后,构建科学的青年马克思主义者考评机制。新时代青年马克思主义者培养工程的效果需要通过多样化、多方面的考核机制进行检验。从考核成果出发,取其精华、去其糟粕,对于实验成效优良之处进行激励和表彰,对于实施效果不明显和存在问题之处进行追根溯源,及时纠正。总体来说,现存考核机制应该秉持稳定性和灵活性的统一,即考核纲要和主要形式确立后,不能频繁做出大幅度改动,这极易造成考核标准不明确的现象;定期考核和不定期考核相结合,突破以往定期考核造成的弊端,例如培养对象容易钻空子,引发考核表层化,考核形式主义泛滥,考核内容没有做到与时俱进等问题出现;具体考核和整体考核的统一,设立阶段考核并确定各个方面的具体考核标准,按照科学的比例,将平时考核成果结合最终考核成果一同进行核算。对每一期青年马克思主义者的培养成果进行收集归档,从整体宏观把握培养成效,并结合培养内容的难易程度、培养时长安排、培养考核考察标准对每个具体方面进行比对,进而对培养工程实施内容和考核内容进行小幅度调整。

总之,新时代青年马克思主义者培养实践不断完善和发展,源远流长,历久弥新。各高校积极响应党和国家的号召,在实践中提升培养对象的思想意识,使广大青年学生成为中国特色社会主义的合格建设者和接班人。

在纪念"五四运动"100 周年大会上,习近平总书记强调:"无论过去、现在还是未来,中国青年始终是实现中华民族伟大复兴的先锋力量!"②高校重点围绕青年政治骨干思想和能力素质的培养与提升,结合当前新形势和新要求展开培训,科学安排培训课时。始终以"青年马克思主义者能力和素质培养"为中心,营造积极向上的氛围,制定符合培养板块目标任务的主题,严格管理考评机制,大力加强培养举荐机制,推荐优秀学员作为党的发展对象,为党组织输入新鲜血液,注入青春力量。在"青马工程"开展的过程中,高校坚持理论联系

---

① 邓超、蒲云欢:《新时代红色教育与高校青年马克思主义者培养的创新融合》,《长春师范大学学报》2021 年第 7 期。

② 习近平:《在纪念五四运动 100 周年大会上的讲话》,《人民日报》2019 年 5 月 1 日第 2 版。

实际,为青年学员尽可能多地创造社会实践的机会,鼓励学员走出去。在实践中不断强化学员对理论的认知,帮助他们形成符合社会主义核心价值观的思想观念和价值判断。"青马工程"能够加强广大青年马克思主义者的思想理论武装,提升高校青年马克思主义者敢于担当、坚守奋斗的思想自觉性,践行坚定不移听党话、跟党走。同时,我们需要辩证地看待高校在实践课程建设中面临的新挑战与新机遇,做到不忘初心、牢记使命。新时代青年马克思主义者培养工程的高质量开展需要我们抓住机遇、砥砺前行,始终以马克思列宁主义、毛泽东思想、邓小平理论、"三个代表"重要思想、科学发展观、习近平新时代中国特色社会主义思想为指导。建设专业化教师队伍,不断扩大新时代"青马工程"培养覆盖范围,关注学生切身利益,建设科学的培养考评机制,促进新时代青年马克思主义者培养目标的实现,让广大青年学生自觉投入到实现中华民族伟大复兴的中国梦之中,最终实现国家富强、民族复兴、人民幸福的美好愿景。

第二章　新时代高校"青马工程"的地位与功能

　　高校"青马工程"的重要地位主要体现在意识形态、党的事业和青年自身发展方面。在意识形态方面,通过引导青年学习马克思主义相关理论成果,帮助青年树立牢固的共产主义理想信念;在党的事业方面,"青马工程"传承红色基因,利用中国共产党人在革命建设时期形成的精神谱系激发出青年的奋斗精神,保证党的事业后继有人;在青年自身发展方面,培养出一批社会主义事业的合格建设者和接班人。高校"青马工程"的基本功能主要包括政治功能、个体功能和学校功能。政治上坚守意识形态阵地,培养国家后备人才;个体上坚定理想信念;学校上集合多方力量,提升学生综合素养。

第一节　新时代高校"青马工程"的重要地位

　　新时代高校青年马克思主义者培养工程是推进高校思想政治教育,培养青年马克思主义者和党的后备力量的重要载体之一。通过不断强化"青马工程"为党培育人才的政治功能,不断创新发展培养机制,利用社会资源进行新时代马克思主义者的培养。这不仅推动了马克思主义理论的广泛传播和在青年实践发展探索中取得卓越成就,也为党和国家培养有政治信仰、实践能力、知识学问、优良作风的青年后备力量做了贡献。由此可见,新时代"青马工程"在巩固马克思主义意识形态中重要支撑的地位、在党的事业薪火相传中继承发展的地位、在青年自身发展中积极引领的地位、在培养社会主义合格接班人和时代新人的必然选择的地位。

一、新时代"青马工程"在巩固马克思主义意识形态中重要支撑的地位

回想近代中国人民处于水深火热的境遇,回顾中国共产党的百年历程,正是因为坚定信仰,才能始终乘风破浪。中国共产党领导中国革命、建设、改革的百年奋斗历程也是马克思主义在我国昂扬发展的历程。历史实践证明,以马克思主义为根本的指导思想决定了马克思主义是社会主义意识形态的旗帜;决定了社会主义核心价值体系的性质和方向,是社会主义核心价值体系的灵魂。①坚持以马克思主义为指导思想的社会主义意识形态,需要广大青年的思想政治水平与道德认识能力有所提升、应时而变。有组织、有步骤、有计划地培养青年的共产主义理想信念,扎实推进青年对于马克思主义先进理论的继承工作,增强青年树立作为马克思主义学习者、继承者、宣传者、践行者的坚定信心。一代代中国青年志存高远,矢志不渝地坚定马克思主义信仰,高举科学社会主义旗帜,进入中国特色社会主义新时代,在习近平新时代中国特色社会主义思想的引领下,各地区各高校齐心协力落实本校"青马工程"建设,以高度的责任感、使命感、紧迫感推进"青马工程",极力为党和国家培养坚定的青年马克思主义者,传承无产阶级革命先辈的志向与精神。马克思主义教育灌输理论发展过程中,恩格斯曾言:"我们的理论是发展的理论,而不是必须背得烂熟并机械地加以重复的教条。"在此,恩格斯认为马克思主义理论不是机械的教条,不能只靠机械的手段进行灌输,与此同时还应该将人所学习获得的理论应用到社会实践中去。马克思主义理论在我国社会主义的建设和改革实践中得到了进步、发展和完善。中国共产党将其与中国国情及传统文化中的教育思想相结合,开创和完善了许多具有中国特色的理论和方法,"青马工程"的建设实施作为重要方法之一,提升了中国共产党党员和人民群众的理论水平和思想觉悟。因此,推进高校"青马工程"高质量发展有利于青年学习先进的马克思主义理论成果,在巩固马克思主义意识形态阵地中处于重要支撑的地位。

二、新时代"青马工程"在党的事业薪火相传中继承发展的地位

1917 年十月革命的爆发为中国送来了马克思主义,中国青年知识分子走近、了解、探索和接受了马克思主义。其标志性事件是 1921 年,13 位有识之士作为各地代表在上海参加了中共一大(后会议转至嘉兴南湖召开),宣告了中国共产党的成立,这是开天辟地的大事。党的事业由此开始萌芽、发展、蓬勃、成熟,党的无数先烈抛头颅洒热血,为党完成基于特定时代情况所制定的任务而无私奉献、前仆后继。党不断培养肯为党和国家事业发展的忠实追随者、信仰坚定者。中国共产党人历来非常重视青年的培养,毛泽东思想作为马克思主义中国化时代化的理论成果,曾深刻地指出,培养青年就是为了"培养无产阶级革命事业接班人",这是涉及无产阶级革命事业的千年大计。进入中国特色社会主义新时代,习近平总书记站在新时代的历史方位上,深刻指出要把青年培养成担当民族复兴大任的时代新人。

---

① 晏妮、孔俊轩:《新时代高校"青马工程"提质增效的问题透析、价值意蕴及路径探索》,《领导科学论坛》2022 年第 6 期。

特别是在加强青年马克思主义教育方面,他强调:"要下大决心培养一批立场坚定、功底扎实、经验丰富的马克思主义学者,特别是要培养一大批青年马克思主义者。"①大力实施"青马工程"就是要传承党用马克思主义理论武装青年的优良传统,不断总结实施"青马工程"中的经验和教训,逐步深入地向新时代的青年宣介中国共产党人的优良传统与马克思主义的实践性和真理性,让新时代的青年理解"中国共产党为什么能,中国特色社会主义为什么好,归根到底是因为马克思主义行",回答"培养什么人、怎样培养人、为谁培养人"这一根本性问题。②因此,新时代青年马克思主义者培养工程在党的事业的发展过程中发挥了不可或缺的作用,无论处于何种历史阶段,党十分重视引导一批批具有时代特色的青年马克思主义者深刻学习继承党的光辉事迹和精神,实现以其为主,为其所用,促进党的事业历久弥新,不断发展,迸发出新的生机与活力。

三、新时代"青马工程"在青年自身发展中积极引领的地位

新时代高校"青马工程"以马克思主义理论中对于人自由而全面的发展理论作为实施的重要理论依据。高校围绕这个重要的基础理论进行具体化培养青年马克思主义者,习近平总书记高度重视在青年群体中开展马克思主义教育,提出要加强对青年的意识形态和政治引领,积极引导广大青年运用马克思主义立场、观点、方法观察分析现实问题。青年正处在人生发展的关键时期,正是三观形成的关键时期,当今世界正处于百年未有之大变局,世界多极化、经济全球化、社会信息化和文化多样化深入发展,在互联网发展和信息大爆炸的时代背景下,青少年容易受到不良价值观念影响。③亟须利用科学的理论进行正确引导,青年坚定中国特色社会主义共同理想,引领他们致力于担负实现中华民族伟大复兴的历史使命。青年需要在新时代"青马工程"的培养下提升自身的综合素质,其中包括政治素养、道德品质、专业能力、实践创新能力等各个方面,使其成为德智体美劳全面发展的合格的社会主义接班人。当代青年思维活跃、知识面广泛、适应性强,"青马工程"强调聚焦培养青年政治骨干群体,要以求真务实的方式抓住青年的关注点、爱好点,选择契合青年思维的方式,用青年的方式来促进青年发展。"青马工程"的开展和青年发展相辅相成,互为前提。一方面,认真分析青年的身心成长规律和理解接受程度,从而明晰各个成长阶段的培训重点和实施策略,因材施教,引导青年将马克思主义内化于心、外化于行;另一方面,青年在新时代"青马工程"的开展过程中又发挥其能动的反作用,丰富"青马工程"实施经验,为解决各式各样的实施问题提供积极有益的借鉴,不断完善高校"青马工程"实施机制,进一步扩大"青马工程"的影响力和号召力,让更多的新时代青年学习新思想,争做新青年,这也是引领广大青年增进对党的政治认同、思想认同、理论认同、情感认同的重要手段。教育的本质是灵魂的唤醒。列宁指出:"只有把青年的训练、组织和培养这一事业加以根本改造,我们才能

---

①　习近平:《在全国高校思想政治工作会议上的讲话》,《人民日报》2016年12月9日第1版。
②　舒柳:《"青马工程"对青年引领的重大意义与实践路径》,《人民论坛》2021年第34期。
③　杜玉华:《中国青年发展与新时代青年马克思主义者培养的再出发》,《中国青年研究》2020年第9期。

做到,青年一代努力的结果将建立一个与旧社会完全不同的社会,即共产主义社会。"①培养青年马克思主义者,需要高校全员强化主体责任感,全方位地把青年组织起来,坚持理论和实践相统一,使青年自觉成为中国特色社会主义事业的接班人、中华民族伟大复兴的筑梦人。

四、新时代"青马工程"在培养社会主义合格接班人和时代新人的必然选择的地位

当代中国青年于新时代下向阳而生,不仅是现在的生力军,更是未来的主力军,肩负着把我国建设成为富强、民主、文明、和谐、美丽的社会主义现代化强国的历史任务。全面发展的新时代青年是社会主义合格建设者和可靠接班人,是努力开创中国特色社会主义事业更加广阔前景的内在需要,肩负着十分紧迫的政治责任、历史责任。新时代青年马克思主义者培养工程把深入学习习近平新时代中国特色社会主义思想作为工作的重中之重,就是要用实际行动贯彻落实"与时俱进"这一马克思主义理论品格,付诸行动而不是止于宣传。"青马工程"在广大青年群体中是一项功在当代、利在千秋的政治任务,而非一般的事务性工作,需要牢牢把握培养青年这个根本,探索青年政治培养的时代特点和科学举措,从长远战略的角度去思考谋划。行动上要根据所在领域特点,充分调研了解所面对的青年群体特点,形成分层分类的培养体系。一方面要秉承"不积跬步,无以至千里;不积小流,无以成江海"的中国传统精神,踏踏实实地做好自己的工作,尽好自己的本分;另一方面也要思想先行,勇于奉献,时刻以自己的努力推进集体的事业,汇聚一个又一个的量变形成质变,立志做大事而不是立志做大官。做一名无愧于自己、无愧于人民的马克思主义者和堂堂正正的优秀中国青年。对未来有感知力,将自身规划与党的发展、民族复兴、国家战略紧密结合,能制定可实施目标并有效转化。对于时代新人的解读,目前最易被认可的是青年具有认知新事物、学习新本领的能力,遇到问题时能将所学本领技能运用其中,具有应变、创新能力和实干精神。此外,时代青年具有家国情怀,有强烈的社会责任感和爱国主义精神,兼顾以爱国主义为核心的民族精神和以改革创新为核心的时代精神。理论和实践并举,理念和行动并重,主观意愿和客观需要相结合,实现青年自由而全面的最大化发展,为社会发展建设提供各式各样的人才,做到将"功成不必在我,功成必定有我"的大局观贯穿于学生之中,凝聚全国各族人民力量,形成实现中华民族伟大复兴的中国梦的最大合力。

当今世界处于百年未有之大变局,科技革命悄然来临,西方国家文化渗透和价值观侵袭越演越烈,国际格局面临重大变化。现实的客观环境迫切需要广大青年坚定不移听党话、跟党走,怀抱梦想又脚踏实地,敢想敢为,立志做有理想、敢担当、能吃苦、肯奋斗的新时代好青年,让青春在全面建设社会主义现代化国家的火热实践中绽放绚丽之花。广大青年群体是实现中华民族伟大复兴的决定性力量,而坚定的青年马克思主义者是青年群体的主导核心。培养理想信念坚定的青年马克思主义者,推进高校"青马工程"提质增效是随着国内外客观环境变化而变化的必然要求。增强青年学生的家国情怀与使命担当,将马克思主

---

① 中共中央马克思恩格斯列宁斯大林著作编译局:《列宁选集:第 4 卷》,人民出版社,1995,第 282 页。

义理论与自身专业特色相结合,为中国特色社会主义伟大事业做出应有的贡献,坚定"四个自信"、增强"四个意识"、做到"两个维护",团结一心、凝聚力量实现中华民族伟大复兴的宏伟目标。

第二节　新时代高校开展"青马工程"的基本功能

高校的青年马克思主义者培养工程始终坚持中国共产党的领导,结合新时代的要求和高校发展的现实,有组织、有纪律、有目的地对广大高校青年学子进行思想政治领域的启蒙教育,传递习近平新时代中国特色社会主义思想和伟大的马克思主义精神,始终将理论教学与新时代背景下的时事热点结合起来,让学生从时事热点中了解政治、熟悉政治,始终坚持"立德树人"的根本目标,充分使用马克思主义中国化时代化的最新研究成果,对青年学子进行思想政治教育。总体来说,这是一项复杂且具有逻辑的系统工程,涉及面宽广,影响深远。学员在参与过程中不仅要全面系统学习马克思列宁主义、毛泽东思想以及中国特色社会主义理论体系,深入贯彻学习习近平新时代中国特色社会主义思想,加强对当今国际及国内政治、经济、文化、生态、社会发展、党情社情的深刻领悟,还要不断坚定理想信念,坚定"四个自信"、增强"四个意识"、做到"两个维护",争取能通过培训为国为党培养出一批具有坚定的马克思主义信仰的德才兼备的新时代青年政治骨干。新时代高校青年马克思主义者培养工程是一项独一无二的教育工程,肩负着立德树人的育人愿景和担当,它的存在运行对新时代高校坚定立德树人育人方向、构建思想政治教育育人系统、筑好意识形态思想防线都有着重要意义。一日青马人,一生青马情。新时代高校青年马克思主义者培养工程的基本功能体现在育人功能上,具体表现在政治引领、行为塑造、文化传承等几个方面,具象概括为政治功能、个体功能、学校功能三个维度。

一、政治功能

当今时代,国内外各种思潮活动交流风云变幻,牢牢把握意识形态领导权关乎国家长治久安和党的前途命运。与此同时,广大青年思想意识活动极具自主性、复杂性、多变性、尖锐性,在整个社会面和青年群体的特殊背景下,培养和造就一大批用马克思主义中国化时代化的最新成果武装起来的青年马克思主义者,对于在高校开展新时代"青马工程"具有十分迫切与必要的意义。实施开展"青马工程"是党交付给共青团的一项重要政治任务,旨在能进一步培养一批批有志青年,巩固党执政的青年基础,确保党的事业薪火相传、后继有人。2020年6月,共青团中央、教育部、民政部、农业农村部、国务院国资委等部委联合印发了《关于深入实施青年马克思主义者培养工程的意见》(以下简称《意见》)。《意见》指出,新时代青年马克思主义者培养工程要站在坚持马克思主义在意识形态领域的指导地位,巩固和扩大党执政的青年群众基础,确保党的事业后继有人、兴旺发达的高度,切实增强责任感、使命感、紧迫感,创新优化体制机制,不断强化"青马工程"为党育人的政治功能。新时代高校青年马克思主义者培养工程的基本政治功能就是要遵循坚持党的领导、突出核心目标、注重实践导向、育人规律等基本原则,通过持续深化改革和提质增效,在高校领域切实为党培养和输送一批具有忠诚的政治品格、浓厚的家国情怀、扎实的理论功底、突出的能力素质,忠恕任事、人品服众的青年政治骨干。

习近平总书记在二十大报告中提到:我国建设社会主义现代化国家,是一项伟大而艰巨的任务,前途光明,任重道远。要把青年工作作为一项战略性工作来抓,使得广大青年听党话、跟党走,立志为实现社会主义现代化建设做出应有的贡献。由此可见,时代离不开青年,国家也离不开一批坚定的青年马克思主义者。党的二十大旗帜鲜明地对未来指明了方向,勾画出发展的蓝图。怎样发挥青年的力量,推动党的方针政策深入贯彻实施,对党和国家事业的发展至关重要。尤其在信息爆炸的时代,青年不仅很少关注国家大事,还容易被网络中各种错误观点和不实言论影响,动摇自己的政治立场。实施"青马工程"是解决这一问题的重要途径之一,其鲜明的政治属性不仅能满足实时上传下达的沟通联结需求,还能有效凝聚广大青年的力量,确保党的事业后继有人。"青马工程"培养内容以习近平新时代中国特色社会主义思想为主,要求学生掌握马克思主义中国化时代化最新成果,引导学生全面、系统、深入学习相关理论,增强"四个意识"、坚定"四个自信"、做到"两个维护",从而坚定政治立场,紧密团结在党中央周围。同时,"青马工程"在推行过程中也辅之重大社会事件、重要时政新闻,积极开发出各个主流价值观宣传平台,搭建青年与时代沟通的桥梁。不少大学生通过各个平台,了解熟知国家发展和重大政策措施,表达意愿、交流想法。"青马工程"实施十余年以来,为党和国家培养了众多优秀人才,他们流向各个领域,扩大了"青马工程"的辐射范围,不少学生受到感召,也增强了加入"青马工程"的意愿。由此可见,"青马工程"有效增强党的凝聚力和号召力,吸引更多新鲜血液,扩大党组织的群众基础。

开展实施新时代高校青年马克思主义者培养工程,是高校共青团发现、培养、举荐一批批青年马克思主义者为党团事业奉献青春的光荣使命,也是广大中华儿女特别是高校的广大青年实现中华民族伟大复兴、推动建设现代化强国的必然要求。习近平总书记多次强调,共青团"必须时刻把为党和人民培养人的工作摆在首位、贯穿始终""把培养社会主义建设者和接班人作为根本任务"。近年来,高校共青团抓实"青马工程"战略部署,坚守高度的政治站位,厚植浓郁家国情怀,带领青马学员坚决拥护党的领导,牢牢锤炼好高校青年的意识形态立场,推动"青马工程"在新时代走深走实。铸魂树人,坚持"党管青年"原则凸显政治性。在坚持党管青年、党管人才的原则上,"把青年工作作为战略性工作来抓,用党的科学理论武装青年,用党的初心使命感召青年",围绕理想信念教育的中心工作,新时代高校青年马克思主义者培养工程要逐步向高校思想理论建设的"举旗"工程和大学生政治引领的"铸魂"工程系统推进,将"青马工程"和大思政课结合起来,一同打造大学生成长成才的教育建设引领高地,着力提升为党育人的水平成效。

新时代高校青年马克思主义者培养工程就是要让新时代的青年理解领悟"中国共产党为什么能,中国特色社会主义为什么好,归根到底是因为马克思主义行",传承党用马克思主义立党建党的优良传统,宣传马克思主义的真理性、先进性和科学性,就是要让新时代的青年深刻领会马克思主义中国化时代化给中国带来的发展机遇以及中国化马克思主义发展丰富的历程,更进一步回答"培养什么人、怎样培养人、为谁培养人"这一根本性问题。新时代高校青年马克思主义者培养工程深入贯彻落实习近平总书记关于青年工作的重要思想,力争把一批批政治上追求进步、业务上争当先进的优秀青年培养成为坚定的、自觉的青年马克思主义者。将党的基本理论、基本路线、基本方略贯穿"青马工程"实施的各领域和全过程,以党建带团建,以教师党建带师德师风建设,以课程思政为抓手,以"为党育人、为国育才"为目标,培育"坚定不移听党话、跟党走,怀抱梦想又脚踏实地,敢想敢为又善作善成""有理想、敢担当、能吃苦、肯奋斗"的新时代好青年。

二、个体功能

新时代高校青年为什么要加入"青马工程"培训中来?这是因为青马班不仅能提供参训学员参与政治理论学习的平台,提升政治素养,加强自身理想信念建设,丰富理论文化养成,也能让青年用学得的理论指导正确实践,提供马克思主义方法论,坚定永远跟党走的政治方向,增强明辨是非的能力,投身到实现中华民族伟大复兴的中国梦及中国特色社会主义现代化国家和社会主义现代化强国的建设中去。青年关系党和国家事业的未来。培养合格的青年是实现社会主义现代化建设的重要问题。马克思在关于人的全面发展中提到,人的全面发展是精神和身体、个体性和社会性的普遍和充分发展。

(一)坚定理想信念

理想信念是一个人心理和精神状况的核心反映,它决定我们是以积极还是消极的心态面对现实,体现出一个人成长发展持久的内源性动力。理想信念是中国共产党人奋斗的灵魂,是共产党精神上的"钙"。青年大学生理想信念的缺失,小则影响人生道路发展,大则危至社会和国家前途。一直以来,很多人对理想信念的理解主要停留在感性层面,殊不知只有建立了正确的认知基础和科学的思维模式,才能真正做到政治清醒和冷静。随着"青马工程"的广泛深入开展,越来越多的青年学员接受先进文化教育,逻辑严密、积极向上的学习内容不仅强化了大学生积极的情感意识和态度,还将情感认同建立在了理性认识基础之上,从而达到了"动之以情、晓之以理"的学习目的。除此之外,一些高校充分利用重大社会事件,开设专题学习,利用疫情及地震救灾的相关素材,因地制宜地向大学生开展教学。通过对社会舆论的正确剖析和学生思维倾向的合理引导,有效规避了青年大学生理想信念的动摇。

(二)思维上突出政治养成

加强理论学习,坚定理想信念,勇当时代弄潮儿。通过理论课程学习,青马学子在思想认识上有了较大的提升,自身工作能力得到极大增强,青马学子对马克思列宁主义有了进一步理解,对中国共产党成立的艰辛和发展历程有了全面的认识。坚持用社会主义核心价值观凝聚大学生思想共识,引导青马学员树立正确的价值取向和道德追求。坚持新时代高校青年马克思主义者培养工程区别于一般的理论学习,突出政治学习,确保学员政治上合格、可靠。聚焦培养青年政治骨干这一目标,尊重思想政治教育规律、青年成长规律等,突出青年马克思主义者培养的特殊要求。贯彻"一朵云推动另一朵云"教育,育心为本,尊重育人培养成长规律,因势利导、润物无声。身为一个青年人,恰逢其时,结合自身学校共青团方面的工作内容,深刻领会青年是祖国不断发展的新鲜血液,实现才干的舞台无比广阔,实现梦想的前景无比光明,青年人要坚定不移听党话、跟党走,脚踏实地,敢想敢为有作为,不惧质疑,勇于追梦,摒弃安逸思想,保持清醒头脑,敢于直面困难,勇于迎接挑战。致力于延续历史文脉、传承红色基因,不断丰富党史教育、德育活动的形式和内容,在教育教学实践中实现"一棵树摇动另一棵树,一朵云推动另一朵云,一个灵魂唤醒另一个灵魂",激发家国情怀。在课程设置上,把学习习近平新时代中国特色社会主义思想作为教育培训的中心内容和首要任务,使之系统权威进教材、生动有效进课堂、刻骨铭心进头脑、信仰坚定志远行。新时代高校青年的可塑性很强,往往有很多潜能被自己忽略或否定,总有人说"年轻一代的孩子是幸运的,有快速获取知识的途径"。但也正因如此,青年的周遭也出现了太多的声音。培训从各自领域角度出发讲述的革命战争时期、社会主义建设时期、改革开放时期以来共产党人理想信仰追求都能让其震撼,那些从未听说过的故事启示着当代青年人,他们应该恪守信仰、坚守忠诚,要有"青春,就是要和祖国同向同行、就是要永远跟党走"的坚定。深刻把握大学生成长成才规律,引导青马学员读马列、学四史,悟初心、践使命,培养了一批坚定马克思主义信仰、具有对党绝对忠诚政治品格的大学生骨干。

(三)实践上突出政治担当

新时代背景下,社会对人才选拔的要求越发严格,对广大青年学子的综合能力要求也越来越高,随着高等教育改革的推进,高校被动面临更加激烈的竞争,坚持将践行实践、奉献青春之力作为引导青马学员运用在"青马工程"培训所学理论知识的重要途径,学以致用、用以促学、知行合一,极致发挥新时代高校青年马克思主义者培养工程的个体功能。比如,在服务基层中展现作为,练就"铁肩膀",争做勤学善学、奋力拼搏、实干有为的青年。当今,知识更迭换代速度极快,社会角色分工细化,这是时代给青年带来的挑战,对青年的综合素质特别是社会实践能力提出更高的要求,是为青年提供广阔舞台施展才华的巧妙时机,这需要新时代青年审时运势,把握好新时代高校青年马克思主义者培养工程贯彻使用的实践育人的基本方法,发挥同伴教育的独特育人作用,坚定为党为国育才的高度政治站位,提升自我,发展自我。新时代高校青年马克思主义者培养工程想要高度重视、切实抓好工作落实",提升培训实效性,就要着重突出加强"青马工程"培训"流水线"体系建设,广泛调度并合理配置资源,搭建实践养成平台,长期跟踪培养,做好吸纳举荐。比如,继续深化落实"逐梦计划",组织引导青年在中国特色社会主义实践、群众工作实践、各种重大事件和急难险重任务中发挥作用,带领青马学员协助开展城市文明创建、投身脱贫攻坚、城乡综合一体发展、助力乡村振兴和反诈宣传等各种工作,推动基层治理,促进能力提升;开展"返家乡"实践,组织青马学员向社区报到、返乡兼职锻炼,持续提升青马学员的综合实践能力和服务家乡的青春担当,让青年到社会实践中感知理论的力量,学会用理论指导实践,通过社会实践环节,实现自身价值和社会价值,将被动的理论学习和主动的社会实践相结合,实现真正意义上的活学活用。

(四)实现卓越发展

为实现卓越发展,一是要夯实卓越发展的理论知识。高校学生接受马克思主义教育的主要途径是大学公共课,由理论学习再到期末检测,完成知识的学习巩固。然而,不少学生为了应付考试或者是追求分数,对马克思主义相关理论的学习采取"教条式"学习方法,本末倒置,无法保证知识的真正掌握。"青马工程"的开展为大学生提供了理论学习的平台,具有许多与时俱进的、学生喜闻乐见的学习资源,将马克思主义科学理论形象化、具体化,帮助学生理解。除此之外,部分高校推进"青马工程"时还开设了通识知识板块,开阔大学生的眼界,建立多元的知识结构。

二是要提升卓越发展的实践能力。理论与实践相辅相成,缺一不可。对于大学生来说,实践能力是其发展短板。"青马工程"开展的一系列实践活动,包括志愿服务、社会调研、实地考察等,为高校学生提供锻炼机会。大学生在积极参加社会实践中,更加了解我国的国家制度和治理体系,进一步强化了对我国制度优势与合理性的认识和理解。在深入基层实践中,不断增加社会阅历,增强同人民群众的情感联系,站稳人民立场,虚心向人民群众学习,进一步强化对"全心全意为人民服务"的理解和践行。在投身急难险重任务中,不断提高自己解决实际问题的能力,提升个人的专业水平,强化建设社会主义的责任感和使命感。在实践的过程中,还要将所学知识与实际相结合,经过感受、领悟、反思,逐渐形成自己的思想智慧,再用以指导新的实践。

三是要加强卓越发展的同伴合力。"青马工程"不同于传统课堂,它的开展方式多元灵活,学生能够加强合作交流的机会较多。在思维碰撞中,大学生既巩固了知识,又加强了组织的凝聚力,有利于实现学生的共同进步与发展。

与此同时,"青马工程"的参与在现实上也会给学员个体带来发展机遇,拓宽实现人生价值的道路。如在参与"青马工程"培训过程中的优秀学员可以通过共青团推荐优秀的程序,向党组织推荐发展。换言之,"党、团组织共同实施青年马克思主义者培养工程",实现为党组织发掘、培养和输送优秀青年学员的政治任务。

三、学校功能

新时代高校青年马克思主义者培养工程教育主体实施力量即"青马工程"实施机构——高校共青团和从事教育的人员,实施主体肩负着搜集信息、决策、实施、反馈、调节等各个环节的任务,引导和控制着全过程,对青年马克思主义者的培养起至关重要的作用。新时代在高校中实施"青年马克思主义者培养工程"事关引领广大青年坚定政治方向,事关培养中国特色社会主义事业的可靠接班人和合格建设者,意义重大,任务艰巨。

高校要集合更加全面的领导力量,把学校团委、社团等各方面的组织力量集结起来,制定合理高效的组织机构,注重组织内部的系统优化,坚持更高的思想站位,更广阔的思想视角,始终贯彻党的中心思想和执政理念,不断总结马克思主义中国化时代化的最新成果,把"青马工程"教育纳入高校思想政治教育的主要层面,纳入高校的文化建设和整体规划中。

高校"青马工程"的相关指导教师或主讲,在"青马工程"开展前不断整合资源,筛选教学内容,制定结合时代课题和教学要求的内容,开设"青马工程"特色课程,深化思想政治教育,整体把握马克思主义的核心内容,传达党的主要思想观念。在理论教学上,在校内组建一批政治素质过硬、知识素养过硬、综合能力过硬的青年教师团队,同时广泛吸纳专家学者、社会知名人士等组建开放式的"青马工程"导师团,合理运用教学手段,提升理论教学的质量,在讲授的过程中循序渐进、深入浅出,把"青马工程"的每一课讲好、讲妙,激发同学们的学习兴趣。在实践教学中,高校应该集合传统教学和新式教学的特点,拓展更加广泛的实践项目,构建"青马工程"的网络学习平台,扩宽实践的种类和层次,加强同学们的政治参与能力,在管理活动或社会调研实践中了解学生的理论运用能力,帮助高校青年学子了解高校、了解社会、了解国家。

借助新时代下的现代教育技术,运用信息化和数字化教学手段,完善自身发展制度,通过考试检测、他人评价等科学手段形成"青马工程"的评价机制,优化"青马工程"培养的人才选拔机制、淘汰机制。加强顶层设计,将"青马工程"作为高校党(团)委"一把手"工程,推动其与学校党的建设、思想政治教育、校园文化建设融合发展,将工作成效纳入大学生思想政治工作测评体系。高校要运用多媒体平台对学生的学习成果进行展示,健全对学生的奖励机制。在保障体制上,高校要合理合法地运用资金对"青马工程"进行整体规划,确保资金保障,积极协调高校相关单位,共同参与实施,加强部门协作,建立"大学生马克思主义自学组织联盟",加强校地合作,提供组织资源保障,在高校内营造人人热爱马克思主义、人人学习马克思主义、人人践行马克思主义的氛围,深入发挥"青马工程"的育人育才作用。

除此之外,"青马工程"还能有效推进学校学生工作的进行,尤其是党建工作。高校学生党员培养与"青马工程"存在联系,两者在培养目标、培养方式、培养对象等方面有共通之处,推动"青马工程"能为高校党建工作提供条件保障,促进其规范化、专业化发展。一方面,"青马工程"在推进过程中落实"为党育人、为国育才"的观念,并以此落实实施方案和培养计划,能够有效推动党建工作的进展。在落实工作计划时,在"青马工程"中表现优异的学生,能够推荐至党建部分进行重点培养,从而搭建人才的晋升通道,为高校青年马克思主义者提供人才储备。另一方面,"青马工程"的培训要经历科学完整的阶段,有标准化的考核考量指标。而党建工作更是需要严格的门槛规定,政治性是首要考察目标。经过"青马工程"培训的学生在思想水平、政治观点、实践能力等方面有较好的表现,"青马工程"借助自身优势,可以促进党建工作的开展,规避不良情况的发生。

发展校园文化,形成良好的学校氛围。学校文化总是潜移默化地影响学生的思想、态度、价值观,学生往往无法独善其身。良好的学校文化不仅体现底蕴魅力,更孕育着大学生独特的气质和人格。一方面,"青马工程"传承优秀红色文化,增强大学生的责任感和使命感。"青马工程"以红色理论宣讲为主,并举办相关校园活动,丰富了学生的校园实践,使得"青马工程"日常化和具体化。另一方面,"青马工程"创新了传统校园文化。传统校园文化以报刊、展厅、标语、宣传海报为主,影响力较小,未能符合时代的高速发展。"青马工程"将校园文化拓展至网络空间中,在网络平台传递正能量与社会主义核心价值观。

第三章　新时代高校"青马工程"的目标、内容与任务

对于新时代高校青年马克思主义者培养工程而言,培养什么样的人及以什么样的方式去培养依然是培养工程中重大的理论问题与实践前提。现实中的新时代高校青年马克思主义者培养工程中培养目标的模糊化、培养内容的单一化和培养任务的繁杂化,影响了常态化下青年马克思主义者培养工程的正常运作,影响了培养质量与培养效率。培养工程应从顶层设计的角度厘清培养目标和培养任务,并为一线工作的同志提供更多易于操作的、有效的培养内容指导。

第一节　新时代高校"青马工程"的目标

对一个培养过程而言,首要的是确立培养目标。高校的根本任务是立德树人。在围绕立德树人这一根本任务的前提下做好培养青年马克思主义者的工作,就势必要有更高的要求。

实施"青马工程",全面提高大学生骨干的理论水平和实践能力,努力在大学生中培养一批政治坚定、素质过硬的马克思主义者,事关党的事业后继有人,事关国家的兴旺发达,事关青年的健康成长。"青马工程"是培养中国特色社会主义事业的合格建设者和可靠接班人的战略需要,是共青团基本职能在高校的集中体现,也是培养学生领袖的有效途径。

青年马克思主义者培养工程是一个庞大的复杂工程,但培养目标并不复杂,这是由青年马克思主义者的理论特质、实践特质、人格特质及时代特质决定的。从高校自身角度来说,培养和造就一批坚定的青年马克思主义者是关乎中国特色社会主义事业兴衰成败的战略性工程,是党和国家赋予高等学校的伟大使命。高校不仅要以培养社会主义事业建设者为己任,更要以培养社会主义事业接班人为使命,在各行业各领域切实为党培养和输送一批具有忠诚的政治品格、浓厚的家国情怀、扎实的理论功底、突出的能力素质、忠恕任事、人

品服众的青年政治骨干,把青年中的优秀分子培养成中国特色社会主义事业的自觉建设者。青年马克思主义者的培养是为中国共产党提供坚强的后备力量,为建设中国特色社会主义培养合格的建设者和可靠的接班人,必须从以下几个方面严格执行。

一、回答什么是青年马克思主义者

青年马克思主义者要一切从实际出发,不论当今是处于社会改革变动期,还是社会转型的攻坚期和深水期,青年马克思主义者都要从实际出发去寻找解决的方法,运用智慧去解决生活中遇到的新情况,应对一切突发现象,解决生活中的新问题,使青年马克思主义者实现质的飞跃。理论学习需要实事求是,邓小平曾说:"不以新的思想、观点去继承、发展马克思主义,不是真正的马克思主义者。"

解决青年马克思主义者培养现实中的培养目标问题,把青年培养成马克思主义者而不仅仅是优秀学生干部,才可能解决对青年马克思主义者培养做出评价以及推荐使用等一系列重大的理论与现实问题。不清楚培养成什么样的人,是不可能提高青年马克思主义者的培养水平与培养质量的。

二、在当代条件下系统培养青年马克思主义者

如何在当代条件下系统培养青年马克思主义者,即如何对青年精英进行马克思主义教育? 如何把马克思主义的理论魅力转化为对青年精英的现实吸引力,并将青年的马克思主义理论素养转化为实践"三个代表"重要思想和科学发展观的能力? 怎样使当代青年既对中国特色社会主义事业充满理论自信、道路自信、制度自信,又具有完善理论以及道路与制度的强烈责任? 如何研究培养动力的形成以及提供更多切实可行的培养模式? 这就要求在培养青年马克思主义者的过程中,要把高校思想政治工作放在首位,加强高校思想政治工作队伍的建设,不断提高思想政治工作队伍的理论素质与创新能力。同时,要把高校思想政治理论课作为引领青年马克思主义者培养的主要渠道,让思想政治理论课的内容、方法、原则与时俱进,顺应当前社会发展与大学生成长成才的需求,不断完善青年马克思主义者的培养机制,使青年马克思主义者对中国特色社会主义理论体系具有高度的认同,对中国特色社会主义发展道路有高度的认同,同时着力培养大局意识与国际视野,以此来培养其中国特色社会主义建设责任感与使命感,逐步形成高尚的品质与道德情操,真正为中国特色社会主义事业建功立业,奉献自己的全部力量。

三、建立健全青年马克思主义者培养新的工作机制与长效机制

新的指挥机制与协同机制将改善当前培养动力不足、资源难以调度的状况。新的机制化设计,使资源得以合理整合,为"青马工程"新一轮的开展提供理论支撑。马克思主义理论教育最终要达到的目标就是通过对马克思主义理论的学习更好地引导高校青年大学生理解掌握马克思主义中国化时代化的理论体系,坚定高校青年大学生为实现社会主义现代化的理想而奋斗的信念。加强高校青年大学生对中国特色社会主义理论成果的学习,这对

于提升高校青年大学生解决与分析问题的能力、提升马克思主义理论水平以及树立正确的"三观"有着重要的作用。

理论支撑离不开理论实践,理论实践即马克思主义者的理论运用,青年马克思主义者要积极投身于社会,在社会中使理论发挥最大价值。马克思对理论的研究也是实践,马克思终其一生都奉献给了无产阶级革命斗争。他的言论从来都不只是书本上的学说,而是经过人们的长期实践证明的,"社会生活在本质上是实践的""哲学家们只是用不同的方式解释世界,问题在于改变世界"这些实践性话语,要求青年马克思主义者积极地投身于工作、社会和生活的实践中,更重要的是投身于中国特色社会主义事业的建设中,为社会主义的发展贡献力量。

中共中央 2004 年发布的《关于进一步加强和改进大学生思想政治教育的意见》指出:"社会实践是大学生思想政治教育的重要环节,对于促进大学生了解社会、了解国情,增长才干、奉献社会,锻炼毅力、培养品格,增强社会责任感具有不可替代的作用。"可以说发展高校青年大学生成为坚定的青年马克思主义者,社会的磨炼与实践是必不可少的,也是高校青年马克思主义者培育最关键的一步。要让他们懂得"纸上得来终觉浅,绝知此事要躬行",只有实践,才能解决好问题。因此,重视高校青年大学生实践能力的培养,创造更多社会实践机会,不但可以提升青年大学生相应的社会能力,更有助于促进青年大学生内心思想上的成熟,增强其社会责任感、道德感、集体荣誉感以及对社会的奉献精神,坚定对马克思主义理论的信仰。

由于高校在青年马克思主义者培养中承担着主要任务,因此,机制化的设计就是让更多的教育资源参与青年马克思主义者的培养过程,使其充满活力,既有顶层设计,又有分层规划,让党的组织部门、宣传部门、思想政治理论课的教师等教育主体知道做什么和怎么做。

马克思主义理论、马克思主义中国化时代化思想贯穿青年马克思主义者培养工作的始终,在新的历史时期,"青马工程"要把深入学习贯彻习近平新时代中国特色社会主义思想作为推进工作的重中之重。一方面,通过理想信念教育提升青年的政治定力。在青年群体中大力推行思想政治教育,宣传马克思主义理论。多途径多角度进行党的"四史"学习教育,让广大青年明确新时代自身肩负的责任与使命,知党懂党信党,自觉维护党的核心地位,自觉运用马克思主义的立场和观点解决问题。另一方面,通过理想信念教育增强青年明辨是非的能力。青年对新事物有着敏锐的嗅觉,是网络的资深使用者,而鱼龙混杂的网络信息往往一拥而入,各类多元化的社会思潮对青年的价值观产生影响,为此,更要加强理想信念教育,用马克思主义武装青年,用马克思主义中国化时代化的最新成果培育青年,让广大青年在学、思、践、悟中筑牢理想信念,在知行合一中坚定初心使命,在融会贯通中汲取奋进力量,从而能在大是大非面前坚定正确的政治立场,不为负面信息左右,在实现中华民族伟大复兴的中国梦的征程上行稳致远。

"青马工程"的根本目的就是为党和国家事业发展培养合格建设者和可靠接班人,这就显示出"青马工程"为党育才的政治属性,我们必须向党看齐、跟着党走,始终站在为党培养后继人才的高度推动"青马工程"的有效实施。

第二节　新时代高校"青马工程"的内容

习近平总书记强调:"高校要把加强马克思主义学习研究宣传作为重要职责,让马克思主义主旋律唱得更响亮。要抓好马克思主义理论教育,扎实推进马克思列宁主义、毛泽东思想学习教育,广泛开展中国特色社会主义理论体系学习教育,深入学习领会党中央治国理政新理念新思想新战略。各学科专业的学生、不同学段的学生都要学习马克思主义理论、掌握科学的世界观和方法论,为学生一生成长奠定科学的思想基础。"

根据党中央"在青年中培养一大批坚定的马克思主义者"的指示,自 2007 年 5 月 15 日起,团中央全国学联启动"青年马克思主义者培养工程",并于同年印发了《"青年马克思主义者培养工程"实施纲要》(以下简称《纲要》),青年马克思主义者的系统化培养正式由共青团中央负责,开始了实质性的运行。

《纲要》明确指出:"青年马克思主义者培养工程的重点培养内容包括大学生骨干培养、共青团干部培养和青年知识分子培养。其中大学生骨干主要包括各级各类学生干部、学生社团干部、学生党员和入党积极分子、理论学习骨干及在学术科技、文化体育等方面成绩突出的优秀学生;共青团干部主要指各级共青团组织的专职干部;青年知识分子主要指在人文社会科学和自然科学领域从事科学研究、技术开发应用、教学推广等工作的青年高级知识分子。"

《纲要》针对青年马克思主义者的培养对象、培养内容、工作保障等进行部署,要求各地团组织结合实际,把青年马克思主义者培养工作不断推向新的高度。

一、新时代高校青年马克思主义者培养工程的培养对象

从培养对象来看,各级大骨干班的培养对象主要是学生干部,包括党团组织兼职学生干部、各级学联和学生会干部、学生社团干部,此外还包括体育文艺方面有特长的同学。从培养的侧重点来看,中央和省级大骨干班培养的学生干部职务级别较高,如校级学生会、研究生会的主席,培养人数较少;学校和学院的大骨干班,培养的学生干部职务级别较低,院级大骨干班的培养对象大部分是班团支部的学生干部,培养人数相对较多。

"青马班"的学员均为广大青年群体中选拔出的优秀人才。入班后,由各级党团组织对青马学员进行重点培养,其中包括双导师制、集中统一培训、基层实践锻炼等,一系列课程让学员对马克思主义理论有高度的认识和把握,进而让他们的思想高度得到提升,自身素养得到提高,让他们能够成为青年群体中的方向标和指向旗,团结带领青年,巩固党的队伍。

二、新时代高校青年马克思主义者培养工程的培养机制

逐步构建覆盖高校、国企、农村、社会组织等各领域优秀青年,不断为党培养和输送青

年政治骨干的培养体系。

(1)高校班继续巩固全国、省级、高校的培养格局,突出对大学生骨干的政治训练和思想引领

全国班由团中央组织部、教育部思想政治工作司共同组织实施,省级班由省级团委联合省级教育部门组织实施,校级班由高校团委在高校组织、宣传、学工(研工)等部门指导下组织实施。

(2)国企班逐步建立集团、二级单位的培养格局,强化对国有企业青年骨干的政治锻造

全国班由团中央组织部、国务院国资委党建工作局等有关单位共同组织实施,省级班由省级团委联合本级国资监管机构等单位组织实施,企业团组织在同级党组织领导下做好本级和二级单位的学员培养工作。

(3)农村班聚焦乡村振兴战略,培养更多"懂农业、爱农村、爱农民"的有志青年成长为乡村治理骨干力量

全国班由团中央组织部、农业农村部人事司共同组织实施,省级及以下班由共青团组织联合本级农业农村部门组织实施。

(4)社会组织班着眼提升在社会治理中的贡献度,突出对青年社会组织骨干的政治引领和价值引领

全国班由团中央组织部、社会联络部,中央和国家机关工委协会党建部、国务院国资委协会党建局和民政部社会组织管理局,会同社会组织业务主管单位组织实施,省级、市级班由共青团组织联合社会组织党建工作机构、民政部门,会同社会组织业务主管单位等组织实施。

(5)其他班次

有基础和条件的地区,应将少先队辅导员纳入"青马工程"培养体系,同时可结合实际适当招收高校青年教师以及高职院校、民办院校的优秀学生,探索开设面向非公企业以及其他领域的优秀青年骨干的相应班次。

"青马工程"每一期集中培养周期原则上为1年。全国班每期规模约200人,其他层级班遵循"少而精"的原则合理安排规模。总体每年培养约20万人。

三、新时代高校青年马克思主义者培养工程的培养体系

以"青马班"为主阵地,构建青年马克思主义者培养"一二三四五"体系。

(一)紧紧围绕"一个核心",始终围绕学习马克思主义及其中国化最新成果这个核心内容

党的十七大明确指出,要切实加强学习中国特色社会主义理论体系,用马克思主义最新成果武装自己。新中国的成立、中国特色社会主义制度的发展、中华民族的伟大复兴都离不开马克思主义的指导。"青马工程"强调对马克思主义理论和马克思主义中国化时代化最新成果的深入学习,极大促进了马克思主义在青年群体间的传播,增强了广大青年群体对马克思主义的坚决拥护和高度认同。例如,通过组织学员读原著、学原文、悟原理,深读《习近平谈治国理政》《论党的青年工作》等经典著作,跟进学习习近平新时代中国特色社会主义思想;邀请党政领导和专家学者就党的创新理论、重大政策以及社会热点等进行专

题辅导;为学员安排理论导师,组织学员围绕国计民生开展调查研究等形式深化理论学习。

（二）调动"两个积极性",积极调动各部门及教师加强人才举荐的积极性,积极调动青年学生学习理论的积极性

各部门及教师应争取各级党委组织部门和行业主管部门支持,不断强化"青马工程"为党培养青年政治骨干的品牌效应,努力为党的事业和队伍输送新鲜血液。

首先是做好学员推优入党工作,贯彻落实党员发展、推优入党。依照有关文件要求,积极推荐优秀"青马工程"学员作为党的发展对象。学员在"青马工程"培养期间参加的理论学习、实践锻炼等内容应当记入入党积极分子相关培养材料。

其次是推动高校班优秀学员依程序进入选调生队伍。支持鼓励高校班学员报考选调生,引导他们到祖国最需要的地方建功立业,优先考虑中共党员、优秀学生干部、获得校级以上奖励人员、具有参军入伍经历的大学毕业生。各高校团委要建立"青马工程"学员备案制度,积极向党委组织部门推荐。

再次要推动国企班优秀学员进入企业优秀人才队伍。争取各级党委组织部门、国资监管机构加强对国企班学员的后续跟踪,将表现优秀的学员纳入企业优秀人才队伍,重点培养使用。

另外要推动农村班优秀学员进入村"两委"班子。争取各级党委组织部门、农业农村部门加强对农村班学员的实践培养,通过跟岗实习等推动他们承担更多乡村治理和服务群众职责,积极争取作为村"两委"班子优秀人选。

最后是加强对社会组织班优秀学员的举荐和组织吸纳。推动优秀学员成为城乡治理的重要力量,推荐优秀学员为各级人大代表、政协委员人选。

同时要加强团内激励,结合不同班次学员的特点,对于表现特别优秀的学员,可吸纳为各级团组织的领导机关挂职、兼职干部,推荐为团组织的各级委员会成员、团代表、青联委员等人选。

作为青年马克思主义者,除了要具备良好的政治信仰,还要具备解决现代化过程中遇到的各种问题的能力。参与"青马工程"培训的学员除了要掌握良好的马克思主义理论知识外,还必须具备多学科的视野,掌握政治学、经济学、社会学、管理学、计算机科学等多学科知识。这迫切要求马克思主义教育破除自身的封闭性,与开放的网络社会同行,不断扩大自身的知识边界,加快与其他学科知识的融合,并提高知识的更新速度。

"青马工程"学员的知识结构应该是系统的、全面的,主要包括三个层次,即信仰层面的理论知识、素质层面的综合知识和能力层面的专业知识。

信仰层面的理论知识教育主要是为学员的信仰奠定思想理论基础。认知是信仰的前提,只有真正走近并把握马克思主义的思想内涵和理论真谛,才有可能成为一个马克思主义者。没有科学理论的指引,能力再强、素质再高也可能半路跌倒,误入歧途。青年马克思主义者必须具有较高的马克思主义理论知识,树立牢固的理论自信,掌握马克思主义的立场、观点和方法,善于运用马克思主义分析和解决问题。

素质层面的综合知识是为了确保学员知识的全面性,使学员能适应社会主义建设的各个阶段和方方面面。共产党作为社会主义建设的核心力量,具有统领一切的责任,在全面加强党的领导的当今更是如此,这迫切要求党政干部掌握全方位的知识,形成较为完备的

素质。作为党政干部的后备力量,青马班学员应该提前做好知识上的储备,抓住学习时机,尽可能多学点文化、扩大知识面,以备不时之需。

能力层面的专业知识教育是指学员依托自身所在专业进行学习活动。在社会分工越来越精细的时代,青马学员既应该有广博的知识,同时也应该掌握某一方面的专业知识,在某一专业上深耕细作,建立自身的知识优势。理论知识、综合知识和专业知识构成了三位一体的立体式结构,为学员的长远发展奠定坚实基础。

因此,在不同层面知识的教学上,"青马工程"应采取循序渐进的教育策略。指导老师要按照先基础知识后拓展知识的顺序进行教育,并且要在时间上错峰进行,不影响学员原有的专业学习。

理论知识教学应在学员进入"青马工程"的第一学年完成,其培训内容分为五大板块,分别为马列主义经典原著研读、毛泽东思想和中国特色社会主义理论体系、习近平新时代中国特色社会主义思想(在十九大之前为"习近平总书记重要讲话精神")、党史国史教育、社会主义核心价值体系教育等,教学形式主要为专题教学,教学目标是让学员坚实掌握马克思主义经典理论及其中国化理论成果。

综合知识教学应在学员进入"青马工程"的第二学年进行,主要以专题教学和专家报告的形式开展,教学目标主要是提升学员综合素质。综合知识教学阶段的内容涵盖政治学、管理学、社会学、法学、经济学、心理学、新闻学、信息技术科学等多个学科,课程涉及乡村治理、行政管理、社会调查、法治思维、市场经济、心理健康、新闻舆论、电子政务、大数据、人工智能等多个方面。此外,还应针对工作中需要具备的技能开展针对性培训,如公文写作、演讲与口才、舆情应对技巧、思维导图等相关课程。

(三)推进"三个层次联动",根据青年学生的基础差异和需求差异,开展分层指导,形成核心层、骨干层、全员层等联动的"青马工程"理论学习教育格局

1.建立健全从严管理机制

把从严从实的要求贯穿学员培养全过程,不断提升管理质量水平。首先要健全日常管理机制。制定理论学习、红色教育、实践锻炼等各环节学员管理规定,建立日常督导检查机制,定期向学员所在党团组织了解学员日常言行,建立"青马工程"联络员制度,实时监督掌握学员表现情况,将日常表现作为学员评价的重要指标。

其次要完善考核评价机制。在考核标准上,把学员政治表现作为第一位的要求,从理论测试成绩、实践锻炼效果、结业论文质量、日常行为表现、重大事件响应等方面明确任务完成标准;在考核方式上,突出过程评价与结果评价相结合,通过学员自评互评、导师评价、联合培养单位评价、学习成果评价等环节的整体赋分,按比例设定优秀、合格、不合格等级,合格以上准予结业,并将考核结果抄送学员推荐单位。

再次要严格淘汰退出机制。坚持动态淘汰,通过日常观察、甄别,对于在培养过程中不守政治纪律和政治规矩,违反党和国家政策的;违反国家法律法规,危害党、国家和人民利益的;违背社会公序良俗,违反社会主义道德,有不当言行造成恶劣影响的;在重大事件和各种急难险重任务前表现消极、没有发挥先锋模范作用的;违反所在单位纪律制度,情节严重的;不遵守培训纪律,违反学员管理规定的学员,其行为一经查实,坚决予以淘汰。强化末位淘汰机制,结合培养期各环节的评价考核结果,对未达到培养目标要求的学员予以淘

汰。每期班淘汰率一般不低于10%。

骨干层要建立跟踪培养机制。设定学员结业后5至10年的跟踪培养期,保持与学员的常态化联系,建立并实时更新学员信息数据库,随时关注学员后续成长发展情况,向学员开放各类学习平台,提供继续学习和交流联系等支持帮助。

2. 搭建社会实践平台

高校具有得天独厚的发展优势,要积极依托实验室、社团、校地合作基地等全员层实践平台,有效整合资源,搭建一体化的社会实践平台。同时,充分发挥社会教育资源的优势,在校外社会实践基地广泛开展社会调研、志愿服务、校外挂职等社会实践活动,进一步提升青马学员的社会责任感与核心竞争力。充分利用校友资源,建设一批校院两级"青马工程"社会实践基地。发挥高校的社会服务性质,积极搭建校地合作基地,发挥双方优势,进行广泛而密切的合作,形成青马学员实践培养的长效机制。

（四）抓好"四个环节",在"青马"学员培养和教育过程中,着力抓好调查研究、抓好高水平的辅导报告、抓好典型培养、抓好经验交流

"青马工程"应严格选拔机制、强化管理制度、完善育人体系,在秉承精英原则的同时,通过全校学生自愿报名、二级学院择优推荐等方式进行调查研究,能够更有效地发现和培育"好苗子",避免"阶层固化"。学员入选后,通过对每个学员的严格管理,建立完善的辅导报告,做到全过程跟踪、阶段性反馈、全方位培养。

"青马工程"的学员来自基层团支部、学生会、班委会、学生社团等各级学生组织,运用先进典型影响和教育群众,发挥先进典型的示范和引导作用,是我们党的思想政治工作的优良传统和行之有效的方法。所谓先进典型教育,就是通过先进典型的言行,把高深的政治思想原理和抽象的道德规范具体化、人格化,使受教育者在这些富于形象性、感染性和可信性的典型中受到教育。因此,要充分发挥"青马工程"优秀学员的带头示范作用,真正起到"点燃一盏灯,连成一条线,照亮一大片"的效应。首先,选出一批优秀的学生骨干,组建一支综合素质过硬的宣讲队伍,以"四进"为手段,以"四信"为目标,即通过青年马克思主义理念 "进支部、进社团、进网络、进团课",组织开展有形化、经常化的工作和活动,引导帮助广大青年学生进一步牢固树立对党的科学理论的信仰、坚定走中国特色社会主义道路实现"中国梦"的理想信念、增强对党和政府的信任、增进对以习近平总书记为核心的党中央的信赖。其次,在"青马工程"培训骨干中选出一批具有网络及新媒体特长的学员,组建一支网络宣传员队伍,积极组织"青年好声音"等网络文化活动,围绕中国梦、推进改革、推行法治、奋斗创业、社会公益等内容,以广大青年大学生生活化、接地气的语言形式,主动在网上发出和传播弘扬社会主义核心价值观的微博、微信、帖文、视频等作品,弘扬青春正能量,自觉抵制负能量,在广大青年大学生中产生指引、示范、激励和教育作用,形成高校范围内人人学习先进、人人争当先进的良好风气。

（五）注重"五个紧密结合",即坚持课上与课下紧密结合,坚持理论学习和实践育人紧密结合,坚持理论学习与心理疏导紧密结合,坚持理论武装和校园文化载体活动紧密结合,坚持做到党建和理论武装紧密结合

通过理论讲座、名家演说、专题研讨、素质拓展、基层锻炼、志愿服务、考察交流等形式,

依托高校微信公众号平台,打造"青思课堂",使更多青年学生了解"青马工程"、认识"青马工程",从而热爱"青马工程"、渴望参与"青马工程"。从关于人的全面发展理论,即从社会关系入手,探讨个人在社会中可能实现的价值,即只有投身于社会,个人的社会价值和自我价值才有可能实现。从"青马工程"的角度来说就是要把青春融入社会主义事业发展,以小我之力量汇聚大我之源泉。个人的成功进而促使个体成就感和获得感得到满足,从而肯定自我、发展自我。在"青马工程"系统的培养下,个人的思想修养、政治觉悟、实践能力、心理素质等综合能力能够得到大力提升,自我成就感和获得感能够进一步提升,个人能够在发展中进步,在进步中发展,最终实现个体的价值,也就是个人自由全面的发展。

四、新时代高校青年马克思主义者培养工程的培养方案

突出学员综合素质特别是政治素质的锤炼提升,规范完善各培养板块的目标任务和路径载体,逐步形成统一标准的科学培养方案。

(一)深化理论学习

深化理论学习的主要目标是帮助学员加深对党的科学理论的理解掌握,学深悟透习近平新时代中国特色社会主义思想,掌握马克思主义的立场、观点和方法,进一步坚定跟党走中国特色社会主义道路的信心和决心。深化理论学习的主要方式是引导学员读原著、学原文、悟原理,深读《习近平谈治国理政》等经典著作,跟进学习习近平总书记重要讲话精神,邀请党政领导和专家学者就党的创新理论、重大政策以及社会热点等进行专题辅导。为学员安排具有马克思主义理论学科高级专业技术职称的专家学者担任理论导师,组织学员对经济社会发展的重要问题开展调查研究。原则上学员每年集中理论学习不少于2周或总学时不少于80学时。

(二)开展红色教育

开展红色教育的主要目标是帮助学员弘扬民族精神和时代精神,加强党史、新中国史、改革开放史、社会主义发展史等学习。引导学员增强对革命传统精神的理解,实现爱国主义精神的升华。开展红色教育的主要方式是组织学员赴革命传统教育基地、爱国主义教育基地、革命遗址等实地学习,参加祭奠革命先烈、重温入党誓词等仪式教育。寻访历史见证人,观看优秀典型事迹的影像资料、专题展览,邀请先进典型做事迹报告等。

(三)加强实践锻炼

加强实践锻炼的主要目标是帮助学员深入了解我国国家制度和国家治理体系,加强社会观察,在基层一线、困难艰苦的地方磨练意志、锤炼品格、增长才干,不断增进与人民群众的感情,树立群众观念,坚持群众路线。加强实践锻炼的主要方式是开展集中实践,组织学员到有代表性的基层地区和行业开展实地锻炼。深化日常实践,培养期内设置跟岗见习、志愿服务等内容,组织学员就近就便开展常态化实践训练。引导学员在网络上主动发声亮剑,同各种错误观点和思潮作斗争,在面对重大事件和各种急难险重任务时冲锋在前、经受考验。积极创造条件组织学员参与国际交流、与港澳台地区青年交流等活动,通过对不同

制度体制和发展模式的比较研究,进一步增强制度自信。

第三节　新时代高校"青马工程"的任务

　　党的十九大提出要统揽伟大斗争、伟大工程、伟大事业、伟大梦想。习近平总书记在纪念马克思诞辰 200 周年大会上的重要讲话中指出:"在新时代,中国共产党人把马克思主义基本原理同新时代中国具体实际结合起来,团结带领人民进行伟大斗争、建设伟大工程、推进伟大事业、实现伟大梦想,推动党和国家事业取得全方位、开创性历史成就,发生深层次、根本性历史变革。"新时代的青年马克思主义者面对着"四个伟大"的新课题,承担着民族复兴的新使命。

　　在全国宣传工作会议上,习近平总书记强调:"宣传思想工作是做人的工作的,要把培养担当民族复兴大任的时代新人作为重要职责。"习近平新时代中国特色社会主义思想从推进中国特色社会主义伟大事业、推进党的建设伟大工程、更好进行具有许多新的历史特点的伟大斗争、实现中华民族伟大复兴中国梦的战略高度,深刻回答了事关青年教育和青年马克思主义者培养工作的一系列重大问题,是指导新形势下青年马克思主义者培养的根本遵循。加强和改进新时代青年马克思主义者培养工作,需要我们以"四个伟大"为统领,培养新时代青年马克思主义者,培养能担当民族复兴大任的时代新人。

一、实现伟大梦想是新时代青年马克思主义者培养的时代主题

　　习近平总书记指出:"为实现中华民族伟大复兴的中国梦而奋斗, 是中国青年运动的时代主题。"中国梦是近代以来中华民族最伟大的梦想,实现伟大梦想应该成为新时代青年马克思主义者培养的时代主题。伟大梦想的丰富内涵和重大意义对青年马克思主义者培养起着非常重要的启示和强化作用。对于青年马克思主义者培养而言,新时代应探索更为积极的培养措施,完整准确地把握并全面科学地宣传中国梦的内涵,用中国梦筑牢青年马克思主义者的共同思想基础。

二、进行伟大斗争是新时代青年马克思主义者培养的基本方略

　　实现伟大梦想,必须进行伟大斗争。新时代,青年马克思主义者培养迎来了新的机遇,也面临着新的挑战。我国社会主要矛盾的新变化使党的青年工作面临一系列新情况、新问题、新特点。如何直面矛盾挑战、发扬斗争精神、积极改革创新,动员广大有志青年投身于"具有许多新的历史特点的伟大斗争",成为新时代青年马克思主义者培养的基本方略。具体而言,就是要培养青年做坚定的马克思主义学习者、践行者,最根本的就是要把他们真正培养成为习近平新时代中国特色社会主义思想的忠实信仰者、自觉践行者、坚定捍卫者。要以"青年马克思主义者培养工程"为抓手,培养和造就一大批坚定有为的新时代青年马克思主义者。要坚持不懈地培育其社会主义核心价值观,弘扬中华优秀文化,立德树人,以文

化人。要遵循青年成长规律,增强互动性,因势而谋、应势而动、顺势而为,实现全过程全方位的个性化育人。要加强阵地建设,坚持意识形态领域的人心之争,在"原则问题上进行思想斗争,坚持真理,修正错误",教育引导青年正确认识世界和中国发展大势,正确认识中国特色和国际比较,正确认识时代责任和历史使命,正确认识远大抱负和脚踏实地,以应对各种挑战,增强青年马克思主义者培养的时代性、实效性。

三、建设伟大工程是新时代青年马克思主义者培养的根本保证

实现伟大梦想,必须建设伟大工程。新的伟大工程事关长远,必须从早、从紧、从青年抓起,这既关涉国家事业主心骨的生命力与活力,又关系到青年马克思主义者培养的有效性,是新时期青年马克思主义者培养的根本保证。青年马克思主义者是我们党现在和未来的重要力量,也是政党意识形态最需自我革新、自我提高的重点群体。进入新时代,党中央对青年马克思主义者培养更加关注,也提出了更高的要求。当前,青年马克思主义者培养要坚持党性原则、党管青年原则,必须从深入推进党的建设新的伟大工程实践中提升青年马克思主义者培养的工作层次和水平。要强化先进性锻造,要把坚定理想信念作为首要任务,把具有正确的政治方向、厚实的理论素养、高尚的道德品行列为培养的首要内容,把积极投身实践、保持勇于创新的勇气、保持艰苦奋斗的作风列为培养定位,要求只能提高,不能随意降低。要坚持先进性纯洁性培养,以动态的观点和长期的考验来对待评判培养对象,及时将不符合培养标准的对象剔除,及时补充和将符合阶段培养目标的对象纳入,保证队伍不断壮大的同时保持其先进性和纯洁性。要在重大政治任务中、火热社会实践中锻炼和培养青年马克思主义者,使其在经济社会发展最需要的地方,在条件艰苦、情况复杂的地方,磨练品质,提高本领。要注重基层锻炼,在基层一线培养青年马克思主义者,使其来自青年、植根于青年,做引领青年的表率,做服务青年的贴心人。

四、推进伟大事业是新时代青年马克思主义者培养的必由之路

实现伟大梦想,必须推进伟大事业。马克思曾说:"作为现实的人,你就有规定,就有使命,就有任务,至于你是否意识到这一点,那都是无所谓的。这个任务是由你的需要及其与现存世界的联系而产生的。"中国特色社会主义伟大事业离不开广大青年,需要一代又一代有志青年的接续奋斗。坚定不移地推进中国特色社会主义伟大事业是青年马克思主义者培养的必由之路。新时代,青年马克思主义者培养要以推进中国特色社会主义伟大事业为目标和道路,服务党和国家工作大局,及时进行党和国家战略的宣传教育。要注意拓展工作内容,解疑释惑,立足中国、放眼世界,多方联动,增强思想引领工作的针对性和实效性,帮助他们"坚定中国特色社会主义道路自信、理论自信、制度自信、文化自信,增进对党的政治认同、思想认同、情感认同,努力成长为又红又专、德才兼备、全面发展的中国特色社会主义合格建设者和可靠接班人"。要结合新时代新目标新任务,把党的基本路线教育贯穿于加强共产主义远大理想教育、中国特色社会主义共同理想教育的全过程,在新时代新征程中培养坚定的青年马克思主义者。

第四章　新时代高校开展"青马工程"的原则与方法

新时代高校青年马克思主义培养工程的原则主要包括:坚持党的领导、注重实践导向、遵循育人规律,围绕这些原则,需构建多元化培养模式、科学化培养制度、保障性培养体系。

第一节　新时代高校开展"青马工程"的基本原则

一、坚持党的领导

长期以来,青年一直是意识形态领域斗争的重要争取对象。党和国家始终坚持用马克思主义武装青年、教育青年、引导青年,主张用马克思主义占领青年思想文化阵地,指导青年沿着正确的人生方向发展进步。我们必须思考青年是否能够坚定马克思主义的信仰和共产主义的理想信念,能否将社会主义事业不断推向前进。高校培养青年马克思主义者,有助于推动马克思主义在中国继续深入推广,因此,加强高校思想政治教育工作,培养党和国家的后备力量,具有重大而深远的历史意义。由于青年正处于人生的"拔节孕穗期",思想尚未完全成熟,如果没有党作为定心力引领和指导,青年很容易被"带跑带偏",甚至走上违法犯罪的道路。因此,青年马克思主义者培养工程要始终坚持"党管青年"的原则。

为了在新阶段推进"青马工程"的发展,必须坚持党对青年的领导原则,贯彻习近平总书记关于培养党的事业建设者和接班人的重要指示,充分理解他对新时代青年的具体要求。必须把青年教育放在青年工作的中心,加强"青马工程"对青年的政治引领,增强青年对马克思主义中国化时代化最新成果的学习,增强青年对社会主义价值的认同。只有坚持党对青年工作的领导,继承和发扬党的优良传统和马克思主义基本原理,青年才能朝着既定目标稳步前进,并通过"青马工程"成为合格的社会主义建设者和接班人。

在新的发展阶段,要深入发展"青马工程",必须坚持党管青年的原则,贯彻习近平总书记对培养党的事业建设者和接班人的指示,并深刻领会其对新时代青年的要求。只有坚持党的领导,将青年的教育工作置于中心位置,加强政治引领,增强青年对社会主义事业的价值认同,广大青年才能把握正确的人生航向,成长为社会主义事业建设所需的人才,实现自身的价值理想。必须继承和发扬党的优良传统,坚持党的基本路线和方针,坚持马克思主义理论的指导地位,才能使青年向着既定目标不断前进,顺利实施培养工程,成为合格的社会主义建设者和接班人,勇担时代重任。

二、注重实践导向

马克思主义实践观告诉我们,实践有助于人们认识世界和改造世界,是在遵循和把握规律的基础上改造世界的物质力量。习近平总书记曾在北京大学师生座谈会上指出,无论是学习还是工作,都要面向实际、深入实践,实践才能出真知,要严谨务实,一分耕耘一分收获,要苦干实干。高校青年马克思主义者培养工程是培养人的工作,青年的人生价值只有在社会实践中才能得以实现。现在正处于中华民族发展的最好时期,当代青年面临着难得的建功立业的人生机遇,同时也承担着时代使命。青年马克思主义者培养工程不同于其他教育,它通过学习原理、提出问题、参与实践、判断事实状况、得出结论的过程,提升青年的求知素养。因此,青年马克思主义者培养工程必须不断深化实践教学,让青年在实践的道路上开花结果,铺就他们的成长成才之路。

青年马克思主义者是青年中的先锋模范,为协助推进党和国家思想引导、实现育人目标,他们需要有干得起、下得去、扛得住的魄力。"青马工程"应该坚持理论联系实际,为青年学员尽可能创造社会实践的机会,帮助他们形成正确的思想观念和价值判断。目前,各高校和地区都开展了各种形式的社会实践活动,通过这些活动的开展,可以引导青年学员深入基层、锻炼本领,了解社会民情,进而强化理想信念。同时,"青马工程"也应注重对青年政治认知、态度和行为的引领,关注青年的政治参与情况,为青年政治参与创造有利条件。在实践教学中,应该注重效果,突出实践导向,避免流于形式。

三、遵循育人规律

党和国家一直高度重视青年人的发展。年轻人通过科学技术在促进社会发展、国家振兴和建设强国方面发挥着不可估量的作用。当代青年人展现了多样的思想特征,对社会变革有很高的敏感性。如果在获取信息的过程中不能得到适当指导,他们可能会面临价值观模糊、集体意识薄弱等问题。这就要求"青马工程"不应脱离青年人,不应忽视或者绕过他们自身成长发展的规律。

当前,青年人的思想特征主要包括:第一,有自己的想法和强大的创造力;第二,独立自主,自我意识和自主意识较高;第三,思维活跃,个性鲜明。

大学中的马克思主义青年培养工作应当以关爱和服务为原则,结合青年人的特点,采用青年人喜闻乐见的方式开展,深化实施"青马工程"。培养项目要根据青年人的实际特点和教育教学规律,按照不同阶段的不同目标、任务和内容来制定。

坚持教育原则,要贯彻以培养对象为出发点的原则。这种"以人为本"的思想方式是一种基于科学思维的价值取向方式,尊重和发挥人的主体能动性,全面满足每个青年人个体发展的需求。更重要的是,它还调动了马克思主义青年的自觉性和责任感,鼓励他们积极贡献自己的智慧和力量,参与国家和民族振兴事业。

大学生处于不完全思想成熟阶段,大学马克思主义青年培训项目的实施用于引导和教育大学生全面发展。这确保了他们在青年时期有个人和全面的发展,并且确保他们的创造力得到发展和培养。过去的沉浸式教学和单一的教学方法已经无法满足他们的实际需求。因此,必须将年轻人置于支配地位,并且培训项目应该基于他们的需求。它应该有效地帮助年轻人处理他们的生活、工作和思考问题,帮助他们通过实践形成正确的价值观念,并提高他们对意识形态风险的自我防范意识。

第二节 新时代高校"青马工程"的方法

一、构建多元化高校青年马克思主义者培养模式

培养模式是指在具体的教育理论和教育思想指导下,为实现特定的培养目标而采取的教育理念、原则、手段和方法的总称,是教育规律的外在表达。

(一)采用主体交互性教育理念

本文运用主体互动的概念,一方面,教育中的主体互动本质上与大学马克思主义青年培养工程相同。马克思主义青年培养工程的起点和终点是培养年轻的马克思主义理论家,而不是进行机械的知识灌输。年轻的马克思主义理论家必须具有显著的主体性和强烈的主动性,善于与他人沟通和互动,建立平等和互动的主体间关系。另一方面,主体间教育有利于实现马克思主义青年培养工程的目标。在过去简单机械的教育方式影响下,大学中的马克思主义教育容易出现极端的强制性死记硬背,陷入教师主体性和学生被动性的恶性循环中,压抑了学生的主体性和学习动机,导致教育效果显著降低。主体间教育始终尊重学生的主体性,可以有效激发他们的学习主动性,引导他们接近马克思主义真理。主体间教育也倡导教师与学生之间的平等沟通和互动,有利于教师与学生在马克思主义理论难点、时事问题和社会现象等方面进行深入交流,更好地实现"讲、教、疑"的教学目标。教育中的主体互动的概念应主要体现在以下几个方面:首先,尊重学生的主体性,加强他们的认同感,让想要加入"青马工程"的学生自愿填写申请表并签名。其次,通过组织考察等方式评估学生的主观主动性。最后,学生的申请获批后,他们的认同感得到充分激发。再次,建立教师与学生之间平等互动的关系,并注意二者之间的互动。除了将师生关系定位为平等关系之外,在教育过程中还要采用各种方法来确保实现平等关系,以便促进教师和学生之间更深入的互动。最后,重视班级自我组织,提高学生的班级治理意识和能力十分重要。班级自我组织不仅可以激发学生的主观能动性,还可以在知识、情感、意愿和行动等方面加强

学生之间和学生与教师之间的互动深度,更好地实现教育中的主体互动理念。

(二)构建立体开放的理论知识体系

为了培养全面发展的青年马克思主义者,以承担新时代使命和民族复兴大业,青年马克思主义者培养工程应该不拘泥于某一两个学科,因为社会主义事业的庞大性和复杂性要求青年马克思主义者要具备系统全面的知识结构,能适用于各个行业,同时也应该具备专业性,在某一方面发挥独特价值,而且还应该是开放的,能够不断汲取新知识、接受新思想和新观念,摒弃过时的理论和观念。青马学员的知识结构应包括三个层次:信仰层面的理论知识、素质层面的综合知识和能力层面的专业知识。信仰层面的理论知识教育主要是为学员的信仰奠定思想理论基础,认知是信仰的前提,只有真正了解马克思主义思想内涵和理论真谛,才有可能成为一个马克思主义者。青年马克思主义者必须具备较高的马克思主义理论知识,树立牢固的理论自信,掌握马克思主义的立场、观点和方法,善于运用马克思主义分析和解决问题。素质层面的综合知识是为了确保学员知识的全面性,使学员能够适应社会主义建设的各个阶段和方面面。能力层面的专业知识是培养学员的专业能力,使学员掌握扎实的专业知识。

"青马工程"采用了循序渐进的教育策略来教授不同层面的知识。由于学员在接受知识和学习时间上受到限制,因此,必须按照基础知识和拓展知识的顺序进行分阶段的推进,并在时间上错峰进行,以不影响学员原有的专业学习。在实施方面,"青马工程"主要提供理论知识和综合知识教育。三位一体的知识结构不仅丰富了学员的知识结构,还对学员具有更重要的启发意义。这种教学方式打破了单一学科的知识边界,不仅让学员跳出了所在学科的专业限制,还跳出了传统的马克思主义教育只进行意识形态方面内容教育的限制,拓宽了学员的视野,解放了学习的思维,激发了学习的潜能,引导学员在学习知识的路上树立起开放进取的姿态。这种意义犹如"授人以鱼不如授人以渔"。

为了营造良好的自主学习环境,"青马工程"购置了各类书籍发放给每个学员,内容涉及伟人传记、经典名著、时政热点等类别。学员通过自学、撰写读书心得等方式,以小组形式召开读书分享会,在交流碰撞中巩固提升看书效果。自主式学习为学员提供了极为广博的学习空间,有利于培养学员的独立思考能力,养成健全人格。

面对复杂多变的国内外形势和知识更新换代的加速,青年马克思主义者必须具备宽广的视野和胸怀,努力突破自身知识局限,不断学习新知识,了解新情况,善于运用跨学科知识解决具体问题。

青年马克思主义者的培养需要在授课和教学内容方面具体实施。由于马克思主义理论庞大而复杂,教学内容往往显得生硬与死板。为提高教学吸引力,需要建设特殊的内容体系,并密切关注学生的学习状态与思想变化,合理构建教学内容,以便学生真正理解和利用马克思主义理论。同时,坚持开放性的教学原则,让教师与学生在课堂上互动,并积极组织各种有益活动,例如,组织马克思主义基本原理的辩论活动,以调动学生积极性和主动性,加强自我教育,并充分推动同学之间相互影响的隐性教育。

除了理论教育外,也应重视学生的自我教育。学校教育、自我教育和家庭教育相结合,强化学习效果。自我教育与社会教育相结合,通过引导和提示来促进学生能力的提升。同时,应加强校园文化建设,培养良好的学风和学习氛围,并构建良好的学习环境,以提高学习质量。实践教育活动也很重要,让学生在实践中累积经验,提高专业能力水平,并真正认识到马克思主义的先进性和正确性。此外,也应开展中华优秀传统文化教育,提升学生的民族自信心和自豪感,并将学校特色专业学科与思想政治教育有机结合,使学生不仅完成青年马克思主义者培养的目标,还能进一步学习自身的专业知识。

(三)开展多层次的实践锻炼活动

马克思主义的本质特征是实践性,这是与其他学说区分的标志。因此,大学生马克思主义教育必须深入实践锻炼,才能取得预期效果。教育的目的和归宿是实践行动,只有实现认知和行动的统一即知行合一,才是最佳状态。在认知和行动之间,还需要通过情感和意志的相互作用和催化,达成认知、情感、意志和行为的和谐统一。因此,"青马工程"的实践锻炼活动形式多样,载体丰富,且具有一定的灵活性。设计实践锻炼活动不仅要巩固已有的理论知识,还要培养学生的积极情感,引导学生树立健康向上的情怀,并磨练学生的坚韧意志。实践锻炼可以使学生在认知、情感、意志三个维度得到检验和锻炼,让理论知识真正内化为理想信念,并进一步提升学生的能力和素质,体现出先进性和示范性。高校青年马克思主义者培养工程的实践锻炼活动可按照功能目的分为六类:理想信念教育、道德品格锤炼、意志品质磨炼、能力素质培训、群众工作实践和网络技能训练。

为了更好地达到培养目标,保证高校青年马克思主义者培养工作常态化运行,需要构建以下几个基础模式:第一,构建分级培养模式。根据学院选拔的优秀学生,进行院级青年马克思主义者培养,并在此基础上加入更高层级的校级青年马克思主义者培养,从而保证培养质量与培养实效。第二,构建网络教育模式。利用互联网让青年马克思主义者培养内容更加丰富,使培养对象接受程度更高,用以带动和影响对于学习马克思主义理论和中国特色社会主义理论体系兴趣不高的学生的积极性。第三,构建导师培养模式。聘请学校和社会中的优秀人士与精英模范,成为青年马克思主义者培养对象的老师,以其自身的事迹和人格魅力去潜移默化地教育、影响身边的培养对象。第四,构建校地实践的培养模式。通过丰富多样的实践教学,集中锻炼培养对象的实践能力,使学习的理论与实践相结合,与自身的学科和专业特色相结合。第五,构建跟踪培养模式。建立完善的学员档案,使培养对象不仅在完成阶段性的培养期间认识到自身学习收获,也认识到自身的不足之处,在其后的学习生活中加以完善。同时,组织开展学业汇报、学习研讨的方式,使培养对象一直保持学习的状态。

二、构建科学化高校青年马克思主义者培养制度

采用精细化的辅导和评价机制。建设有效的教育评价制度是促进青年马克思主义者培养工作的关键。为了衡量培养工作的成效,需要一个标准的尺度,因此,高校应该建设一套系统的教育评价制度。这个制度应该能够及时反映当前青年马克思主义者培养的真实情况,从中发现实际效果与培养目标之间的差距。这个制度应该涉及学生参与理论学习、素质能力拓展、实践锻炼情况等方面的考核与评价,同时也应该对教师的考核与评价进行考虑,以促进青年马克思主义者培养的质量提升。

为了建设一个系统的教育评价制度,需要积极引入现代科技,利用好互联网技术、大数

据技术、人工智能技术等,建立方便、快捷、准确的教育评价制度。这个制度不仅可以用于保证出勤、作业完成、论文写作、实践锻炼等方面的综合考评,也可以采用师生互动评价、自我评价等方式实现综合考评。

对于考评优秀的学生,应该予以奖励、表彰;对于考评不合格的学生,应该进行再次教育以达到青年马克思主义者的培养目标。对于考评优秀的教师,应该予以奖励、表彰、优先考虑晋级职称等;对于考评不合格的教师,应该责令进行整改,直到能够达到完成培养工作、教学任务的标准为止。

总之,建设一个有效的教育评价制度对于促进青年马克思主义者的培养工作是至关重要的。这个制度应该包括学生和教师的考核与评价,采用现代科技手段,实现综合考评,对于考评结果优秀的个体进行奖励、表彰等,对于不合格的个体进行再次教育或整改。

在高校青年马克思主义者培养工程中,采用了辅导和评价相结合的组合拳模式。辅导方面采用实时、精准、个性化的辅导方式来提升培养效果,包括集中辅导、个别辅导和跟踪辅导三种形式,旨在通过对话帮助学员解决成长中遇到的问题,提升自身定力。评价方面则采用多维度、全过程的方式衡量培养实效,包括学生参与理论学习、素质能力拓展、实践锻炼情况等多个方面进行考核和评价。通过评价结果指导辅导和教学工作进一步开展,对考评优秀的学生和教师予以奖励、表彰等,对考评不合格的学生和教师进行再次教育和整改,以达到青年马克思主义者的培养目标。在实施理论教育和实践锻炼过程中,辅导是关键环节,需要进行精细化的思想辅导,帮助学员在面对困难、困惑时找到问题的规律和解决的办法,引导学员坚守内心遵循,提升自身定力,在成长路上不断前行。

除了提供精细化的辅导外,还需要建立一套可供操作的评价机制来评估工程实施情况和学员的学习成效。考核评价制度有利于保持青年马克思主义者队伍的积极性和创新性。对培养教师的考核评价,能够更好地提升他们的科研能力和理论水平,并保证教学质量的不断提升。对培养对象的考核评价,能够及时发现学习上有困难的学生并提供帮助,同时还能加强对培养对象的管理,要严格按照考核标准进行,用末位淘汰的方式激励和督促学生完成学习和实践任务。同时,还需要定期、公开地对每位教师和培养对象进行综合考评,以激励和表彰表现优异的人员,梳理先进典型,形成引领示范的作用。评价分为三个维度进行:工程工作的评价、教学环节的评价和学员的反馈。在集中培养阶段,每3天对当期的上课内容进行评价,通过网络调查软件生成问卷链接,发布到学员网络交流群中,学员可在手机上完成,以便及时地获得学员的反馈意见。这有助于优化教学安排、合理安排师资,同时也能够观测学员的学习获得感。以3天为一个周期,有助于调整优化教学计划,确保教学工作在不断迭代中达到最优。

对于"青马工程"的评价,关键在于学员的学习成果和成长质量,而不是工程的设计、投入或形式等方面。因此,学员是该工程最有力的代言人。该工程采用"学员量化考核管理办法",覆盖理论学习和实践锻炼各个环节,因此,要对学员进行动态管理,并定期淘汰不合格学员。此外,该工程制定了班级管理规定和学员行为守则,对学员的出勤、纪律和学习表现进行严格考核和记录。通过日常考核,随时了解学员的学习情况,进行科学评价,并通过精神鼓励和对外交流机会等方式激励表现优异者。在课堂纪律方面,每堂课都要有若干辅导员和班级纪律委员进行随堂监督,并在课后进行反馈。对表现良好的学员进行公开表扬,对违规情况进行通报。此外,学习评价进入个人"成长档案",该档案不仅应记录理论学习和实际锻炼情况,还应记录领导干部和辅导员对学员思想行为的访谈情况。档案记录采取定量和定性相结合的方式,全面反映学员学习培训的现实表现。

三、构建保障性高校青年马克思主义者培养体系

通过机制建设,采取多重措施来保障青年马克思主义者培养工作的有效开展。保障师资力量,提高教学水平和加强监管系统。制定政策保障,确保任务完成。提供财政保障,为青年马克思主义者培养提供必要的资助。良好的经济保障是高校培养青年马克思主义者取得实效的重要保证。

为了确保高校能够成功完成青年马克思主义者培养工作,高校党委是关键的领导力量。高校党委应该充分认识到青年马克思主义者培养工作的重要性,并且在完成这项工作时,深刻理解党的教育方针、社会主义建设者和接班人的概念和内涵,同时将青年马克思主义者培养作为高校人才培养的重要任务。高校党委需要从理论和实践两个方面全面规划和领导这项工作,以确保其取得实际成效。在执行过程中,高校党委需要把青年马克思主义者培养工作放在首位,顺应新形势下的社会发展,建设具有前瞻性和战略性的青年马克思主义者培养机制。高校党委的认真执行和落实,是检验其全面领导高校的重要标准之一。

高校青年马克思主义者培养工程的实施机制是指为实现特定培养目标,和在实施过程中体现出来的各实施环节的安排、功能配置及其相互关系。在这个机制中,党委领导、组织保障、内容保障、环境保障、经费保障等是重要的配套保障措施。党委领导是机制保障与制度保障的根本保障,能够保障青年马克思主义者培养工作的协调统一。组织保障与内容保障是教育实施的关键,能够保障教育工作者的能力素质和培养内容的正确性。环境保障与经费保障是基础保障措施,能够营造浓厚的学习氛围,并保障教师队伍的工作地位、职业发展以及对培养对象的人才培养工作、实践活动和马克思主义经典著作的购买等方面有需要的经费。因此,充足的经费是保证青年马克思主义者培养工作取得实效的重要保障。

高校应该树立全员培养观念,将高校思想政治教育工作与青年马克思主义者培养结合起来。在培养青年马克思主义者的过程中,不能仅培养一部分大学生骨干,应该遵循教育规律和大学生成长成才的普遍规律,将尽可能多的高校学生纳入青年马克思主义者培养工作中,并将全体学生纳入培养计划中。据统计,95%的高校认为有必要扩大马克思主义青年培养计划的范围,让更多的普通学生参与。因此,需要党委亲自组织并将青年马克思主义培养作为责任和使命,协调统领相关部门开展青年马克思主义者培养工程。各个职能部门的具体职责应该与青年马克思主义者培养工作充分联系起来,使各相关部门分工明确、相互协调、资源共享、通力合作,真正将青年马克思主义者培养工作在高校中开展好、落实好。

第五章 新时代高校开展"青马工程"的价值意蕴及实践

中国特色社会主义进入新时代以来,我们面临着更复杂的国内外形势。在社会日益开放的今天,战略机遇和风险挑战并存,各种西方社会思潮无孔不入,意识形态领域的斗争更加激烈。大学生群体正处于世界观、人生观、价值观树立的关键时期,引导其坚定马克思主义的立场,自觉抵御西方各种意识形态思潮的渗透,坚定走中国特色社会主义道路是高校在育人过程中的重要任务。在此背景下,青年马克思主义者培养工程对国家发展、青年发展以及高校发展都具有突出的价值。正确认识青年马克思主义者培养的价值,在此基础上探索新时代背景下如何有效推动青年马克思主义者培养工程与时俱进、创新发展的实践理论,是提升青年马克思主义者培养工程实效、实现育人目标的前提。

第一节 新时代高校开展"青马工程"的价值意蕴

在新时代的背景下,加强对青年的马克思主义教育,培养马克思主义者,对实现中华民族的伟大复兴和推进中国特色社会主义事业具有重要的意义。在国家发展层面,开展青年马克思主义者培养工程能够落实立德树人的根本教育任务、培养忠诚可靠的青年骨干、凝聚推动复兴的青年力量,进而为全面推进中华民族的伟大复兴培养后备人才;在个人发展层面,开展青年马克思主义者培养工程能够强化青年主体意识,促进青年全面发展,培育青年社会主义核心价值观,为青年的健康成长和全面发展提供思想武器;在高校发展层面,开展青年马克思主义者培养工程能够推动高校思想政治教育工作的开展,在育人的过程中更好地发挥朋辈教育的引领互助作用,筑牢三全育人的格局,为高校坚守意识形态阵地凝聚核心力量。

一、为全面推进中华民族伟大复兴培养后备人才

(一)落实立德树人的根本教育任务

教育是国之大计,党之大计。立德树人是新时代教育的根本任务,同样也是新时代高校青年马克思主义者培养工程的根本任务。"立德"在于培养青年的崇高品格,"树人"在于增长青年的真才实干,青年马克思主义者培养工程是育德和育才相统一的过程,其中育德是基础性工程。习近平总书记强调:德是首要、是方向,一个人只有明大德、守公德、严私德,其才方能用得其所。面对日趋复杂的国内外形势,我们应深刻认识到高校落实立德树人任务的严峻性,增强立德树人的责任感和使命感,将立德树人融入思想政治教育、文化知识教育、社会实践教育的各个环节之中。

青年马克思主义者培养工程是落实立德树人根本任务的重要载体,在青年学生思想政治引领工作中发挥了重要的作用,具有独特的优势。组织方面,"青马工程"为学生骨干学习理论知识、开展社会实践提供了一个强有力的平台。培训过程中发挥教师主导作用的同时,要坚持以学生为中心,激发学生的积极性和主动性,让学生在学习和实践中得到发展。内容方面,"青马工程"以马克思主义基本理论为培训的重点内容,在感悟马克思主义立场、观点和方法的过程中进一步树立起马克思主义的世界观、人生观、价值观。实践方面,"青马工程"开展丰富多彩的实践活动是对理论学习的延伸拓展。"青马工程"将社会实践、红色教育、志愿服务等与理论学习深度融合,提高了自身的育人实效,推动学生在实践中增长才干。

(二)培养忠诚可靠的青年政治骨干

为谁培养人是贯彻党的教育方针的根本问题。共青团作为党的助手和后备军,培养一批具有坚定马克思主义信仰、对党忠诚、绝对可靠的青年马克思主义者,为党的队伍及党和国家的事业输入青年政治骨干,是其重要的任务。"青马工程"在培养目标方面,旨在通过对青年学生进行政治理论学习、社会实践锻炼等制度化地培养、锻造出一批具有忠诚政治品格、浓厚家国情怀、扎实理论功底和突出实践能力的青年马克思主义者,成为党和国家事业忠诚可靠的青年政治骨干。

青年马克思主义者培养工程能够在青年政治骨干的培养过程中发挥独特的优势。首先,"青马工程"能够强化青年的情感认同。"青马工程"将红色文化作为重要的教育内容,将革命遗迹、革命文物等作为重要的教育资源纳入课程体系当中,推动青年体悟和践行红色精神,唤起青年对中国革命、建设和改革的情感认同,坚定青年的政治信仰。其次,"青马工程"能够激发青年的家国情怀。"青马工程"聚焦国内外大事,通过对时政热点的深入剖析,引导青年深入了解国情、社情、民情,从中感悟中国共产党执政理国的智慧,增强其民族自信心,坚定走中国特色社会主义道路的信心。最后,"青马工程"能够增长青年才干本领。

党和国家需要的青年政治骨干应是德才兼备的。"青马工程"提供的丰富的教育资源和广阔的实践平台为青年学习科学文化知识、增强实践能力提供了必要的养分,推动其全面发展。

(三)凝聚推动复兴的强大青年力量

中国共产党人的初心和使命是为中国人民谋幸福,为中华民族谋复兴。实现中华民族的伟大复兴是我们的中国梦,但是这一梦想的实现需要经历一个很长的历史时期,并且充满着未知的挑战,是一个长期而艰苦的过程。中华民族伟大复兴的实现是历史的、现实的,也是未来的。一代人有一代人的使命,一代人有一代人的担当。中华民族伟大复兴的实现,需要一代又一代的中华儿女接续奋斗。青年是我们党永葆青春活力的重要源泉,是推动社会前进的最活跃的力量。当代青年需承担起实现中华民族伟大复兴中国梦的历史使命。

开展青年马克思主义者培养工程能够激发青年学生的积极性和创造性,为实现中华民族的伟大复兴凝聚青年力量。首先,"青马工程"能够激发青年担当精神。敢于担当是青年责任感强、综合能力高的体现。青年时期是人生中一个至关重要的阶段,是人的世界观、人生观、价值观形成的关键时期。"青马工程"通过理论学习和实践教育相结合的方式,使其明白自身责任所在,能够激发其勇于担当使命的精神动力,以一往无前的勇气和拼搏奋斗的姿态投入到推进中华民族伟大复兴的事业中。其次,"青马工程"能够引导青年政治方向。"青马工程"以马克思主义基本原理和中国特色社会主义理论体系为重要的培训内容,使得青年能在其影响下将自己的思想和行为不断向符合社会主义发展的正确方向上靠拢。最后,"青马工程"能够引导青年同向同行。"青马工程"为具有相同理想信仰的青年学生提供了一个交流的平台,他们能够在青马学员这个群体中获得认同感与归属感,在共同信仰的指引下并肩前行,为实现中华民族的伟大复兴而奋斗。

二、为青年健康成长与全面发展提供思想武器

(一)强化青年主体意识

主体意识的有无、真伪、强弱,是探讨青年大学生成长、成人、成才、成功最基本和最神圣的前提。[①] 在青年主体意识的培育上存在着一些难题,主要表现在两个方面。一方面,主体意识在形式上难以量化固定,不易观察把握。另一方面,主体意识在内容上是个体的自我反思与自我审视,是一种深刻的本性。因此难以从技术上确认青年学生是否具有主体意识。培养青年的主体意识需要在此背景下有针对性地开展。高校教育应该突出学生主体意识的重要性。青年要培养独立思考和动手实践的能力,而这些能力只有通过自主学习才能得到培养。因此,高校教育应该把学生自主学习作为一项重要的任务,鼓励学生自主探索,学习如何解决实际问题,培养学生自主解决问题的能力。

开展青年马克思主义者培养工程有助于培养青年的主体意识。培养青年主体意识是高校育人的重要任务,需要引导青年树立起正确的世界观、人生观、价值观。首先,实施"青马工程"能够满足学生多元化的学习需求。高校思想政治课堂是培养学生主体意识的主阵地,但是由于思想政治课属于公共必修课,采取大班上课的组织形式,难以有针对性地对学

---

① 李银笙:《三个"热词"引发的对青年大学生主体意识的再思考》,《中国青年研究》2010 年第 5 期。

生开展教育。"青马工程"是一个小课堂,教师与学生之间,学生与学生之间能够充分地开展交流学习,有助于更好地满足学生个性化的学习需求,更好地塑造学生的个体意识。其次,实施"青马工程"有助于提升学习的自主性。传统的思想政治课堂往往采取单一的教师授课方式,主要依赖于教师发挥主导作用,学生的自主性和能动性没有得到发展。"青马工程"能够充分激发学生学习的自主性,为学生提供了自我判断、自我选择和自我决定的机会,在潜移默化中塑造学生的主体意识。最后,开展"青马工程"有助于加强学生之间的交流与合作。一方面,"青马工程"能够搭建起一个校际交流平台,加强不同学校的学生之间的交流与联系,拓宽交流范围,学习借鉴其他学校学生工作方法和先进经验。另一方面,"青马工程"也为校内不同专业的学生搭建起了一个交流合作的平台,能够有效地激发学生主体意识,提高沟通能力,强化协作意识。

(二)促进青年全面发展

马克思主义将人的全面发展分为个人全面发展和人类整体全面发展两个方面,个人的全面发展又包括了精神和行为两个方面的提升。从青年的角度看,全面发展主要体现在理想信仰更为坚定、身体素质向好向强、知识素养不断提升、社会参与积极主动等方面。高校教育不仅是专业知识的学习,更重要的是促进学生的全面发展,包括文化素养、智力发展、社会实践能力、创新能力、情感表达、社会责任感等。从这个角度来看,高校教育应该把握住机遇,借鉴国内外先进教育理念,培养学生为社会发展做贡献的意识和能力。高校教育应该重视青年社会实践的重要性。通过参与各类社会实践,青年可以积累实践经验,提升自身社会实践能力,形成社会责任感,加强自我完善。因此,高校教育应该把社会实践作为青年教育的重要组成部分,引导学生参与。

青年马克思主义者培养工程与青年的全面发展存在着内在联系。首先,"青马工程"与青年全面发展的培养理念是一致的。"青马工程"旨在通过开展理论学习与社会实践,磨炼青年学生的意志,锻炼青年学生的本领,增长青年学生的才干,提升青年学生思想修养、政治素质、实践能力等综合能力,使其在发展过程中提升成就感和获得感,实现自我价值。其次,"青马工程"是推动青年全面发展的重要途径。"青马工程"从本质上来说是一项育人工程,目的在于促进学生的成长发展。马克思主义基本原理能够为青年的学习生活提供世界观和方法论的指导,但是在青年自主学习的情况下,往往难以对马克思主义形成正确全面的认识,因此需要开展培训和教育帮助青年加强对理论知识的理解和掌握,学会运用马克思主义指导实践,从而实现自身的全面发展。最后,开展"青马工程"与促进青年全面发展是辩证统一的。实施"青马工程"有助于推动青年全面发展的实现。"青马工程"旨在为党和国家培养后备人才,就其本质上说,是培养什么样的人的问题。因此"青马工程"的核心价值就在于促进青年的全面发展。

(三)培养青年社会主义核心价值观

核心价值观是一个民族赖以维系的精神纽带,是一个国家共同的思想道德基础。社会主义核心价值观对国家、社会、个人的发展起到规范和引导作用。习近平总书记指出:"青年是今朝之生力军,青年的价值取向决定我国未来社会的价值取向。"[1]要将青年培养成担当民族复兴大任的时代新人,首要任务就是引导其树立起社会主义核心价值观。引导青年自觉践行社会主义核心价值观,将之内化于心、外化于行,这对于青年成长成才、社会和谐稳定、国家兴旺发展具有重要意义。高校在育人过程中,应当构建起青年对于社会主义核心价值观的情感认同,使其自觉接受社会主义核心价值观的思想引领。

青年马克思主义者培养工程是高校培育青年社会主义核心价值观的重要一环。首先,开展"青马工程"有助于深化青年学生对社会主义核心价值观重要意义的认识。通过学习培训,引导学生从国家治理层面认识到社会主义核心价值观在全社会培育的重要意义。其次,开展"青马工程"有助于发挥榜样的引领作用。"青马工程"的培训对象是学生中的先进分子,引导其将社会主义核心价值观内化于心、外化于行,而后在学习生活中作为榜样发挥示范引领作用,能够带动周围同学自觉践行社会主义核心价值观。最后,开展"青马工程"有助于推动青年将践行社会主义核心价值观同实现人生梦想紧密结合。社会主义核心价值观是青年实现人生梦想的精神指引,青年在追梦的过程中,应当努力做到社会主义核心价值观在个人层面所倡导的"爱国、敬业、诚信、友善",将个人梦想的实现融入到中华民族伟大复兴中国梦的实现当中去。

三、为高校坚守意识形态阵地凝聚核心力量

(一)推动高校思想政治教育的开展

思想政治教育是高校人才培养必不可少的环节,贯穿于高校教育教学的全过程之中。目前部分高校在思想政治教育工作中还存在着重理论、轻实践,重结果、轻过程等问题。将"青马工程"与思想政治教育工作相结合有助于推动双方协同发展。对于"青马工程"而言,得到了在德育方面具有广泛基础的强有力的支撑。对于高校思想政治教育而言,"青马工程"在实施过程中可以根据大学生的实际特点,有针对性地开展教学,从而提升思想政治教育的质量和效率。

青年马克思主义者培养工程是抓好青年思想政治引领工作的重要载体,在高校思想政治教育中发挥着不可替代的作用。首先,开展"青马工程"能够引导青年坚定政治信仰。在参加"青马工程"培训的过程中,通过理论学习、实践感悟等多方面的学习,青年学生对国情、社情和民情将有更深入的了解,进而增强对中国特色社会主义共同理想和社会主义远大理想的信仰。其次,开展"青马工程"能够加强青年理论修养。青年马克思主义者是青年群体中坚定的马克思主义信仰者,进一步的学习培训,有助于他们用系统的理论武装头脑,掌握马克思主义中国化的最新理论成果,用马克思主义的立场、观点和方法分析问题和解决问题。最后,开展"青马工程"能够将思想政治教育与生动的实践相结合,提高青年的思想水平。高校思想政治教育往往重课堂教学,轻社会实践。"青马工程"是对思想政治课堂教学的有益补充,能够推动思想政治教育与"三下乡"社会实践、志愿服务等实践活动相结合,提升思想政治教育实效。

---

① 习近平:《青年要自觉践行社会主义核心价值观》,《人民日报》2014 年 5 月 5 日第 2 版。

（二）发挥朋辈群体的引领互助作用

朋辈教育通过在同龄人中选拔出道德品质优秀,表现突出的学生,组织开展一定内容和形式的培训后,让他们走到同龄大学生中间,用他们掌握的理论知识、实践经验以及先进的道德品质,引导身边的学生树立起正确的人生目标,帮助他们解决学习生活中遇到的问题。[①] 朋辈教育作为大学生自我教育的一种重要形式,通过学生与学生之间的良性互动,营造出了积极的学习氛围,对激发学生的自主性具有重要意义,是促进学生发展的重要途径。朋辈教育是施教者和受教者双向互动、共同提高的过程。一方面,施教者的引领与示范,能够促进受教者的发展。另一方面,在施教者承担起示范作用的过程中,也会激发其自我约束意识,促进其进一步发展完善自己。

开展青年马克思主义者培养工程是发挥朋辈群体引领互助作用的有效途径。朋辈教育能否顺利地开展,充分发挥其作用,关键在于施教者能否被广大学生所接受和认可。由此,具有良好道德品质、政治素养及科学文化知识的施教者,是开展朋辈教育的前提。高校"青马工程"的重点培育对象是大学生骨干、共青团干部和青年知识分子,他们是朋辈教育的潜在施教者。开展"青马工程"培训,有助于强化先进青年的使命担当,增长其才干本领,使其在学习生活中自觉发挥先锋模范作用,以自身的言行引领身边的同学,带动周围同学发展。同时,朋辈教育也是一个双向互动的过程,其作用不仅仅局限于施教者引领受教者成长,施教者在此过程中也能得到新的发展。在开展"青马工程"的过程中,学生作为"青马工程"的学员多了一重身份,而这重身份意味着要在同学中间起到先锋模范作用。当学生知道自己承担着示范者的身份时,会自觉地以更严格的标准来要求自己,规范自己的言行,会进行自我反省,及时发现自身存在的问题并加以解决,从而得到进一步的发展。

（三）筑牢三全育人格局

中国特色社会主义进入了新时代,是我国发展新的历史阶段。新时代也对高校建设全方位育人格局提出了时代要求。高校在推进新时代教育改革发展的过程中,需贯彻落实"三全育人"的理念。一要全员育人,高校要建立起强有力的协同育人工作队伍,推动多方面育人力量统一前进方向,加强联系沟通,提升育人实效。二要全过程育人,高校教育,尤其是高校思想政治教育,不仅仅停留在教育教学中,还要融入大学生教育成长的全过程中去,实现全过程育人的有效衔接。三要全方位育人,高校在育人过程中,应兼顾不同专业、不同层次的学生,加强不同学生之间的交流联系,使其相互作用相互影响,实现多方互动和良性循环的全方位育人格局。

高校开展青年马克思主义者培养工程有助于实现"三全育人"的核心目标。首先,在全面育人方面,"青马工程"不仅能够组建起专业的高校教师团队,还能够吸纳专家学者、党政领导、社会知名人士等力量组建起一支具有强硬政治素质、知识素养和综合能力的导师团,为"青马工程"提供师资保障。除此之外,社区与家庭也是培养青年马克思主义者的重要力量。"青马工程"通过推动各方教育力量协作联动,能够切实推荐全员育人目标的实现。其

[①] 俞志强、倪培杰、肖露:《浅谈民办高校大学生朋辈教育的意义和作用》,《现代交际》2016 年第 11 期。

次,在全过程育人方面,"青马工程"开展培训在形式上不局限于课堂教学的方式,在时间上也不局限于单一的课堂授课时间,而是通过多种渠道、多种方式,化有形教育为无形,融入学生生活的方方面面、时时刻刻,对学生的成长和发展产生深远的影响,实现全过程育人的目标。最后,在全方位育人方面,"青马工程"对学生的培养是多方面的,不仅注重理论学习,同时突出实践锻炼,不仅注重政治素质的培养,而且重视科学文化知识的学习,为青年学子提供一个很好的学习机会和广阔的实践平台,引导其学以致用,坚持知行合一,促进自身全方位发展。

第二节　新时代高校开展"青马工程"的实践路径

一、根本前提:坚持习近平新时代中国特色社会主义思想的指导

(一)坚持党的领导

始终坚持中国共产党的领导,是中国特色社会主义社会最本质的特征,是一百年来中国共产党团结带领中国人民不断取得革命、建设和改革胜利的根本保证。中国共产党是同人民群众紧紧团结在一起的党,始终关注着最广大人民群众的根本利益,以为人民服务为宗旨,以为中华民族谋复兴、为中国人民谋幸福为初心和使命。当前,我们面临着更复杂的国内外形势,面临着更严峻的挑战和更艰巨的时代任务。因此,我们需要进一步加强和巩固党的领导。习近平总书记强调:我们的高校是党领导下的高校,是中国特色社会主义高校。坚持党的领导,对于促进高校发展具有重要的意义,我们要切实以马克思主义为指导,贯彻落实习近平新时代中国特色社会主义思想,落实党的教育方针,推动高校成为党的领导的坚强阵地。

青年马克思主义者培养工程要坚持党的领导,将党的领导贯穿到"青马工程"实施的全过程,坚持完善体系、坚持分级管理、坚持从严管理。首先,要坚持完善体系。完善青年马克思主义者培养工程体系的关键在于要设计科学合理的马克思主义课程体系。在理论学习方面,要开展马列主义经典原著阅读活动,深入学习马克思列宁主义、毛泽东思想、中国特色社会主义理论体系以及习近平新时代中国特色社会主义思想,加强对党史、国史、改革开放史和社会主义发展史的学习。在实践教育方面,要发挥实践课程对于理论学习的巩固和深化作用,带领学生开展丰富多彩的实践活动。在学习目标考核方面,要建立多维度的考核制度,既要重视过程,又要重视结果。其次,要坚持分级管理。开展青年马克思主义者培养工程要建立党委分级负责的制度体系,校级党委要承担起牵头负责的任务,制定培养计划、设立培养目标、确定培养内容。二级学院党委要承担起组织开展培养的任务,要选拔培养对象、组织开展培养、跟进培养工程、关注培养成效。最后,要坚持从严管理。在组织开展青年马克思主义者培养工程的过程中,要坚持宽进严出的培养理念,扩大培养对象的选拔范围,同时要严格对待培养过程和考核结果,通过培养学习切实提高学生的理论水平

和实践能力。

(二)坚持人民立场

全心全意为人民服务是我党的根本宗旨,体现在教育事业中就是要坚持以人民为中心发展教育,这是我国教育事业改革发展的出发点和落脚点,也是办好人民满意教育的根本遵循。坚持教育的人民立场,最重要的是要办好公平而有质量的教育。教育是涉及千家万户的民生工程,满足人民群众对教育公平的教育质量的期待,是提升人民获得感和幸福感的有效途径。人民至上的理念源于中国传统的思想观念,这一理念对我们的思想观点和行为方式至今仍然有着深刻的影响。我们要将人民至上的教育理念贯穿到高校育人的全过程之中,每一个教育者都应该树立人民至上的教育理念。人民至上的教育理念是指要将人民的利益放在首位,将他们的期望作为教育的核心目标,以此来推动社会进步。它要求我们致力于提升学生的素质,帮助他们更好地掌握知识和技能,让他们能够更好地参与到社会发展当中。坚持人民至上的教育理念不仅是为了实现教育目标,更是要让学生们了解社会,掌握社会发展的正确方向,努力实现社会主义精神文明建设的目标,为中华民族的伟大复兴注入动力。

在开展青年马克思主义者的培养过程中,我们需要切实树立起人民至上的教育理念。首先,我们在培养过程中要尊重学生个性,培养学生独立思考的能力,引导他们认识自己、树立自信,培养他们的创新意识,关注他们身心的健康发展,促进他们健康的成长。其次,我们在培养过程中要重视教育的实践性。要引导学生在实践中掌握知识、解决实际问题,提升实践能力,发展创新思维。这种实践性的教育要求老师要采取有效的教学方式,使学生能够灵活地运用知识,达到自我发展、自我提升的教育目的。最后,教师在培养过程中要不断提升自身素质。教育需要掌握扎实的教育理论知识和科学文化知识,具有良好的专业技能,能够做到在思想上引领学生,以唤醒学生的责任心和追求真理的精神。

(三)坚持弘扬优秀传统文化

传统文化是一个国家的精神和灵魂。中华民族优秀传统文化蕴藏着深厚的内涵,传承着中华民族的智慧结晶。当今社会,高校在育人过程中,要坚持弘扬优秀的传统文化,让学生们学习到更多传统文化的知识,树立起正确的价值观念,增强文化自信心,更好地为国家发展做出贡献。弘扬优秀传统文化有助于培养一个国家健康的精神文明。传统文化作为一个国家和民族宝贵的精神财富可以用于指导学生的思想观念和行为准则,为其提供精神上的滋养。例如,传统文化中的礼仪礼俗有助于培养学生的尊重、合作和责任感,从而为他们营造一个良好的学习环境。弘扬优秀传统文化有助于让学生更好地理解本国历史,并发挥自身积极作用。传统文化能够让人们更加深入地认识本民族优秀文化,从而更好地开展各项文化活动,发挥其所具有的积极作用。例如,在汉字的传承中,传统文化的精神能够激发学生的学习兴趣,并为他们带来更多的知识收获。弘扬优秀传统文化有助于保护民族文化遗产。传统文化的宝贵财富能够帮助人们保存当地历史文化的风貌,让文化传承得以延续。例如,一些传统节日的庆典,可以让学生更加深入地了解本土文化,保护当地传统文化遗产,使其能够得以传承。

在培养青年马克思主义者的过程中,高校要坚持弘扬优秀传统文化。第一,高校在培养青年马克思主义者的过程中要坚持弘扬优秀传统文化,应该加强对学生传统文化素养的培养,倡导学生通过参与文化活动和学习文化知识来提高自身的文化素养。在"青马工程"的课程设置中可以开设专门的文化课程,鼓励学生参加文化交流活动,让学生从中汲取精神支撑,增强自身的文化修养。第二,高校在培养青年马克思主义者的过程中要坚持弘扬优秀传统文化,应该多推出有关传统文化的主题活动,让学生深入体验传统文化,更加全面地了解传统文化,并增强对传统文化的认同感。高校可以举办文化节、文化讲座、传统文化交流会等,让学生体验传统文化的魅力,培养学生的传统文化素养。第三,高校在培养青年马克思主义者的过程中要坚持弘扬优秀传统文化,应该注重传承优秀的传统文化。高校可以组织学生走访老一辈传统文化传承者,听取他们的讲述,与他们进行交流,让学生更加深入地了解传统文化,加深对传统文化的归属感,激发学生对传统文化的热爱。在此过程中高校还应培养学生的传统文化素养,高校可以利用各种方式,如开设专业课程、组织文化活动、发表文章等,来传播中华优秀传统文化。学校可以在课堂上或课外活动中,教育学生欣赏和深入学习中华传统文化,以增强学生对传统文化的认知。

二、根本路径:坚持协同育人的培养机制

(一)坚持自育与他育相结合

自育与他育是教育的两种基本形式。自育与他育的划分,是从受教育者的视角看——在教育过程中,谁作为教育的主导力量。他育是指在教育过程中,受教育者接受他人的影响,在他人的带领下开展学习生活。他育从教育的不同形式上划分,可以分为形式化他育和非形式化他育。形式化他育主要是指学校教育。学校教育是最基本、最主要的教育形式,具有规范化、制度化的特点。非形式化教育主要是指家庭教育和社会教育,具有随意性、情境性的特点。无论是形式化他育,还是非形式化他育,对于受教育者而言,教育的过程都是被动的、外在的。学校教育是他育的主要教育形式,但是学生在自我意识不断发展成熟的过程中,会逐渐由盲从变得怀疑,对自己所处的被动地位产生抵抗情绪。自育是学生个体基于自己的兴趣爱好和理想追求,自主选择学习内容、学习方式和学习场景,进行自我认识、自我选择和自我实现的过程。自育注重自我探索和学习,帮助学习者培养自我学习能力,增强自身的学习能力,使学习者能够获得更多的知识。而他育则重点放在教师的知识传授上,通过教师的指导和授课,帮助学习者学习和掌握知识。

在青年马克思主义者的培养过程中,自育和他育都发挥着重要的作用。自育可以帮助学生通过自我发现、自我学习和自我发展来激发其潜力,而他育则可以为学生提供客观的指导和支持。这两种方式可以共同激发学生的学习欲望,增强他们的学习能力。自育和他育的结合也有助于提高学生的学习质量。当学生接受自育和他育结合的教育时,他们可以更好地理解自身的价值观、思想观念和道德标准,从而增强自身的素质和能力。此外,自育和他育的结合也可以帮助学生建立正确的人际关系,并发展健康的社会生活。当学生接受自育和他育结合的教育时,他们可以学习如何与他人建立良好的沟通,从而培养良好的社会交往能力。培养青年马克思主义的过程中,要坚持自育和他育的结合,就必须要培养学生自觉自律的精神。学校可以采用多种形式,比如实行"学生自治",让学生参与到校园的

一些管理工作中去,让他们有机会提高自身的责任感。同时,学校也应该提供一个良好的学习环境,为学生发挥其主观能动性,开展自育提供必要的条件。

(二)坚持理论学习与实践锻炼相结合

理论学习和实践锻炼在推动青年成长成才的过程中都必不可少,青年马克思主义者的培养是一项系统性的工程,既要组织学生开展理论学习,也要带领学生进行实践锻炼。

开展理论学习是培养青年马克思主义者的基础性工程。首先,要用马克思主义理论武装青年的头脑。马克思主义基本原理是我们的理论基石,要引导青年掌握马克思主义的基本原理与方法论,树立正确的世界观、人生观和价值观,学会运用马克思主义的立场、观点和方法分析问题和解决问题。其次,要引导青年掌握马克思主义中国化的最新理论成果。习近平新时代中国特色社会主义思想是马克思主义中国化的最新理论成果,既继承了前人思想的精髓,又在新时代实践的基础上进行了开拓创新,开辟了马克思主义的新境界。要引领学生学习和掌握习近平新时代中国特色社会主义思想。最后,要引领青年学习人类创造的一切优秀文明成果。"青马工程"对青年开展的理论教育不仅停留在政治理论方面,还应加强青年对科学文化知识的学习,全面提高青年的综合素质。

实践是理论学习的目的,"青马工程"还要引导青年投入到社会实践中去,加强锻炼、增长本领。青年马克思主义者培养工程应当为青年提供一个广阔的实践平台。当青年学生在理论学习中遇到问题,应该鼓励他们勇敢地走出去,通过参与实践,深入了解事实现状,再通过与同学和老师交流,得出结论。在实践平台建设方面,可以推动"青马工程"同已有的实践活动联动,如"三下乡"社会实践、社区志愿服务实践、创新创业实践等。实现联动,不仅可以丰富"青马工程"的实践形式,也能为这些实践活动注入新鲜的血液。建设更广阔的实践平台,还可以加强与企事业单位的合作,开展实习和见习等活动,使青年学生切实在工作岗位上锻炼自己,通过职业体验推动学生构建更适合自己的职业生涯规划。高校应该重视青年社会实践的重要性。通过参与各类社会实践,青年可以积累实践经验,提升自身社会实践能力,形成社会责任感,加强自我完善。因此,高校教育应该把社会实践作为青年教育的重要组成部分,引导学生参与到实践活动中去。

(三)坚持显性教育与隐性教育相结合

从教育实施的形式和其特点来看,可以将教育划分为显性教育和隐性教育。显性教育是指正规的课堂教育,有一定的计划性,教育方式一般以灌输为主,具有一定的直接性、公开性和强制性。高校在育人过程中,开展的显性教育主要有课堂教学活动、社会实践活动、专题讲座、行为规范管理等,这些教育方式具有明确的教育目标、内容和计划。显性教育的优势在于,它的教育目标与内容十分明确且公开,受教育者能够清楚地知道自己将学到什么,有明确的学习方向。隐性教育是指引导学生在教育性环境中,直接或潜移默化地获取有益于个体身心健康和个性全面发展的教育性经验的活动方式和过程。[①] 相对于显性教育而言,隐性教育中受教育者处于主导地位,他们能够充分发挥自身的主观能动性,根据自身的学习需求去选择适合自己的教育内容和方式。从教育的场所来看,隐性教育的场域具有

---

① 贾克水、朱建平、张如山:《隐性教育概念界定及本质特征》,《教育研究》2000 年第 8 期。

开放性,学校、家庭、社会等都是开展隐性教育的潜在场所。隐性教育的教育内容和教育计划对于受教育者而言往往是被隐藏起来的,因此隐性教育具有潜移默化的教育效果。

显性教育和隐性教育虽然是一组相对应存在的范畴,但是二者并不是对立的,而是辩证统一、相互影响的。因此,开展青年马克思主义者培养工程要正确把握显性教育和隐性教育的关系,在教育过程中,坚持显性教育与隐性教育相统一。在提升学生理论水平、实践能力等方面,应主要采取显性教育。理论知识学习和实践能力锻炼往往具有明确的学习内容与学习目标,要针对性的设置学习任务。尤其是在理论知识的教学上,会充分地运用到灌输的方法,使学生能够更直观地认识学习内容,带领学生深入学习马克思主义基本原理。在理想信念的培育以及世界观、人生观、价值观的树立等方面,则应主要采取隐性教育。原因在于理想信念等因素是学生内在主观的东西,往往难以通过具体的知识讲授来实现育人的目标,需要我们在育人过程中将教育内容融入到多种形式和多种载体之中,以青年学生喜闻乐见的形式开展育人活动,在潜移默化中实现教育目标。总而言之,在青年马克思主义者的培养过程中,显性教育和隐性教育虽然在教育内容、教育形式上有所差别,但是二者在教育目标上是统一的,二者都是为了贯彻落实立德树人的根本任务。因此,在育人过程中我们要注重推动显性教育和隐性教育相互作用,使二者同向同行。

三、根本遵循:坚持马克思主义的立场、观点和方法

(一)坚持守正创新

知常明变者赢,守正创新者进。守正创新是马克思主义的底色和中国共产党的底色,也是新时代对青年马克思主义者培养工程提出的要求。"青马工程"一方面要继续承担起历史使命,坚持马克思主义的根本立场,坚持社会主义核心价值观的引领,践行立德树人的根本任务。另一方面,"青马工程"要与新时代同步发展、与时俱进,通过理论创新与实践创新提升教育实效。

守正与创新是共生互补的,在推进青年马克思主义者培养工程向着新时代的方向发展的过程中,我们要坚持守正和创新的辩证统一。在守正方面,一方面要守指导思想之正。思想是行动的先导,只有坚持正确的指导思想,才能保证行为不偏离轨道。"青马工程"在实施过程中应当始终坚持马克思主义的指导,全面贯彻习近平新时代中国特色社会主义思想,用正确的立场、观点、方法深化对"青马工程"育人规律的认识。另一方面要守重大原则之正。"青马工程"在实施过程中要坚持和加强党的全面领导,党的领导是坚持正确方向的根本保证。"青马工程"应当将广大青年紧紧团结在党的周围,维护党中央权威和集中统一领导。在创新方面,一方面要创新课堂设置,当前"青马工程"的课程内容主要集中在政治理论、时事热点、社会实践、原著研读几个方面,可以增加文化艺术教育类的内容,特别是传统文化相关的内容,引导青年学生增强文化自信。另一方面要创新培训形式,在互联网日益发达的今天,要积极适应青年群体的思维和行为特点,开发网络新媒体平台作为"青马工程"的新阵地,创新培训形式,提高学习效率。

（二）坚持问题导向

事物的发展是在矛盾的不断解决中实现的,因此我们要善于发现矛盾、分析矛盾、解决矛盾,推动事物向前发展。时代发展的同时,新的问题也随之产生,解决好时代发展过程中产生的新问题是推动社会发展的根本动力。矛盾的解决是系统优化的过程,坚持以矛盾为导向,以问题为导向,是推进"青马工程"系统优化的重要前提。

青年马克思主义者培养工程坚持问题导向应注意以下几个方面。一是要以学生在学习生活中遇到的难题为导向。学生在学习生活中总会遇到一些对其成长发展产生困扰的问题,有些问题依靠学生自身的能力难以解决,进而就会成为学生成长发展的阻碍。因此,在开展"青马工程"的过程中,教师要走近学生,切实了解学生成长发展过程中遇到的问题,以及这些问题产生的原因。对学生无法解决的问题要及时地加以引导和帮助。同时,要从中分析出这些问题具有哪些共性,是普遍存在的问题,在今后的育人过程中要有针对性地加以解决。二是要以社会舆论热点问题为导向。互联网的发展提高了社会舆论热点问题的传播速度,使其具有巨大的影响力。大学生群体往往是社会舆情事件的关注者与参与者,但纷繁复杂的舆情信息中真假难辨,这使得学生群体容易受到错误信息的误导。因此在开展"青马工程"的过程中,一方面要提高学生的信息处理能力,使其不被错误的舆情所误导,另一方面也要对舆情事件加以分析和解读,为青年学生树立起正确的导向。三是要以时代发展主题为导向。从五四时代到新时代,现代中国的发展主题是一致的,那就是致力于实现中华民族的伟大复兴。[①] "青马工程"应当立足新时代、新征程,以时代主题为导向,以培养堪当民族复兴大任的时代新人为目标,加强对青年责任感和使命感的培养,使其能够自觉担负起推进民族复兴的重任,在奋斗中实现个人价值与社会价值的统一,促进自身成长发展。

（三）坚持系统思维

系统思维是马克思主义认识论和方法论的重要内容。开展青年马克思主义者培养工程需要坚持系统观念,树立起系统思维方式,从系统的观念出发,将青年马克思主义者的培养看作一个具有独特结构的有机整体,再分析整体与要素、要素与要素、系统与管理之间的相互联系、相互作用关系。

在培养青年马克思主义者的过程中坚持系统思维,需注重以下三个方面。

首先,要注重把握整体、统筹兼顾。"青马工程"在开展过程中需从大局出发,树立全局观念。一是要做到统筹兼顾培养对象。"青马工程"虽然是以大学生骨干为重点培养对象,但是在坚持重点培养的过程中也应当兼顾普遍培养。通过重点培养大学生骨干,发挥其引领和示范作用,影响和带动更多青年。二要做到统筹兼顾培养内容的全面性和综合性。在培养青年马克思主义者的过程中,不仅要注重青年学生理论水平和知识素养的提高,还要引导他们树立起坚定的理想信念,以科学的态度对待马克思主义。这就要求在培养内容的安排上,我们需统筹理论学习和实践锻炼,兼顾政治素质培养和综合能力提高。

其次,要注重划分层次、协调要素。系统作为一个整体是可以划分为多个层次的,不同

---

① 程美东:《从五四时代到新时代:现代中国的发展主题》,《社会科学辑刊》2020 年第 3 期。

层次之间既具有差异性,又具有统一性。"青马工程"是一个系统工程,可以按照不同的维度划分出不同的层次。从横向上看,要明确不同主体在"青马工程"中的责任,充分发挥其作用。各级党组织是"青马工程"的领导力量,要发挥方向引领的作用。学校部门是"青马工程"的主要力量,能够通过开展有组织的学习促进青年发展。社会单位是"青马工程"的后备力量,能够为青年学生提供实践平台,推动其在实践锻炼中增长本领。学生家庭是"青马工程"的辅助力量,家庭教育对学生的影响是基础的、深远的,因此学生家庭应积极配合学校共同育人,共同促进学生成长发展。从纵向上来看,在不同年龄阶段上,学生有其身心发展的独特特点,因此开展青年马克思主义者的培训,对于不同年级的学生,在培训的内容和形式等方面,应具有针对性,如此才能提升育人实效。

青年马克思主义者培养工程在实施过程中培养了一批优秀的青年马克思主义者,为党和国家的事业不断注入新鲜血液。然而随着时代和社会环境的变化,青年马克思主义者的培养教育工作也面临着诸多问题。在接下来的教育实践中,要对新时期出现的新问题加以深入分析,有针对性地在理论创新和实践创新的良性互动中解决这些问题,更好地激发青年的潜能,激励青年在学习和实践中实现自我的价值,推动新时代高校青年马克思主义者培养工程取得新的突破。

第六章　新时代高校"青马工程"的培养模式

　　处于新时代背景下,我们需要深入探索新的高校青年马克思主义者培养模式。这一探索不仅是为了确保培养模式跟上时代的步伐和发展,更是为了在当前建设社会主义现代化强国的重要时期,使当下的培养模式能够更好发挥其应有的作用和效果。此外,对高校青年马克思主义者培养模式进行探索,具有进一步深化和拓展新时代高校青年马克思主义者培养工程的培养模式研究领域的意义。通过丰富、完善新时代高校青年马克思主义者培养方式和手段,能够为当下的培养工程健康、可持续发展提供新的视角和路径。进一步提高青年马克思主义者培养工作的实效性,在为新时代高校青年马克思主义者培养模式提供新的思路、方法和视野方面,具有重要意义。

　　因此,我们需要高度关注时代的发展步伐和节奏,以确保培养模式做到与时俱进,适应当前社会主义现代化建设要求。同时,我们应当充分揭示高校青年马克思主义者培养模式在新时代历史方位上的发展规律,并有针对性地加以分析研究,为其创新与发展提供更具有参考性的借鉴。在这一探索过程中,我们应当充分发挥高校的智力资源及人才优势,充分调动高校师生的积极性和创造力,注重将理论研究与实践探索进行有机结合,推动高校青年马克思主义者培养工程的培养模式实现不断创新与发展。我们相信这样的努力将会使得现有的培养模式实现更加形式多样、主题突出、内容丰富、特色鲜明的转变,并且能够赋予其更多时代内涵和历史使命,为新时代的培养模式创新与发展提供有益的借鉴与启示。

第一节　新时代高校"青马工程"的培养模式概述

　　在新时代背景下,高校青年马克思主义者培养工程的培养模式必须与时俱进、符合时代的发展要求和独特特点。为了确保青年培养的质量和实效性,我们需要赋予培养模式新的时代内涵,同时注重满足新时代青年的现实需求,不断优化我们的培养模式。在这个过程中,我们需要明确三个方向性和原则性问题:第一,为什么培养人？第二,培养什么人？第三,怎样培养人？同时,我们还需要将马克思主义中国化时代化的最新理论成果贯穿于这一培养模式的全过程,牢固树立"立德树人"的教育理念。

同样重要的是,在新时代下,我们的培养模式的目标、要求和任务等各方面内容都必须明确,我们要培养的是一批能够胜任民族复兴大任的时代新人,同时也是马克思主义的忠实信仰者、自觉践行者和坚定捍卫者。只有不断探索和推动高校青年马克思主义者培养工程的培养模式与时俱进,才能让这个模式成为我们育人育才的重要的方式和手段,以确保中国特色社会主义事业薪火相传、后继有人,确保推动中国特色社会主义事业的长远发展。同时,我们还需要把握住时代特征、青年成长成才规律及成长特点,充分认识新时代青年马克思主义者应有的个性特质和丰富内涵。只有这样,才能使得新的培养模式与时代发展相适应、匹配,与青年发展特点相适配,为党和社会主义事业培养一批又一批坚强可靠的接班人。

一、新时代高校"青马工程"的现行培养模式

正如李延宪所说:"青年马克思主义者培养模式是培养内容、手段、方法和途径等一系列的某种固化的行之有效的培养组合方式,是实现培养目标的重要手段,是教学教育过程中培养方法体现的基本样式。"[①]不同高校和单位的青年马克思主义者培养模式已经初步形成,其中包括理论学习、社会实践、红色教育、交流研讨等多种方式和手段。这些模式已经逐渐固化,总体来看,仍然以理论教学和实践体悟为主。然而,新时代的青年马克思主义者培养工程的培养模式需要我们打破传统固化的思维方式,顺应当下的形势变化,更新教育理念和形式。作为整个青年马克思主义者培养工程的重要环节,它是一个由相互联系、相互作用的多种要素所构成的系统工程。这个培养模式旨在解决新时代青年马克思主义者培养工程的关键问题,其中包括了为什么培养人、培养什么人、如何培养人以及以何种方式培养人等重要问题。

为培养高校青年马克思主义者,需要长期而复杂的工作,并需要学校各个部门之间相互配合和统一领导,以充分发挥其效力。为此,需要建立完善的组织管理机制,使各部门之间分工明确、相互协调和有机统一。此外,还需要健全学员管理机制,包括青年马克思主义者的择优选拔与末位淘汰,以提高培养工作的质量,并充分调动青年马克思主义者的积极性和主动性。另外,需要加强教育评价制度的建设,根据不同学生的特点和需要,科学设计各个阶段的教学内容,培养学生良好的思想道德、心理素质和行为习惯,传承红色基因,增强"四个自信",并立志在民、报效国家。通过信息化等手段,客观记录学生的日常品行和突出表现,特别是社会主义核心价值观的实践情况,应作为青年马克思主义者综合素质评价的重要内容。在此过程中,需要注意评价的准确性和权威性,以便学生在评价过程中认识到自己的不足并不断提高。根据培养青年马克思主义者的基本原则和目标,需要建设特殊

---

① 李延宪:《青年马克思主义者培养工程机制建设研究》,安徽师范大学出版社,2015 第 136－138 页。

的内容体系,坚持用马克思主义理论来武装青年马克思主义者,同时要将理论教育和实践锻炼相结合,使得青年马克思主义者的教育内容更具特色。此外,还需要加强对马克思主义理论和马克思主义中国化时代化最新理论成果的学习,以使得青年马克思主义者的思想和行动与党中央高度一致。通过学习马克思主义经典著作,青年马克思主义者不仅能够解决生活中的实际问题,还能够自觉地用马克思主义的立场、观点和方法来认识问题、分析问题和解决问题。

在现行培养模式下,我们主要取得了以下成效:一是培养体系和培养格局逐渐形成。经过十余年的建设与发展,我国高校青年马克思主义者培养模式的培养体系和培养格局已逐渐成熟。一方面,国、省、校、院四级培养体系已逐步形成,并且逐步完善了逐级选拔、分层实施的培养格局。另一方面,各培养单位在理论与实践方面不断进行探索创新,形成了全方位和多元化的培养体系与培养格局。可以看到的是,这些努力已经取得了较为显著的成效,目前已经培养出一批有理想、有担当、有本领的新时代青年马克思主义者,并为扎实推进我国高校青年马克思主义者培养工程做出了卓越贡献。二是培养方式和培养手段日臻完善。自"青马工程"启动以来,各高校按照共青团中央的相关要求,结合自身特色和人才培养目标,精心设计和实施了青年马克思主义者培养计划。各高校不断探索和完善培养模式,在培养方式和手段上不断创新,积极推动青年马克思主义者培养工作朝着标准化、系统化、科学化、体系化等方向发展。总体来看,青年马克思主义者培养工程的培养模式产生了重要的实际效果,能够有效帮助青年学生们自觉做到坚定理想信念、提高马克思主义理论水平、增强自身综合素质,为培养新时代青年马克思主义者做出了积极的贡献。三是培养内容和培养形式不断创新。各高校培养单位通过开展形式多样、内容丰富的各类培养活动,成功地帮助广大新时代青年们全面、系统、专业地学习马克思主义理论相关知识。同时,通过各种社会实践活动,有效地引导了新时代青年学会自觉运用马克思主义立场、观点和方法去解决现实情况中所遇到的实际问题,进一步推动了培养内容和培养形式的多样化创新。这一系列举措不仅能够提高新时代高校青年马克思主义者的思想素质和实践能力,也促进了培养模式的科学化和专业化发展,为提高高校青年马克思主义者的实际成长和培养工程的实效性起到了积极的推动作用。

但是,在近些年的发展过程中,我们也发现了当前模式下的一些突出问题。

一是培养模式与理论最新成果融合不足。经过多年的实践调查,我们发现部分高校青年马克思主义者培养工程的培养模式存在一成不变、缺乏创新性和进步性的问题。一个成功的培养模式需要不断地吸收最新的理论成果,跟上时代的发展步伐,将最新的理论成果融入到培养模式中,使其始终保持活力和生命力。因此,只有将最新的理论成果融入到培养的全过程中,引导学生去深刻领会新时代党的相关创新理论、马克思主义的理论品质和独特魅力,以及习近平新时代中国特色社会主义思想的精神实质,才能更好地将理论与实践相结合,更好地运用马克思主义的立场、观点和方法去深刻分析、思考和解决问题,才能更好地培养造就新时代的青年马克思主义者,让他们成为自觉担当民族复兴使命的时代新人。二是培养模式还未适应青年特点及其成长成才规律。目前,我国高校青年马克思主义者培养工程的培养模式在适应和把握新时代青年特点及其成长成才规律方面还有所欠缺。一些培养单位的培养模式没有与新时代青年成长成才规律及特质相匹配,仍在沿用陈旧的传统教育教学方式,无法达到新时代青年马克思主义者培养目标。因此,为了使培养模式更加科学、系统、高效,我们需要深入分析和把握新时代青年的思维方式、行为特点,关注和满足新时代青年的现实需求,与学生的发展需要相契合。一方面,培养模式的构建应该围绕着青年的成长和发展规律,并加以理性分析和判断,把握新时代青年的思想特点及其成长成才规律,同时将新时代青年的思想和行为作为价值准则,将新时代青年的呼声和诉求转化为培养模式创新与发展的源动力。另一方面,我们需要结合新时代青年的成长成才规律和特点,采用符合青年喜好的形式,增强培养模式的针对性和实效性。只有从新时代青年的角度出发,深入掌握培养规律,构建培养体系,才能真正赢得青年、赢得未来。三是培养模式中学生主体性作用发挥较差。当前,我国高校青年马克思主义者培养工程的培养模式中,教师主导、学生被动的单一培养格局仍然显著存在,学生主体性作用发挥不足。一些培养单位仍沿用传统的"灌输式"教学模式,忽视了新时代青年思想开放、活泼、成熟的特点,导致学生对培养内容逐渐失去兴趣。因此,我们需要将培养模式向多样化、丰富化转变,争取实现教师和学生双主体的发展模式,充分调动学生的主体性和创造性,使整个培养过程具有互动性和创造性。改变学生被动的学习地位,将教学过程变为教师和学生共同参与的互动过程,实现知识、能力、价值观的全面发展,这也是新时代青年马克思主义者培养的必然要求。在培养过程中,教师需要注重引导学生思考,激发他们的兴趣和创造力,提高他们的主体性,培养他们的领导能力和团队协作精神。同时,还要不断加强显性教育与隐性教育的结合,注重对学生进行思想政治教育和道德品质教育,培养学生的社会责任感和奉献精神。只有在这样的培养模式下,才能真正实现新时代青年马克思主义者培养工程的预定培养目标。四是培养模式中长效机制和评价机制还未构建。目前我国高校在青年马克思主义者的培养模式中,长期培养机制、评价机制和反馈机制等关键要素仍未建立完备。大部分高校采用短期和集中式的培养模式,通常仅有一至两年的培养周期,以颁发结业证书作为培养完成的标志。然而,青年马克思主义者的培养应是一个连续、长期和循序渐进的过程,不能仅仅依靠短期的系统性培养来完成。如何将集中培养与长期培养有机结合,实现接续培养、跟踪培养,并得到有针对性的效果反馈,是亟待研究和思考的问题。因此,构建一个完整的长期培养机制显得尤为重要。此外,大多数培养单位没有对培养主体进行客观系统的评价和反馈,需要进一步建立和完善跟踪培养、评价和反馈机制,形成动态的培养体系。通过对不同时间段和不同阶段的培养主体进行实际情况的评价和反馈,形成动态的评价、反馈和跟踪培养机制,从而形成完整的培养链条,全方位、多阶段地培养青年马克思主义者。只有这样,才能为新时代青年马克思主义者的长期培养奠定坚实的基础。

二、新时代高校"青马工程"模式的结构方式

(一)新时代高校青年马克思主义者培养工程培养模式的构建

高校青年马克思主义者培养模式的构建是一项重要的系统性工程,其目的是更好地实现培养目标,确保高校青年马克思主义者培养工作的常态化运行。因此,必须从以下几个基础模式来构建。

第一,要构建分级培养模式。以扩大培养范围,提高青年马克思主义者的影响力。具体而言,我们需要在校院两级建立起青年马克思主义者培养体系,这旨在培养更广泛的青

年群体,而不仅仅局限于少数骨干学生。在该体系内,学生可先经过理论学习与实践锻炼,参加各自所在学院的培养计划,通过选拔机制激发学生的兴趣与热情,为后续校级培养打下基础。校级培养阶段则不仅可以确保培养质量,同时可以吸引更多品行优秀、学习兴趣浓厚的学生参与深入系统的学习,从而提高整个培养体系的实效性和质量水平。

第二,应构建网络教育模式以提升高校青年马克思主义者培养的覆盖率和效果。当前,互联网已经成为信息传播的重要渠道,高校可以利用其开放、共享和互动的特性,充分整合和推广各类高质量的网络教育资源,实现全员覆盖的青年马克思主义者培养。通过网络课程、在线讨论、多媒体教材等方式,提高学生的学习兴趣和参与度,进一步强化其对马克思主义理论和中国特色社会主义理论体系的认识和理解。此外,网络教育还能以跨地域、跨文化的方式,增强高校青年马克思主义者之间的交流和合作,促进其共同成长和进步。

第三,构建导师培养模式。该模式旨在通过聘请来自学校和社会各界的杰出人才和优秀代表,成为青年马克思主义者培养对象的导师,从而潜移默化地教育和影响他们。导师将借助自身的事迹和人格魅力,为培养对象提供实际指导和支持,并运用其积累的人生经验帮助他们解决学习和生活中的问题。此外,建立长期的联系和友谊也是该模式的重要目标之一,导师将为培养对象未来的成长和发展提供重要的帮助和支持。通过导师培养模式的建设,可以更好地培养高校青年马克思主义者,促进他们的全面发展和成长。

第四,构建校地实践的培养模式。通过多种形式的实践教学,青年马克思主义者培养对象不仅可以开阔视野、提升实践能力,还能将学习的理论知识与实践相结合,进而与自身所学的学科和专业特色相融合,实现学以致用。此外,学校还应加强与地方的深度交流与合作,通过实践活动,帮助培养对象更加清晰地认识自身、理解社会发展和自身的社会责任,并为未来的人生发展规划提供指引。

第五,构建跟踪培养模式。通过建立完善的学员档案,学校能够实现对青年马克思主义者培养对象的全程跟踪管理,这不仅有助于他们在培养期间意识到自身学习的收获,同时也能发现自身的不足之处,以便在今后的学习生活中加以改进。此外,学校还可以通过组织学业汇报、学习研讨等方式,促使培养对象持续保持学习的状态,防止青年马克思主义者培养工作流于形式。高校也需要开展对已经完成培养工作的培养对象长期跟踪调查工作,指导他们的未来发展,并及时发现和解决培养过程中存在的问题。

(二)新时代高校青年马克思主义者培养工程培养模式的制度建设

高校青年马克思主义者培养制度的建设旨在规范化、制度化高校青年马克思主义者培养工作,强化其实施成效。主要包括以下几个方面。

一是建立健全组织领导制度。高校各级组织在青年马克思主义者培养中担负领导、统筹、规划、协调、引领等职责,具有决定性作用。健全组织领导制度,以高校党委书记、副书记为正副组长,成立工作小组,团委、党委职能部门领导及各学院党委书记为主要成员,实现责任明确、任务明确、工作协同,加强资源整合、力量调配,从而保障青年马克思主义者培养工作的有效推进。

二是建立科学的选拔制度。科学的选拔制度应当基于公正、公开、透明的原则,旨在保证普遍培养与重点培养相结合,既要重点培养有潜力、有成长空间的学生,又要全面覆盖、广泛开放,让更多的普通学生有机会参与青年马克思主义者的培养。为此,需要建立一套完善的选拔标准,不仅要考虑学生的学习成绩,还应当综合考虑学生的思想政治素质、实践经验、综合素养等多个方面。选拔应该注重学生会和其他学生组织的选拔,同时也要发掘那些有突出特长和才能、优秀的志愿者等学生。选拔工作应当公开、透明,选拔结果应当公示,并向所有申请参与青年马克思主义者培养的学生公开解释,让他们了解自己的优劣势,从而更好地提高自身的思想政治素质和综合素养。

三是建立完善的管理制度。管理制度是高校开展青年马克思主义者培养的重要保障。为此,需要建立科学的教师队伍管理制度,包括选派具有马克思主义理论素养和教育教学经验的优秀教师担任青年马克思主义者的导师,通过定期开展专业培训和教学交流,提高教师队伍的理论水平和教学能力。此外,应建立培养对象队伍的管理制度,重视青年马克思主义者的思想政治引领和队伍纪律管理,加强对队伍的组织、管理和监督,确保青年马克思主义者在思想上不断深化,纪律上不断严明,能够在高校所安排的培养任务中有所作为。同时,建立健全的考核评价制度,对青年马克思主义者的学习成果、实践表现、思想政治表现等方面进行全面考核,激励和促进青年马克思主义者的进一步发展。

四是建立科学的考核评价制度。科学的考核评价制度是高校青年马克思主义者培养工作中不可或缺的一环。该制度能够促进青年马克思主义者队伍的积极性和创新性,同时也有利于提高教师和学生的教育质量和学术水平。通过对培养教师的考核评价,可以及时发现并解决教学过程中存在的问题,推动教师不断提高自身教育教学水平。同时,对于培养对象的考核评价,既要注意学习成绩,也要关注综合素质的培养,培养其综合素质的同时,也要注重其学科特长和实践能力的发展。为了建立完善的考核评价制度,需要制定明确的考核标准,同时还要注重考核的全面性和公正性。建议采用多种方式进行考核评价,如定期测试、学术竞赛、社会实践等。此外,应该建立起科学的考核评价体系和考核机制,注重对考核结果的分析和整合,及时对考核结果进行反馈和改进。最后,要通过对表现优异的学生和教师的表彰,确立先进典型,树立行业标杆,以激励更多的学生和教师积极参与到青年马克思主义者的培养中来。

五是建立健全的保障制度。保障制度是确保青年马克思主义者培养工作能够有效展开的关键。为此,需要通过建立机制,采取多重措施来加强保障。首先,师资力量的保障能够确保培养高校青年马克思主义者的教学工作具有先进性和前瞻性。同时,加强教学监管系统能够促进教学水平的稳步提高。其次,政策保障能够确保高校充分履行青年马克思主义者培养工作的任务。最后,财政保障能够为培养青年马克思主义者提供必要的资金支持。在培养青年马克思主义者的过程中,财政支援是不可或缺的,因此良好的经济保障是确保高校能够取得实效的重要保证。

六是建立规范的教学课程体系。青年马克思主义者的培养必须基于科学合理的课程体系,既要注重理论研究,又要注重实践操作,以提高学生的综合素质。要建立符合高校实际情况的课程,为学生提供必要的学科背景知识,使他们在理论学习和实践应用中形成相辅相成、相得益彰的学习模式。此外,应当注重课程教学内容的实用性,贴近社会发展需要,使学生能够将在课堂上学到的理论知识更好地应用于实践中。

七是营造浓厚的思想政治教育氛围。高校应该充分发挥思想政治教育的积极作用,通过各种渠道和形式,为学生提供多样化、全方位的学习体验。建立各种形式的交流平台,让学生在交流中思考问题、开阔眼界、增长见识。同时,要营造浓厚的学术氛围,定期举行学术研讨会和学术论坛,为学生提供深入交流、广泛接触的机会,使他们在学习中相互启迪、相互促进。还要充分利用新媒体手段,加强信息化教育,为学生提供更加全面、多元、及时的思想政治教育。

八是建立与社会联系的平台机制。高校应该积极承担起向社会输送优秀的青年马克思主义者的社会责任。要发挥高校的资源优势和地位优势,与政府部门、企事业单位等建立联系,为学生提供更多的实践机会和就业渠道。还应该充分发挥学生组织的作用,鼓励学生积极参加社会实践活动,提高学生的社会责任感和实践能力。同时,要加强对学生的指导和管理,确保学生的社会实践活动符合法律法规和社会伦理要求,为社会培养出更多具有马克思主义精神和社会责任感的人才。

第二节　新时代高校"青马工程"模式的原则与基本要求

高校青年马克思主义者的培养在新时代是一个持续性的过程。为实现培养目标,在新时代的背景下,高校青年马克思主义者的培养模式必须遵循一定的原则和基本要求。这包括与丰富的培养内容相适应和相匹配,以使培养模式与培养目标、培养对象与培养机制相一致。采用有效的培养模式和创新的方式,使得培养过程更具意义和价值,同时充满生机和活力。

一、新时代高校"青马工程"模式的原则

(一)规范化与个性特色相统一

在高校青年马克思主义者的培养过程中,如何实现规范化与个性特色相统一是一个需要解决的重要问题。规范化和个性特色作为培养模式的基础要求和推动因素,二者之间的关系需要被深入理解和明晰。规范化是指培养模式要符合一定标准,遵循特定行为准则或标准进行操作。要实现培养模式的规范化,需要明确培养模式的总体要求和目标任务,采用科学的理念、方法和机制来形成统一标准,不断推进培养模式的标准化,引导培养模式规范化,提高培养质量。个性特色则是指培养模式要具有个性化的色彩和独特的特点。如果失去了个性特色,就会导致培养模式逐渐趋同化,失去创造性。为推动培养模式的创新与个性化,需要根据高校的类型、特点和地区等因素,构建不同的风格与特色。例如,中医院校可以将中医文化融入培养模式中,将中医文化中的"阴阳""五行""大医精诚"等思想与培养模式深度融合,形成具有中医文化的特色培养模式。规范化与个性特色不是互相排斥的关系,而是相辅相成的。培养模式必须坚持规范化和个性特色的统一,不能将二者割裂或对立开来。只有将规范化和个性特色相统一,才能保证培养模式始终充满生机和活力,达到新时代培养工程所要求的目标和任务。

(二)实现稳定与发展的动态平衡

培养模式必须实现稳定与发展的动态平衡,才能保持生机与活力。稳定与发展是一种对立统一的辩证关系,它们相互促进、相互制约。稳定是发展的基础,而发展则是稳定的目的。稳定的前提是保证发展的顺利进行,而发展的同时能够促进稳定的达成。当前的培养模式面临来自国际和国内多方面环境和条件的制约。在国际环境方面,全球正处于百年未有之大变局,国际形势风云变幻,既带来了机遇,也带来了挑战。各种西方社会思潮的传播为稳定发展带来了冲击。在国内环境方面,新时代面临着新局面、新情况和新问题,也对青年马克思主义者的培养提出了新的要求。因此,如何消除不稳定因素,在稳定中谋求发展,在发展中保持稳定,对于推动培养工程健康、可持续发展具有重要的现实意义。

同时,发展是稳定的目的。培养模式如果不创新、不发展,就会失去活力,与时代脱轨。推动培养模式的创新和发展,用发展的眼光、思路和方法解决当前培养模式中出现的各种问题,是使培养模式不断向前推进、为整个培养工程稳定发展奠定坚实基础的关键所在。但在发展的过程中,也要始终坚持适度发展原则,注重发展的速度和效益。发展速度过快必然会导致各种问题和矛盾的出现,发展速度过慢也会导致整个培养模式不能适应当前所处的现实环境,导致发展滞后。只有坚持适度发展原则,才能使培养模式稳步协调发展,保持动态平衡。

(三)把握理论与实践的辩证关系

建立有效的培养模式需要从理论和实践两个层面相互协调。如果只停留在理论层面而无法科学地将理论与实践相结合,就无法完成培养目标、要求和任务。历史经验和理论成果都是基于实践而形成的,并在具体实践中得到不断完善和修正。脱离实践的理论是毫无意义的,而没有理论指导的实践是盲目的行为。因此,在建立培养模式时,必须正确把握理论和实践之间的辩证关系,善于总结经验、发现问题、革新观念,形成正确的认识,并通过实践不断检验,最终构建出一套科学化、系统化、标准化的培养体系,以指导培养模式的科学化、具体化、精细化发展。为了科学系统地把握理论和实践的辩证统一关系,在建立培养模式时,应以理论学习和教育为核心,以实践锻炼为载体,并进行科学筹划、周密组织和精心设计。不仅需要让青年学习和领会马克思主义的科学性、正确性和真理性,更需要将理论和实践相结合,引导青年将所学理论与现实社会需求结合起来,能够明辨是非,发现问题、分析问题和解决问题,最终将其培养成为既懂理论又能实践的新时代青年马克思主义者。

(四)立足当前与着眼长远

习近平曾指出:"我们在做所有工作时,都必须综合考虑,处理好当前和长期的关系。"培养模式的发展也必须正确地把握立足于当前和着眼于长远之间的辩证关系。一方面,要立足于当前实现效果。在制定培养模式时,需要考虑实际情况,将注意力放在当前可以做和应该做的事情上,解决当前突出问题,并逐步取得阶段性成果,以确保培养模式发挥其应有的作用,不断奠定坚实基础并创造良好条件。同时,需要着眼于长远,清晰方向,抓住机遇,勇于解放思想和实事求是,将解决实际问题与培养模式的长期发展相结合,在提高实效性的基础上精心设计和统筹谋划,充分利用有利条件,抓住契机,不断创造新环境和开拓新局面。从另一方面来说,需要着眼于长远和长效。随着时代和形势的不断发展变化,必须具有预见性地科学系统地规划培养模式的未来发展目标和方向,并努力推动培养模式的长期发展。不仅要深入关注和解决培养模式中遇到的新问题和挑战,更要高瞻远瞩,为培养模式的长期发展提供新的理念、思路和措施。只有立足于当前和着眼于长远,制定科学的发展规划,明确未来发展的愿景,并有序地推动培养模式的发展,才能保证和推动整个培养工程高质量、高水平和高效率的发展。

二、新时代高校"青马工程"模式的基本要求

(一)发挥高校党委的统揽和协调作用

中国共产党是中国特色社会主义事业的领导核心,在新时代高校青年马克思主义者培养工程中扮演着领导、组织和引领作用的关键角色。高校党委必须肩负起首要的责任,以总揽全局、协调各方、调配资源和统筹工作为己任。高校党委需要履行重要使命和任务,即培养社会主义事业建设者和接班人,并为此提供坚实有力的组织保障。高校党委应根据时代发展的要求和人才培养方案的变化,重视培养模式的构建和培养内容、体系的完善和发展,提供有针对性的新思路、新理念、新方法和新举措,以更好地肩负责任,发挥引领作用,成为党领导的坚强阵地,并为培养模式不断注入生机和活力。

同时,高校党委应协调和联动各部门,引导各部门肩负起相应的责任,推动培养工作有效开展。培养模式的构建、培养内容和培养方式的有计划性和组织性开展,不仅需要高校党委以此为己任,更需要高校党委发挥领导和组织作用,引领高校的各部门形成联动效应。各部门应协调联动起来,形成一个组织和体系完备的领导小组,包括组织部、宣传部、校团委、学生工作部、马克思主义学院、关心下一代工作委员会等各个部门。各部门应时刻关注不同阶段的培养模式在培养过程中的作用和效果,并通过多方面、多层次、多角度了解当前培养模式还有哪些可以改进和完善的地方。高校党委与各部门组建的领导小组决策会议,应及时修改或剔除不合理的、过时的培养方式和手段。各部门还应全方位倾听各阶层对现阶段培养模式的意见和建议,出谋划策,发挥各职能部门作用。最终,实现各个部门各展所长、各显其优、相互配合、共同运作,形成良性互动。

(二)积极推进载体和平台建设

在对青年马克思主义者的培养过程中,载体和平台是桥梁和纽带,也是实践教学的重要途径。为了实现课堂理论知识教学与实践教学的衔接,我们必须充分发挥载体和平台的作用,统筹推进平台建设,不断丰富形式、创新载体、搭建平台,使其发挥应有的价值和效果,从而为培养模式的发展奠定坚实基础。

一方面,载体和平台建设能够为青年马克思主义者培养提供坚实的实践基础。青年马克思主义者培养模式多样、内容丰富,因此不同于理论知识教学,多种多样的载体有利于使青年深化对理论知识的理解,引导其将所学理论知识应用到实践中去。例如,一些红色教育实践基地,能够让青年走出书本、走出课堂,来到各种纪念馆、烈士陵园、革命遗址等教育

基地,实现青年自身思想境界和道德情操的升华和提高。此外,一些 VR 虚拟仿真项目也能够极大地丰富培养模式的表达形式,使学生身临其境,切身感受。因此,我们要充分发挥载体的作用,重视平台的建设,充分发挥载体和平台在培养过程中的独特优势。

另一方面,载体和平台建设具有多功能性、多样性等特点。载体和平台通常都具备不同的教育功能、服务功能与实践功能,能够满足青年自身的需求,帮助其树立正确的思想和观念,将所学的理论知识深化。通过搭建平台,将多种丰富的载体融入到培养模式中去,运用各种媒介,向青年展示具有视觉冲击力的内容,使教育者从感性与理性、内容与形式、讲授与体验并重的原则出发,起到寓教于思、寓教于悟、寓教于行的作用。

(三)加强导师队伍建设

在整个高校青年马克思主义者培养过程中,导师是至关重要的角色,具有不可替代的地位。为了提高培养质量,促进整个培养工程高水平、高质量发展,加强导师队伍建设、提高导师的综合素质和水平,激发和调动导师的积极性是十分必要的。要做到这一点,一方面需要制定严格的导师遴选和考核制度,确保导师具备高尚道德修养、精湛业务素质和严谨治学态度。同时,也要引导导师充分认识到自己的职责所在,明确自己培育青年马克思主义者这项工作的重要性和意义所在,从而调动和发挥导师的积极性。作为青年马克思主义者培养环节中的指导者,导师必须在整个培养过程中对自己的学员负责。导师的人格魅力、思想品德等方面都会对学生产生潜移默化的影响。只有导师以身作则、为人师表,才能成为培养青年马克思主义者过程中的无形力量,真正发挥言传身教和"传道、授业、解惑"的重要作用。

另一方面,要为导师创造良好的环境和条件,调动导师的积极性,不断激发和创造导师的活力。不仅要为导师提供良好的教学与科研环境,使其全情投入到培养过程中去,而且也要对导师加以人文关怀,通过各种激励方式,对表现优异和突出的导师给予物质和精神奖励,对其工作成果予以认可,最大限度地激发导师的工作热情。只有这样,才能为青年马克思主义者培养提供坚实可靠的保障和支持,让导师在整个培养过程中发挥出更加重要和积极的作用。

(四)构建系统科学的培养机制

高校青年马克思主义者的培养是一项系统的、长期的、复杂的工程。因此,建立一套完备的、科学规范且高效运行的培养机制至关重要。这套完整的培养机制应包括系统的组织和管理机制、科学的考评机制、合理的激励机制和有效的防范蜕变机制等。系统的组织和管理机制能够保证高校党委和各部门之间加强综合协作,形成合力、有的放矢,成为确保培养工程稳定发展的重要保障。科学的考评机制有利于正确和科学地把握青年马克思主义者培养的综合效益。通过科学的考评,形成量化考核方式,总结经验教训,及时查缺补漏,有利于进一步推动整个培养过程的科学化,使整个培养工作沿着正确的轨道开展。合理的激励机制不仅能够激发青年马克思主义者的积极性、主动性和创造性,点燃其热情,发挥其巨大潜能,更能够成为帮助其不断成长与进步的内在驱动力,激发其精益求精、不断进取的精神。有效的防蜕变机制是防止和避免一些思想不成熟、政治立场不坚定、容易受到各种反动思想和错误思潮影响的青年马克思主义者走向错误道路的重要手段。多层次、多角度、全方位关注青年马克思主义者的思想动态和心理状态,有效约束和制约,防止其做出错误行为,防止其蜕变,有利于引导青年始终保持清醒的头脑,帮助青年不断提高政治洞察力、鉴别力和敏锐性。因此,建立科学、高效的培养机制是整个培养工程健康、可持续发展的重要保证,对于推动整个培养工程科学化、标准化、规范化和精细化发展具有重要意义。

第三节　新时代高校"青马工程"培养模式的特征

明确新时代高校青年马克思主义者培养模式的特点和特征,是为了更好地为该模式定位、规划、指明方向和拓宽视野,从而推动和促进其持续、健康、稳定发展。在新时代背景下,高校青年马克思主义者培养模式必须具备以下特点和特征:政治性突出,即强调马克思主义的政治性质,培养青年马克思主义者的理论政治素养和政治敏锐性;现实性强,即注重将理论知识与实际工作相结合,使青年马克思主义者更好地为国家和社会服务;生动性强,即采用生动有趣的教育形式和教学手段,激发学生的学习兴趣和学习热情;自主性强,即鼓励学生自主学习和探究,发挥主动性和创造性;长效性强,即强调培养的效果和持续性,注重培养青年马克思主义者的终身学习和发展能力。

只有具备这些特点和特征的新时代高校青年马克思主义者培养模式,才能适应形势变化和时代发展的客观要求,更好地培养新时代的青年马克思主义者,为实现中华民族伟大复兴和社会主义现代化建设提供强有力的人才支持。

一、新时代高校"青马工程"模式的政治性

为了更好地培养新时代青年马克思主义者,培养模式必须强调其政治性,并遵循正确的政治方向。只有将政治性贯穿于整个培养模式中,紧密围绕新时代、新思想、新理念,才能稳定把握正确方向,为培养模式提供坚实的政治理论基础。

(一)以理论最新成果为核心

新时代高校青年马克思主义者的培养模式应以理论最新成果为核心,因为党的百年历程是推进马克思主义中国化时代化的历史,是不断推进理论创新和改造的历史。新时代高校青年马克思主义者的培养模式,应当以马克思主义为指导,以马克思主义中国化时代化的最新理论成果为核心。习近平新时代中国特色社会主义思想,充分体现了马克思主义最鲜明的理论品格和精神实质。因此,新时代高校青年马克思主义者的培养模式的理论基础应当以习近平新时代中国特色社会主义思想为主导,推陈出新、与时俱进,不断拓展培养模式的理论体系框架。马克思主义是不断通过实践,与时俱进、不断创新和发展的,培养模式也应当如此。因此,培养模式必须不断适应形势变化和时代发展的要求,持续革新,才能永葆生机与活力,更好地培育新时代坚定的青年马克思主义者。

(二)以学思知行为基础

青年马克思主义者培养的基础在于学深悟透、知行合一,因此培养模式需要在多思多想、学深悟透的基础上下功夫,在系统全面、融会贯通的基础上下功夫,在知行合一、学以致用的基础上下功夫。这是一项培养人的工程,而培养模式作为整个过程中的重要手段与方式,关系到我们是否能够成功锻造出这项灵魂工程,解决好培养什么人、怎样培养人、为谁培养人这个教育的根本问题。学深悟透意味着要引导广大青年坚持学思用贯通、知信行统一。学深就是要更深入地理解习近平新时代中国特色社会主义思想和党中央重要方针政策;悟透就是将这些思想的意义、体系、内涵、实践要求,融入到培养模式中,不断丰富培养模式的智慧、经验和力量,以更好地满足培养工程的需要,不断丰富培养模式的价值底蕴。知行合一是关键,要在理论联系实际的基础上,注重知行合一、学以致用,以知促行、以行促知,才能实现知行合一。新时代的青年马克思主义者培养模式不能只停留在表面和文字上,重要的是要注重理论与实践的结合,最终落实到实践中,并通过实践成果去深化思想认识,挖掘培养模式的内在潜能,实现培养模式的可持续发展。

二、新时代高校"青马工程"模式的现实性

时代是培养模式的重要支撑。在新的历史方位上,只有紧密跟随时代发展的步伐,深刻洞察时代进步的方向,把握时代的脉搏,结合时代的变化和发展要求,不断赋予培养模式新的时代内涵,才能使其充满时代气息,经得起时代考验和历史的洗礼,更好地培养新时代高校青年马克思主义者。因此,培养模式的更新换代需要密切关注时代发展,紧跟时代步伐,不断创新与发展,以适应新时代高校青年马克思主义者培养的需要。

这就要求我们:在加强高校青年马克思主义者的培养时不仅要注重创新和实效,还要确保各项工作在组织实施方面更加规范化和程序化。在选拔和培养对象的阶段,应该保证学生的思想状况、素质、作风、学风、个人能力和发展潜力等方面达到应有的水平,以确保选拔过程规范严格。在管理层面,有效的培养机制能够规范各级培养组织,使其职能更加明确,更有针对性地开展青年马克思主义者培养工作。同时,它也可以规范培养对象的管理,无论是在参与学习和实践等学习层面,还是在考核、评优和推优等评价方面都要有统一的标准和规范,以推动培养目标的科学竞争,营造培养青年马克思主义者的良好氛围。建立有效的运行机制还可以使青年马克思主义者培养标准明确和规范,避免各个培养层级认识上的偏差,从而更好地集中管理和领导,明确培养工作的根本目的和工作重心,形成合力,最终使培养对象真正成为合格的青年马克思主义者。

(一)适应形势发展变化

在新的历史方位上,培养新时代高校青年马克思主义者的模式必须紧跟时代潮流,适应新形势的发展变化和要求。唯有如此,才能不断革新,实现历史性、发展性、时代性的统一。培养模式必须在满足社会发展需求的同时,切实履行立德树人的根本任务。因此,我们需要不断丰富培养模式的内容,提高培养工程的质量,以最新的马克思主义中国化时代化理论成果指导实践,使培养模式适应形势发展的变化要求。同时,我们也必须以党的教

育方针和政策为指导,通过解答学生最关心的问题,引起学生的关注和共鸣,帮助他们更好地领悟马克思主义理论的真谛。只有聚焦问题、提出问题、发现问题、解决问题,明确当前形势发展变化的要求,才能为培养模式提供不竭源泉和精神动力。通过解疑释惑、规范引领,我们才能不断提高培养效果和质量,使培养模式更好地适应形势发展变化与要求。

(二)紧跟时代发展节奏

在新时代背景下,培养模式必须与新时代的发展要求相契合,才能实现历史性、发展性、时代性的统一。为了适应和满足新时代的发展需要,我们需要善于、勇于、敢于结合新的时代发展变化要求,不断丰富和发展培养模式。同时,我们需要结合具体、变化的实际,将培养模式从旧的桎梏中解放出来,使其不断充满生机和活力。要推动培养模式不断变革、创新,需要用新时代的理论、观点来引领,不断用最新理论成果指导实践,坚持解放思想、实事求是,为培养模式提供强大的精神力量。只有在紧跟时代发展节奏的基础上,针对新时代特点,不断开辟新途径、创造新方法,为培养模式创新搭建新平台,才能不断开创新时代青年马克思主义者培养新局面。因此,我们需要始终紧跟时代脉搏,与时俱进,不断发展培养模式。只有这样,我们才能更好地适应新时代的发展需要,让培养模式更好地为新时代青年马克思主义者的成长和发展服务。

三、新时代高校"青马工程"培养模式的生动性

新时代的青年马克思主义者培养模式必须注重生动性。生动性是培养模式的重要特点,是增强学生学习兴趣、激发学生学习热情、提高学生学习效果的重要保障。要注重培养模式的生动性,需要多渠道、多形式、多途径地开展培养活动,创新培养形式,增强培养活动的吸引力和感染力。要注重活动形式的生动化,要运用各种多媒体手段,结合当下流行文化元素,让学生在培养活动中不断感受到新鲜、有趣、有意义的体验,增强学生参与和学习的积极性与主动性。同时,在培养活动中要注重实践操作,提高培养活动的实效性和针对性,通过实际操作,让学生深入理解马克思主义理论,并在实践中融会贯通,得到实际的应用。只有通过这些努力,才能不断提高培养模式的生动性,实现培养工程整体实效性的提升。

(一)通过表达形式凝聚情感共识

在新时代高校青年马克思主义者的培养过程中,如何让青年真正理解、认同和信仰马克思主义理论呢?这就需要采用多种多样的表达方式,帮助学生内化理论并将其付诸实践。在这个日新月异的社会中,时代的发展速度越来越快,这要求我们不仅在培养内容上不断创新,还要推动表达方式的创新和多样化。如果仍然坚持传统的表达方式,就无法满足时代和学生的需求。只有通过不断创新,不断尝试新的表达方式,才能使培养模式富有生动性,凝聚学生的情感共识。首先,在创新表达方式时,需要以学生为中心,以新时代青年为创新表达方式的重点。创新表达方式应该将故事性、学理性和知识性融为一体,使其具有思想深度和理论高度,帮助学生通过多样化的表达方式深入思考理论知识,形成情感认同。其次,我们应该综合运用各种载体和多媒体资源,通过创新的表达方式体现马克思

主义理论的独特魅力和时代价值,让学生觉得理论知识变得生动、有趣、有意义,同时要加强理论知识与现实生活的对接,让学生留下深刻印象。最后,我们要凝聚情感共识,让学生在潜移默化中成长和进步。为此,我们必须明确培养目标,通过有力的说服力和感染力来塑造学生的价值观和思想情感,实现教育的目标。培养模式必须全方位、多角度地考虑学生的成长需求、情感要求和心理需求,通过感染学生来实现学生的均衡发展,为学生的个性品质、人格素养和全面发展奠定基础。

(二)提高教育教学实效性

在新时代高校中,培养青年成为马克思主义者需要掌握大量的理论知识,但很多年轻人会感到这些知识枯燥乏味、难以理解,从而对学习失去兴趣。为了让这些重要的理论知识变得更加有趣、生动、具体,我们需要采用符合新时代青年特点的教育手段和方法,提高教育教学的实效性。一方面,我们需要寻找适合当代青年价值观的教育手段。例如,可以通过表现手法独特、内容多样化和传播方式现代化的微电影和 VR 技术,将复杂的理论知识呈现给年轻人,激发他们的兴趣和好奇心。这些富有生动性和趣味性的素材更容易引起年轻人的共鸣和情感反应,从而促进其对理论知识的深入理解和阐释。相比传统课堂的理论宣讲,这样的教育方式更具吸引力和感染力。通过挖掘学生的兴趣点、贴近实际、遵循教育教学规律,我们可以让学生通过生动的案例和多样化的方式,更加深入地理解理论知识,并从中感受到积极的价值和意义。这种教育方式不仅更贴近社会和生活,也能够唤起年轻人对自我价值感的认识,最终达到弘扬主旋律和传播正能量的目的。因此,只有采用多角度、多方式的教育手段,将有意义的内容变得有趣,才能不断提高教育教学的实效性,让年轻人更好地接受和理解理论知识。

四、新时代高校"青马工程"培养模式的自主性

(一)广泛发挥学生积极性和主动性

为了有效培养新时代高校青年马克思主义者,必须充分发挥学生的积极性、主动性和创造性。这需要从以下两个方面入手:首先,要激发学生的主体性,使他们认识到自己的身份和责任。新时代青年应当清楚自己作为社会主义建设者和接班人所承担的使命担当。只有深入了解新时代青年的特点和思想状态,激发他们的主动性和创造性,才能不断调动他们的积极性。其次,要探索适合新时代青年的教学方法。在培养过程中,应该采用多种科学、系统、高效的教学方法和手段,积极研究并灵活使用。通过多种形式鼓励学生积极参与培养过程,让他们在兴趣中发现问题,在探索中解决问题,通过自主寻找答案和主动掌握知识,在自我完善中不断成长和进步。只有这样,才能让学生真正发挥自己的主观能动性和创造性,不断提高自身素质,成为优秀的马克思主义者和合格的社会主义建设者。

(二)有效提高课堂参与度

新时代高校青年马克思主义者的培养模式需要加强学生参与度,激发并调动他们的学习热情。要改变传统教学关系,发挥学生和教师"双主体"作用,运用各种启发诱导,使学生

真正参与和融入到整个培养过程中去。为此,需要营造一个有利于学生积极参与的环境和条件,让他们找到突破口,创造丰富的活动,参与到各种培养活动中去,从而在不断参与的过程中得到锻炼和提升。具体来说,一方面,要坚持主体导向,明确青年在整个培养过程中的重要地位,不断激发其参与热情。可以通过搭建平台、创造展示机会等方式,让学生积极参与、融入其中,找到自己的闪光点,实现个人价值。另一方面,要深入探索学生最深层次的需求和诉求,通过沟通和交流,明确并满足其需求,才能真正让学生参与进来,提高参与度。此外,还可以不断丰富教学内容,将符合时代潮流的内容融入其中,激发学生兴趣,促进其身体力行,自主参与到培养全过程中去,这也是扩大参与度的有效方法。扩大学生参与度对于提升整体培养质量具有重要意义。只有通过不断优化和调整培养模式,提高学生在整个培养过程中的参与度,才能促进培养质量的提高,让学生在参与过程中得到更好的锻炼和提升。

(三)建设特殊培养内容体系

当培养青年马克思主义者时,高校应重视课程教学的实际操作,并将之落实到课堂授课和教学内容方面。传统的马克思主义教学内容常常过于枯燥乏味,缺乏吸引力,因此需要建立特殊的内容体系以提高其教学吸引力。为此,高校应密切关注学生的学习状态和思想变化,合理构建马克思主义教学内容,促进学生对其理论的理解和应用。在课程教学方面,高校应坚持开放性原则,鼓励教师与学生的互动,创设各种有益的活动,如辩论会等,积极调动学生的积极性和主动性。同时,高校还应注重学生的自我教育,通过与学校、家庭和社会教育相结合来加强学习效果。此外,校园文化建设也应该得到加强,为学生提供良好的学习氛围和环境,从而提升学习质量。实践教育活动也是非常重要的一部分,能够帮助学生累积经验、提升能力。高校应该开发适合学生锻炼的实践活动基地,促进学生对马克思主义理论的认识和理解,以及对中国特色社会主义的认识和理解。此外,高校还应该为学生提供实践机会,例如为学生设置特殊的岗位以让其将理论知识转化为实践能力,从而提升其专业水平。高校还应该开展中华优秀传统文化教育,提升学生的民族自信心和自豪感,促进学生对中华优秀传统文化的认同感,同时加强融合性教育,将学校特色专业学科与思想政治教育有机结合,让学生不仅能够完成青年马克思主义者的培养目标,还能够进一步学习自身的专业知识。

五、新时代高校"青马工程"培养模式的长效性

为了确保新时代青年马克思主义者培养模式的长远发展,我们需要突出发展性,坚持与时俱进、开拓创新。只有持续跟随时代的脚步,不断探索新方法,开创新局面,才能满足新时代青年马克思主义者培养的需要。为此,我们应该不断加强教学研究和实践,尝试各种新颖的教育模式,发掘适合新时代青年的教学手段,适应新形势下的教学需要。同时,还需要不断丰富培养内容,注重学生的实践能力和创新精神的培养,培养学生具有创新意识和实践能力,让其在实践中得到锤炼和成长。此外,我们还需要注重学生的个性化发展,尊重学生的差异性,根据学生的实际情况和需求,量身定制培养方案,开创新时代高校青年马克思主义者培养的新格局。只有不断创新、不断进取,才能推动新时代青年马克思主义者

培养模式的不断发展,为实现中华民族伟大复兴的中国梦提供有力的思想支持和人才支撑。

(一)构建完善的监督机制和考评体系

新时代青年马克思主义者培养模式必须突出发展性,坚持与时俱进、开拓创新,立足于培养模式的长远发展,跟随时代脚步,不断探索新方法,开创新局面。为推动和确保"青马工程"高质量发展,必须构建一套科学合理的评估和考评体系,加强考核与监督,这是重要的保障措施。为了构建完善的监督机制,需要建立科学有效的监督体系,对培养工作进行全方位、及时性的监督。通过及时发现、掌握培养过程中的问题,不断提高培养质量。同时,需要制定合理的评价标准,采取科学方法,进行经常性评述,对培养状况、态度和效果进行及时准确评价。只有构建一套制度化、标准化、体系化的考评体系,才能实现对培养工作的全面监督和有效评价。监督机制和考评体系的建立必须与培养资源的合理配置相结合,不断优化,调动一切积极因素,更好地实现培养目标。优化培养资源要求对各种培养资源进行有效选择、调整和配置,发挥最佳效能,以实现培养模式的目标。同时,应加大对青年马克思主义者培养资源的投入力度,充分挖掘有利于新时代青年成长、成才的资源,确保培养资源充分发挥效果,发挥重要配置作用。只有有效整合、优化和利用各种培养资源,才能全面提升培养质量,实现"青马工程"高质量发展的目标。

(二)构建稳定的长效机制

新时代高校青年马克思主义者培养是一项战略性、长期性的任务,旨在通过科学的培养模式和长效机制,培养一批具有坚定的马克思主义信仰、扎实的理论功底、高超的实践能力和强烈的社会责任感的青年人才。为了确保这项工作的顺利进行,必须建立稳定的长效机制,规范化、制度化培养模式,并不断推进其科学化发展。为了实现这一目标,必须系统考虑和规划培养模式,确立总体规划、分阶段推出、分步实施的有序建设模式。同时,必须注重培养模式的与时俱进,高瞻远瞩。这需要构建政策支持、理论学习与实践锻炼相结合、科学的考评体系与激励机制、跟踪培养和反馈机制以及系统保障和落实机制等多种相互联系、互相促进的体系框架。建立稳定的长效机制需要科学规划、统筹推进,不断促进培养模式规范化、制度化。为此,可以考虑通过政策法规制定、管理体制建设、专家指导和咨询、质量监控和评估等多种方式来确保培养模式的长效性和稳定性。此外,应加强对培养模式的研究和总结,不断优化完善培养模式,推动其不断适应新时代的需求。总之,建立稳定的长效机制是保障高校青年马克思主义者培养工作顺利开展的关键。只有通过科学的规划和推进,不断推动培养模式的规范化、制度化、科学化发展,才能真正做到面向长远、立足现实、培养一流的新时代青年马克思主义者。

(三)推动和加强标准化建设

新时代高校青年马克思主义者培养工程是一项涉及多方面、具有系统性的复杂工程。要推动和加强标准化建设,必须坚持目标导向、内容多元、持续创新、资源优化的原则。首先,明确构建培养模式的目标是为了实现新时代青年成长成才规律和国家发展需要,将目标分解为具体指标并建立测评体系,形成一整套科学合理的指导框架。其次,明确培养模式的内容涵盖马克思主义理论学习、思想政治教育、社会实践、创新创业等多个方面,注重因材施教、个性发展,创新性开展多样化培养活动,促进青年全面成长。再次,注重培养模式的持续创新,紧跟时代需求和发展动态,积极借鉴国内外先进经验,通过不断的实践探索,确保培养模式的时效性和有效性。最后,优化培养模式内的多种资源、手段,尤其是对教师团队、教学设施、创新创业基地等方面的建设,要不断探索、完善培养方式,提高教育教学质量和水平。只有坚持以上原则,不断推进标准化建设,不断实践探索和完善,才能推动新时代高校青年马克思主义者培养模式深入发展,形成可复制、可推广、可借鉴的模式范本,并为新时代青年马克思主义者培养工程奠定良好基础,推动整个培养工程蓬勃发展。

第七章　新时代高校"青马工程"的培育机制

"机制"一词,本指机器的构造与运作原理,后泛指社会或自然现象的内在组织和运行的变化规律。在社会科学领域中,其内涵可以表达为"在正视事物各个部分存在的前提下,协调各个部分之间关系,以更好地发挥作用的具体运行方式"。对于新时代高校青年马克思主义者培养来说,机制是指在整个培养过程中,遵循新时代高校青年马克思主义者培养原则,立足高校,通过培养模式、培养制度等关键要素的相互作用,实现新时代高校青年马克思主义者培养的持续性和长效性。

在高校青年马克思主义者的培养过程中,应通过科学完备的管理机制,明确统一领导、分工明确、协同合作的培养过程;建立科学广泛的选拔机制,使高校青年马克思主义者培养工程不断获得新生力量;通过科学规范的培训机制,严格把握培训对象、培训内容、培训方法等内容,确保青年马克思主义者的培养科学高效;通过科学适量的考核机制,及时把握培养对象的学习状况、思想态度和培养效果;通过科学合理的激励机制,激发青年马克思主义者进一步提升自我积极性和主动性,以实现长效持续的预期效果;通过科学生动的实践机制,搭建多领域实践场所,落实青年马克思主义者知行合一;通过长久持续的跟踪机制,多途径、多手段确保青年马克思主义者培养的长效性和持续性;通过科学严格的淘汰机制,调动青年马克思主义者学习的紧迫性,确保高校青年马克思主义者队伍更加纯洁可靠。以此为基础,实现新时代高校青年马克思主义者培养工程的系统化、制度化和长效化。

第一节　科学完备的管理机制

科学完备的管理机制涉及培养全过程各方面、各要素的相互关系以及整体运行,是新时代高校有效开展青年马克思主义者培养工程的重要保障。在青年马克思主义者培养工程建设过程中,要把青年马克思主义者培养工作作为一项重大政治任务,强化组织领导,优化管理程序,落实责任意识,做好青年马克思主义者培养工程的决策部署、重要环节的协调把关,确保新时代高校青年马克思主义者培养工程实现预期效果。

高校要把青年马克思主义者培养纳入学校工作的整体规划之中,立足学校教育实际,以"立德树人"根本任务为出发点和落脚点,明确重点,突出特色,通过科学完备的管理确保青年马克思主义者培养工程建设取得实效。高校应建立健全的学校党委统一领导的领导体制和管理机制,各职能部门齐抓共管、通力配合,各二级学院同向发力、积极参与,形成青年马克思主义者培养工程建设最大合力;成立人员完备、科学可靠的青年马克思主义者培养工程领导小组,依托高校团委平台,立足新时代高校教育实际,遵循符合新时代大学生成长发展规律和发展需求,研究提出青年马克思主义者培养工程建设的顶层设计,协调解决青年马克思主义者培养工程建设过程中可能出现的具体困难和问题,举好旗、导好向,努力营造积极向上、师生共同进步的工作氛围;合理运用各类培养资源,加大对青年马克思主义者培养工程教学、科研、实践、经费等方面的保障力度,增强对青年马克思主义者培养工程的物质支持,为新时代青年马克思主义者培养和新时代青年马克思主义者培养工程建设创造良好的条件;积极挖掘社会资源,引进吸纳专家学者、社会知名人士、企业家等各类社会精英,组建一支庞大科学的校外导师团,校内校外教师同向发力,确保青年马克思主义者培养质量。教师和学生是高校青年马克思主义者培养工程的两大重要主体,一方面,要完善教师队伍的管理,切实加强教师对青年马克思主义者培养理论的深入理解,明确新时代培养青年马克思主义者的重要性,明晰新时代青年马克思主义者培养的主要内容、原则方法等重要内容,增强教师的责任感和荣誉感,有效提升培养效果;另一方面,要完善学生队伍的管理,引导青年马克思主义者坚定信念,明确使命担当,提升青年马克思主义者队伍的纯洁性和纪律性,增强整支队伍的凝聚力和战斗力,保证按时、按质、按量地完成学校所安排的培养任务。通过以上管理,从时间、过程、目标、资源、主体等多方面为新时代高校青年马克思主义者的培养保驾护航。

目前,高校青年马克思主义者培养工程存在不少"碎片化"的现象,即培养成果持续性不强。为有效避免这种现象,需要从管理机制入手,以创新、系统的思维做好青年马克思主义者培养工程管理。美国哈佛大学肯尼迪政府学院曾经提出过著名的"三圈理论",广泛运用于对公共政策的案例分析。这一理论认为制订或者实施一项政策或计划要体现价值、能力、支持三个要素。首先,一项科学的政策需要具备一定的公共价值,满足一定的社会利益;其次,政策的实施者和执行者需要具备一定的能力,能够满足这一政策实施需要的管理与服务以及在政策实施过程中具备相应的财力和物力;最后,支持体现为政策能够得到相关利益者的认同与配合。任何一项政策想要得到合理的执行和实施,取得良好的效果,这三个方面是缺一不可的。在现实中,如果一项公共政策能够体现一定的社会公共价值,同时政策实施者又具备相关能力并能得到所需的财物保障,并且能得到政策作用者的大力认同和支持,那么这一政策一定能够顺利地实施并且达到理想的效果。新时代高校青年马克思主义者培养工程要想取得理想的成效,也可以借鉴这一理论来分析、实施。

对于高校青年马克思主义者培养工程来说,能够取得多大的培养效果,取决于价值、能力、支持三个方面的协调配合程度。首先,青年马克思主义者培养工程的培养目标、内容、方法等要符合社会公共利益,培养出社会发展所需要的理想信念坚定、素质能力全面的青年马克思主义者;其次,在高校青年马克思主义者培养工程实施的全过程中,需要教育部门、学校、各二级学院等多方组织者同向发力,出台各类支持保障措施、拓展培养内容、创新培养方式、多途径引进各领域的培养力量,有效提升青年马克思主义者培养工程的组织和实施能力,增强青年马克思主义者培养工程的实效性和持续性,达到培养预期效果;最后,高校青年马克思主义者培养工程的对象是高校青年学生骨干,作为高校优秀学生代表,他们是未来社会发展各领域、各行业的有生力量,是建成社会主义现代化强国和实现中华民族伟大复兴的先锋队和排头兵,他们的未来发展状况也是衡量高校青年马克思主义者培养工程效果的最有力标准。高校青年马克思主义者培养工程绝不仅仅局限于高校内,而是需要学校和社会相互配合,共同发力。因此,高校青年马克思主义者培养工程需要各方提供支持,做好保障,通过科学的培养内容、多样化的培养方法、多领域的实践锻炼等激发培养对象的积极性和主动性,提升青年马克思主义者的综合能力素质。运用"三圈理论"来分析高校青年马克思主义者培养工程,既要以系统的观点来关注高校"青马工程"的价值引领、实施能力与支持力量,还要立足于青年学生骨干的角色和未来发展来进行顶层设计和管理。除上述方面外,还应建立起科学合理的学院选拔和培养体系,真正选拔优秀的、有进步需求的学生骨干、入党积极分子、学生党员等专业学习、综合素质突出的学生开展培养,造就一大批用马克思主义中国化时代化最新理论成果武装起来的青年马克思主义者。

高校马克思主义者培养工程培养的是中国特色社会主义事业的建设者和接班人,是关乎我们党和国家事业是否后继有人的关键问题,其重要意义不言而喻。建立健全科学完备的管理机制,通过顶层设计、执行实施、反馈评价等多个环节相互配合、协作发力完善培养程序,通过培养者和培养对象共同学习、教学相长落实培养效果,通过教育部门、学校、社会相互配合落实保障,为高校青年马克思主义者培养工程保驾护航。此外,还要注重青年马克思主义者培养工程的日常管理,制定理论学习、红色教育、实践锻炼等各环节管理规定,建立日常督导检查机制,定期向培养对象所在党、团组织了解其日常言行、群众基础等基本情况,建立"青马工程"联络员制度,实施监督跟进掌握培养对象的表现情况,将培养对象的日常表现作为考核、选拔、淘汰的重要标准,不断提升青年马克思主义者培养管理的质量水平。

第二节　科学广泛的选拔机制

自中国共产党成立以来,青年马克思主义者一直都是推动党合法执政,保持国家长治久安,维护社会和谐稳定的重要力量。青年马克思主义者培养不易,人才难得,要做好扎实选拔工作,建立起科学广泛的选拔机制。高校青年马克思主义者培养工程的选拔机制,是指把选拔纳入青年马克思主义者培养的环节中,通过选拔优秀人才为高校青年马克思主义者培养工程打好基础,确保新时代高校青年马克思主义者队伍纯洁可靠。青年马克思主义者培养工程也是党的后备干部储备工程,选拔是培养的首要环节,把选拔和培养联系在一起,推进高校青年马克思主义者培养迈入新的阶段。

中国特色社会主义进入了新时代,高校在培养青年马克思主义者时要把青年马克思主义者创造社会价值与实现自我价值结合起来,实现二者的有机统一和良性互动,最大限度地激发青年马克思主义者参与社会主义现代化建设的主动性和积极性,发挥青年马克思主义者的生力军作用。紧紧围绕实现中华民族伟大复兴的中国梦,引导广大青年马克思主义者坚定理想信念,夯实能力本领,通过优秀青年的引领带动辐射整个社会,增强社会凝聚力,凝聚起实现中华民族伟大复兴的磅礴力量。

中国共产党的执政地位是历史的选择,更是人民的选择。但这一合法地位并不是与生俱来的,而是党领导人民在社会主义革命和建设的过程中一步步落实并深入人心的,党在未来执政地位的巩固,取决于党在推动社会发展中所起的作用,取决于包括广大青年马克思主义者在内的社会主义建设者和接班人的努力。新时代的高校开展青年马克思主义者培养工程能够造就一批理想信念坚定、能力本领过硬、综合素质极高的优秀青年人才,有助于巩固党的长期执政地位,有助于维护社会繁荣稳定、国家长治久安、人民幸福安康。

当今的中国处于发展的关键时期,面对国际国内发展环境的快速变化,面对"两个一百年"奋斗目标的任务挑战,高校需要通过使用具有时代特色的培养方法来引导广大青年学生骨干对党的政治追随,通过使用有效的政策措施赢得广大青年学生骨干的价值认同,培养造就一批听党话、跟党走的优秀青年马克思主义者。从本质上来看,高校青年马克思主义者培养工作与中国共产党的事业发展具有内在关联性,作为青年马克思主义者培养的主要阵地,高校需要不断研究当代青年,研究新的时代背景,才能掌握青年马克思主义者培养工作与党的事业的内在关联性,才能最大限度地引导青年马克思主义者对党执政的政治支持和认可。

科学广泛的选拔机制是新时代高校马克思主义者培养工程不断获取新生力量的重要保障。在选拔的过程中,要坚持把普遍培养与重点培养结合起来,保证培养对象的全面覆盖与重点突出,使选拔机制更加开放和普遍,扩展选拔渠道,使更多的优秀青年能够参与到青年马克思主义者培养工程中来,这不仅有利于青年自身的成长与发展,也有利于党和国家事业的发展,有利于中华民族伟大复兴中国梦的实现。

高校青年马克思主义者培养工程的重点培养对象是青年学生骨干,怎样确保优秀青年学生骨干进入"青马工程"是首要的问题。首先,要做好青年马克思主义者培养工程的宣传与普及工作,让广大青年学生知道"青马工程"、了解"青马工程",提高"青马工程"的"知名度",尽可能多地动员青年学生骨干积极主动参加青年马克思主义者培养工程,为进一步选拔奠定人才基础。其次,要有明确合理的层层递进的选拔程序,并且要确保选拔程序的公平性、公开性、透明性,按照公开报名、资格审查、比较择优、组织考察、确定人选的方法和程序进行选拔。比较择优一般包括笔试、面试、个人学业成绩评价等环节,组织考察要深入掌握了解候选人的表现情况和群众基础,从而让真正优秀的、有代表性的青年学生骨干加入青年马克思主义者培养工程中来。再次,要有明确严格的选拔标准,《关于深入实施青年马克思主义者培养工程的意见》中明确提出"聚焦培养青年政治骨干的定位,学员必须从坚决拥护党的领导,对习近平新时代中国特色社会主义思想有强烈的理论认同、实践认同和情感认同,学习工作实绩突出的优秀青年选拔"。在选拔候选人时要严格考察其整体素质,从思想、作风、素养、能力、潜力等方面着重考察,做到"优中择优",确保高校青年马克思主义者队伍纯洁可靠、战斗力强。同时,选拔标准应尽量开放且广泛,不仅仅在专业学习成绩优秀的学生中选拔,也应通过学生会、社团等学生组织进行选拔,充分挖掘有突出特长与才能的学生进入青年马克思主义者培养工程队伍中来。最后,要拓宽选拔渠道,为优秀青年学生骨干进入"青马工程"搭建多种渠道和平台,目前一些高校"青马工程"的选拔存在着"组织安排""硬性分配"等被动的方式,这不利于激发广大青年成长进步的积极性和自主性,也达不到理想的培养效果。因此,高校"青马工程"选拔要提倡自主报名,让真正有进步意愿的青年学生骨干参加青年马克思主义者培养工程,以此达到理想的培养效果,增强培养的实效性和持续性。

选拔是为了更有针对性的培养,要构建高校青年马克思主义者培养工程选拔机制,把选拔与培养紧密衔接起来。新时代高校青年马克思主义者培养意义重大,事关党的后备人才接力,事关党和国家事业的行稳致远,如果不把学校青年马克思主义者选拔环节与培养环节打通,青年马克思主义者的培养工作就很难深入,也很难保持高效和持续。中国共产党历来十分重视青年干部的选拔与培养,《党政领导班子后备干部工作规定》中明确提出要"严格选拔,注重培养,加强管理,备用结合,努力建设一支素质优良、结构合理、数量充足、堪当重任的高素质后备干部队伍,既满足各级领导班子建设的现实需要,又着眼未来提供领导班子建设的战略储备"。这充分体现了这是建立健全高校青年马克思主义者培养工程选拔机制的黄金时期。

选拔始终是高校青年马克思主义者培养工程的重要环节。高校在选拔的过程中要有意图地选拔、有计划地选拔、有指导地选拔、有淘汰地选拔。有意图地选拔是指高校进行选拔时要充分考察候选人信念是否坚定,思想是否纯洁,能力是否突出,是否能堪当大任,每一次选拔都要有明确的意图,在各项意图都达标后,候选人才能进入青年马克思主义者培养工程中来。有计划地选拔是指学校应该有青年马克思主义者专门的选拔计划,既要有整体规划、长远打算,也要有短期计划、具体方案。随着选拔机制越来越规范、越来越严密,如何有计划地选拔是一个新的值得考虑的问题,这就需要学校与各二级学院通力配合,各二级学院优先根据学院与学生实际状况做好初步选拔,把学院中优秀青年学生骨干选拔出来再由学校做出整体考虑,做到优中选优,把青年马克思主义者培养工程落到实处。有指导地选拔,青年学生骨干有思想、有热情、有干劲,他们愿意干事情也想干事情,但他们缺乏实际经验,这就需要学校从关心人才和爱护人才的角度出发,给他们提供实在的、切实有用的指导,既包括思想方面的指导,也包括学习、工作和生活方面的指导,让青年学生骨干在接受选拔的过程中也能收获成长。有淘汰地选拔,选拔本来就是一种淘汰,这种淘汰既包括自然淘汰,也包括组织淘汰。自然淘汰是指青年学生骨干在选拔的过程中意识到自己的不足,愿意对自身进行再学习和再提升;组织淘汰是指没达到各类选拔意图,暂时不能进入青年马克思主义者培养工程中来,但暂时被淘汰并不意味着其在思想能力方面存在很大的不足,因此在这个过程中还需要做好教育引导工作。

第三节　科学规范的培训机制

培训是新时代高校青年马克思主义者培养工程中的核心环节。中国共产党是用马克思主义理论武装起来的政党,马克思主义是中国共产党人理想信念的灵魂。党的十八大以来,习近平总书记高度重视在青年群体中开展马克思主义教育,提出要加强对青年的政治引领,在广大青年中加强和改进理论武装工作,引导广大青年运用马克思主义立场、观点、方法观察分析问题。高校青年马克思主义者培养工程要突出对青年学生骨干的政治训练和思想引领,不断为党培养和输送青年政治骨干。

高校青年马克思主义者培养工程的目标就是在高校青年群体中培养中国特色社会主义事业的自觉建设者和合格接班人,为中华民族伟大复兴中国梦的实现储备后备力量,其本质就是培养人的问题,学习团委要做好组织、宣传、实施工作,建立健全科学规范的培训机制,做好扎实的"青马工程"的培训工作,培养锻造一大批信念坚定、思想纯洁、能力突出、能堪当时代大任的新时代青年马克思主义者。

高校要做好青年马克思主义者的培养,需要构建起校院两级的青年马克思主义者培训模式,加大培训范围,扩大青年马克思主义者培养工程的影响力。在具体操作层面需要注意不仅仅只局限于对一小部分青年学生骨干的培养,而是先在各个学院经过理论学习与实践锻炼,对参加各学院组织的青年马克思主义者进行培养,经过各学院的培养、考核、选拔之后能极大激发广大青年学生的学习兴趣和主动参与青年马克思主义者培养工程的热情,在此基础上再将其纳入学校组织的青年马克思主义者培养中来。这样,既能保证校级"青马工程"培养对象的质量,也能使各学院真正选拔出优秀的、有浓厚学习兴趣的青年学生,让他们进行更深入系统的学习,保证培养的质量与效果。

构建科学规范的培训机制,需要遵循系统性的原则,从培训内容、培训过程、培训方式、培训课程、培训队伍等方面入手,各方面相互配合,同向协作,做好新时代高校青年马克思主义者培养工程的建设。

从培训的内容上看,青年马克思主义者培养工程就是要培养优秀的青年马克思主义者,因此培训内容要以马克思主义作为重点。一是要深化理论学习,理论学习能够帮助青年学生加深对党的科学理论的理解和掌握,学深悟透近平新时代中国特色社会主义思想,掌握马克思主义的立场、观点、方法,进一步坚定跟党走中国特色社会主义道路的信心和决心。其主要方式有引导青年学生读原著、学原文、悟原理,深入学习马克思主义经典著作,深刻体会马克思主义中国化时代化最新理论成果。邀请党政领导、专家学者为青年学生解读党的创新理论、重大政策以及社会热点问题等,以培训班级为单位为青年学生安排理论导师,并对理论学习学时做出具体规定。二是开展红色教育,红色教育能够帮助青年学生领会民族精神和时代精神,加强党史、新中国史、改革开放史、社会主义发展史的学习。引导青年学生增强对革命传统精神的理解,实现爱国主义精神的升华。其主要方式有组织青年学生到革命传统教育基地、爱国主义教育基地、革命遗址进行实地体会学习,通过祭奠革命先烈、重温入党誓词等活动进行仪式教育。此外,还有观看优秀典型事迹的影像资料、邀请先进典型做报告等。三是加强实践锻炼,实践锻炼能够帮助青年学生深入了解我国国家制度和国家治理体系,加强社会观察,在基层一线、困难艰苦的地方磨练意志、锤炼品格、增长才干。其主要方式有组织集中实践,组织青年学生到有代表性的基层地区和行业开展实地锻炼。深化日常实践,培养期内设置跟岗见习、志愿服务等活动,组织青年学生就近开展常态化的实践锻炼。通过以上内容的培训,引导广大青年学生自觉成为马克思主义的忠诚追随者、坚定信仰者和终身践行者。

从培训的过程来看,在培训过程中必须要以青年学生为主,激发青年学生自主参与的积极性和主动性,开展系统化、制度化的培训。把对青年学生的阶段集中培养与长期跟踪培养结合起来,强调青年学生在培训过程中及时自我反馈,根据自身实际情况和学习效果及时测评调整,通过不断反馈学习成果来激发内在的学习动力。同时,在过程中要建立各级培训制度,完善校院两级教育培训制度。由学校团委和相关职能部门统一规划,整合资源,对校院两级培训统筹协调,分类别、分层次对青年学生开展逐层培养,不断深入党性教育和理想信念教育。同时在培训过程中要坚持开放性原则,开放式的培养能够激发青年学生的热情,可以使培养环境更加有活力,也能增强青年学生在实践锻炼环节的主动性和创造性,以开放的原则进行理论宣传教育会取得更好的培养效果。

从培训的方式来看,高校"青马工程"的培训方式要更加丰富多样,采取多种样式的学习方法,发挥青年智库的作用,开展理论宣讲、专题讲座、名师交流、线上线下交流答疑、实践锻炼等活动,激发青年学生的学习主动性。同时要引导青年学生之间相互学习交流,发挥同辈群体的互助作用,相互学习,共同进步。此外,要借助网络,构建新型的网络培训模式,充分利用互联网的开放性特征,把优质的网络教育资源分享给广大青年学生,以网络教育带动青年学生学习马克思主义理论、中国特色社会主义理论等理论知识的积极性,使青年学生乐于接受教育,在愉快轻松的氛围中成长成才。

从培训的课程来看,高校要结合学校实际情况和培养目标,构建起全面合理的分类课程,对青年学生骨干进行分类培训,着重培养青年学生骨干的思想政治素质、心理素质、基础理论知识能力、实际操作能力、创新能力等,提高培训的针对性和准确度,还要注意把理论课程与实践课程结合起来,引导青年学生学以致用、知行合一。

从培训的队伍来看,高校要建设一支素质能力过硬的师资队伍,为青年马克思主义者培养工程建设提供强大的人力资源保障。既从校内入手,选拔校内优秀教师进入"青马工程"培训队伍,又广泛吸纳其他高校的优秀师资力量,以其自身的人生经历和人格魅力去潜移默化地教育、影响身边的青年学生,帮助青年学生解决成长发展过程中可能遇到的问题与困惑。同时引进党校、党政机关、国企央企和在一线工作的优秀干部,确保青年马克思主义者培养课堂的高质量发展。另外学校各部门之间更要相互支持、通力配合,强化重点培养,实时跟踪、记录、反馈、调整,进一步推进培训机制的规范化、高效化。

青年马克思主义者是党的建设的生力军,是推动马克思主义中国化时代化的践行者,是中国特色社会主义事业的建设者,是中华民族伟大复兴中国梦的实践者。青年马克思主义者培养不容易,人才难得,如果学校没有对青年马克思主义者进行很好的培训,将会造成人力资源的巨大浪费。因此,要用好高校这一立德树人主阵地,通过精心培养,引导广大青年学生成长为信仰坚定,理论基础扎实,实践能力过硬的青年马克思主义者。

第四节　科学适量的考核机制

在新时代高校青年马克思主义者培养工程中,科学合理的考核机制是确保培养效果所必需的。青年马克思主义者的培养时间,少则三年,多则近十年,对不同时期的培养状况、培养方式、培养效果进行考核都会影响培养的最终成果。通过及时科学的考核,青年马克思主义者可以清晰地认知自己,看到自己身上的长处与不足,有针对性地深入学习。同时,培养者通过考核也能不断精进自己的业务能力,高质量地完成青年马克思主义者培养任务。因此,科学合理的考核机制是引导新时代高校青年马克思主义者培养工程良好运转的指南针。

考核既是对青年马克思主义者培养价值向度的分析,也是对青年马克思主义者培养质与量最直接的反映。考核机制主要包括两个方面,一是考核标准、二是考核方法。关于考核标准,《关于深入实施青年马克思主义者培养工程的意见》中明确提出:"在考核标准上,把学员政治表现作为第一位的要求,从理论测试成绩、实践锻炼效果、结业论文质量、日常行为表现、重大事件响应等方面明确任务完成标准。"落实到高校青年马克思主义者培养工程中的考核来说,就是要在坚持导向的同时也要坚持动态和开放,定期对接受培养的青年马克思主义者展开考核,制订符合学校和学生发展实际的考核标准,并将考核贯穿到青年马克思主义者培养的全过程。同时,要改变过去存在着的单一、静态、僵硬的考核标准,实行软硬指标考核相结合,形成更加科学合理的青年马克思主义者培养考核机制。关于考核方法,《关于深入实施青年马克思主义者培养工程的意见》中明确提出:"突出过程评价与结果评价相结合,通过学员自评互评、导师评价、联合培养单位评价、学习成果评价等环节的整体赋分,按比例设定优秀、合格、不合格等级,合格以上准予结业,并将考核结果抄送学员推荐单位。"落实到高校青年马克思主义者培养工程来说,要改变以往单一的考核方法,建立起多元化、差异化的考核方法,着重考核青年马克思主义者的思想认识、学习能力、创新能力和实践能力,重视青年马克思主义者对未来经济社会发展的贡献。通过科学的考核标准和方法,真实掌握青年马克思主义者的思想、学习、生活、工作状况,依据青年马克思主义者培养的要求和青年马克思主义者成长发展规律,开展有层次的、有类别的、渐进式的培养,确保新时代高校青年马克思主义者培养工程人才选拔的先进性,为新时代高校青年马克思主义者培养达到理想的效果奠定坚实的人才基础。

在高校青年马克思主义者培养工程考核机制中,要注意两个方面的内容。一是考核机制要以青年马克思主义者为主体,在考核过程中要激发青年马克思主义者的主观能动性,加强同青年马克思主义者的互动和沟通,做到共同研究、共同参与,与青年马克思主义者建立起一种相互尊重、合作、共同进步的关系,一同探讨青年马克思主义者自身以及高校青年马克思主义者培养工程未来更好的发展方向。二是对高校青年马克思主义者的考核要合理适量,要在遵循青年马克思主义者培养工程发展规律和青年马克思主义者成长规律的基础上进行合理的考核。具体来说,高校青年马克思主义者培养工程总体上可以遵循先松后紧的原则,即在青年马克思主义者培养的早期,考核的标准和要求可以相对宽松一些,目的在于让更多的青年学生愿意参与到青年马克思主义者培养工程中来,扩大"青马工程"的影响力和号召力,而在培养的中期以及后期,对青年马克思主义者考核的标准和要求需要更严格一些、更具体一些,考核的频率也要更高一些,锻造一支信念坚定、作风优良、本领过硬的新时代青年马克思主义者队伍。同时,科学合理的考核机制既要考核青年马克思主义者的理论知识,也要考核他们的实践行为;既要立足于青年马克思主义者的个人评价,也要进行充分的民意调查;既要看青年马克思主义者平时的日常表现,也要依据定期的专项考察,多途径、多渠道对青年马克思主义者进行广泛的考核。

现代社会是一个信息化的社会,互联网极大的影响了人们的学习、工作与生活,大数据技术不仅能够方便快捷地掌握海量的数据,而且还能对这些繁杂的数据进行高效的分析、处理和应用。因此,新时代高校青年马克思主义者培养工程要用好互联网,运用大数据这一新的处理模式做好新时代高校青年马克思主义者培养工程的考核工作。科学地运用大数据技术,高校可以及时准确地收集青年马克思主义者培养工程全过程的各类数据,并对这些数据进行智能的分析和处理,帮助培养者发现"青马工程"的规律,能够更真实、更全面地了解青年学生,了解现有考核机制在青年马克思主义者培养工程中的效果,以便不断地加强改进,也能进一步促进青年学生的成长发展。当然,当前人们对大数据技术仍然在不断探索阶段,大数据技术在教育领域的应用也还需继续发展,高校通过大数据获得的资源和信息也只能作为青年马克思主义者培养工程的参考。尽管在信息社会,大数据技术为人们的工作、学习、生活提供了极大的便利,但这并不能代替我们对教育现象、社会问题进行观察和分析,因此,虽然我们需要借助现代科学技术全面细致地分析现象,但高校还应在此基础上做出理性的思考和判断,以此来为高校青年马克思主义者培养工程创造更大的价值。

新时代高校青年马克思主义者的考核强调对信息的处理、分析和综合运用,全面准确的信息反馈有助于及时跟踪、调整、改进对青年马克思主义者的培养方法和内容,另外青年马克思主义者也能及时收到这些反馈信息进行自我反思和改进。青年马克思主义者需要全程参与考核过程,既要参与考核方法的开发,也要参与考核程序的操作,还要参与考核结果的讨论,在考核的过程中最大限度地发挥青年马克思主义者的主观能动性,推动高校"青马工程"不断发展进步。目前,一些高校在开展"青马工程"时会将青年马克思主义者分成不同的小组,进行小规模培训,这取得了良好的效果。同时,以小组为单位对青年马克思主义者进行多层次的考核,能够更有针对性地、更准确地反映学员的学习表现,能更好地调动学员的学习积极性和主动性。同时,一些高校在考核结束后,会对考核成绩优异的青年马克思主义者进行奖励,这也能极大地激发学员的参与性和积极性。在开展"青马工程"时,要广泛借鉴其他高校的先进做法和经验,推动学校青年马克思主义者培养工程迈入新阶段。

对青年马克思主义者进行考核,不仅仅是为了对以往的学习成绩作出评价,也是为了把这些考核信息转化为之后培养的具体目标,更好地开展青年马克思主义者培养工作,同时要对这些目标进行数量、质量等方面的具体规定,要尽量细化并涵盖青年马克思主义者日常学习、生活和工作的各个方面。新时代高校青年马克思主义者考核工作的重点,就是要尽量对考核标准进行量化和细化,让考核的每一项工作都做到有据可依,增强考核标准的客观性,尽量克服凭主观印象对青年马克思主义者作出评价的现象出现。目前各高校已经建立起了比较全面的考核机制并且也产生了良好的效果,但是大部分的考核还是偏重于数量而忽视了质量,并且有的偏重于主观印象,因此,高校青年马克思主义者考核机制在科学性、针对性、差异性等方面还需要继续探索和研究。

对高校青年马克思主义者的考核机制应由学校相关部门统一组织制订和实施,从而最大限度的保证考核机制的全面性、准确性和权威性。由于考核机制所起的作用主要是促进青年马克思主义者更好地发展以及推动青年马克思主义者培养工程取得更好的效果,因此培养者要清晰掌握考核的具体标准,掌握多样化的考核方法,把每一次的考核过程也当作是一次教育过程,一次青年马克思主义者成长和提高的过程。总之,新时代高校青年马克思主义者培养工程需要在实践中不断摸索、不断发展,在这一过程中需要增强绩效意识,运用科学的标准和方法对青年马克思主义者的思想认识、学习能力、实践能力、创新能力等多方面能力进行综合评价,对高校青年马克思主义者培养工程的实效做出科学合理的评价,总结经验,吸取教训,不断提高高校青年马克思主义者培养工程实效,推动高校青年马克思主义者培养工程迈入新阶段。

第五节 科学合理的激励机制

新时代高校青年马克思主义者培养工程除了要建立科学适量的考核机制,还要引入科学合理的针对青年马克思主义者的激励机制。什么是激励? 有学者认为:"激励就是对人的各种需要予以不同程度的满足或限制,以引起人们心理状态的变化,以达到激发动机、引起行为的目的,并通过对动机的强化,对行为加以控制和调节。"①对于高校青年马克思主义者培养工程来说,激励机制是指在青年马克思主义者培养过程中,运用一定的方法和手段激发青年马克思主义者学习马克思主义的动机,开发青年马克思主义者的潜能,充分调动他们向既定目标前进的措施设计及其运作模式。

人人都需要激励,青年马克思主义者也不例外。马克思主义认为:"物质决定意识,意识对物质有能动的反作用。"人们的行为一定是受一定意识和动机来支配的,而人们的动机又是由人们在现实生活中的需要来决定的,需要是人们在现实生活中由于缺乏某种东西而产生的一种迫切需求的心理状态,是人们主观能动性发挥的基础和根源。当人们在现实生活中有某种需要时,就会产生一种紧张、不安、兴奋的心理状态,这种心理状态又会进一步转化为动机,推动人们尽量通过自身的努力和实际行动满足自己的需要。激励是人们为了达成自己的目标和需要,利用情绪的力量,借助各种内外部的刺激,使人始终保持在一个昂扬的状态中,促使人们不断发展进步。在青年马克思主义者的成长过程中,科学合理的激励能够充分调动青年马克思主义者的主动性和创造性,激发青年马克思主义者深入学习马克思主义的积极性,从而推动马克思主义更加广泛深入地传播,进而推动新时代高校青年马克思主义者培养工程的深入实施和持续发展,而构建科学合理的激励机制要从以下几个方面入手。

一是将正面激励与反面教育结合起来。所谓正面激励是指利用先进典型人物事例作为模范榜样,对其进行大力宣传,发挥模范榜样的示范带动作用,以模范榜样带动广大青年,引导广大青年树立正确的人生方向,积极营造一种人人追赶榜样,人人争做榜样的良好培养氛围。反面教育则是选择一些具有代表性的、发生在青年学生身边的反面典型进行警示教育,还可以通过组织青年学生统一观看相关纪录片、法院旁听审批等方法,警示教育青年学生,引导青年学生增强廉洁自律意识,确立正确的人生目标,将个人的梦想与国家和民族的梦想结合起来,为实现中华民族伟大复兴贡献自己的青春力量。

二是要注重以过程为导向的激励。在青年马克思主义者培养工程中,激励既要有对过去的追溯也要有对未来的展望,给予激励对象的激励必须要与激励对象的表现相一致,在

---

① 刘向信:《高校育人新机制探索》,人民出版社,2008 年,第 91 页.

实际操作过程中,一定要把奖励与成绩相匹配,把惩罚与错误相对应,不能出现赏罚不明的情况,否则就会打击青年马克思主义者继续学习的积极性。只有当一个人认为他所得到的激励与他所付出的努力、做出的贡献相匹配时,他才会产生积极的心理作用,从而激励自己继续学习,否则就会滋长消极的情绪,也不能达到激励的效果。因此,以过程为导向的激励是一种有效的激励,对于青年马克思主义者的成长成才和青年马克思主义培养工程建设都有巨大的意义。

三是重视精神激励。青年马克思主义者属于高校青年中的先进代表,他们往往希望自己能够在思想品德、学习成绩、日常表现、实践能力等方面优于他人并希望得到他人的认可和赞扬。对青年马克思主义者提供的精神激励,可以是口头表扬,也可以是荣誉证书,还可以是更多的学习和工作机会,通过这种精神激励,青年马克思主义者将会最大限度地将自己的潜力激发出来,展示自己的能力,更加积极主动地学习马克思主义,争做新时代优秀的青年马克思主义者。

四是引导自我激励。青年马克思主义者思想活跃,主动性强,充满干劲,对于他们来说自我激励是最有效的激励方式。对于青年马克思主义者来说,激励是一种为了实现目标的刺激手段,但更重要的是如何把这种外部刺激转化为内部刺激。要引导青年马克思主义者的思想从"我应该成长为一名优秀的青年马克思主义者"转变为"我愿意成长为一名优秀的青年马克思主义者"。自我激励中激励能量的大小取决于其对目标实现的迫切程度,当青年学生认识到成长为一名优秀的青年马克思主义者对于中国特色社会主义事业发展的巨大意义时,他内心就会产生一种强大的期望并由此产生强大的刺激能量,希望自己能够成长为国家和社会发展所需要的青年马克思主义者,并会把其作为一种人生目标不断地激励自己。

有学者认为:"激励机制的建立,根本出发点是通过激励艺术和手段,调动青年马克思主义者的积极性和创造性,用社会主义、共产主义思想体系,社会主义核心价值体系来教育人、规范人,培育一代又一代社会主义、共产主义新人。"[1]因此,科学合理的激励机制首先要能有效地激发青年马克思主义者的积极性和创造性。对于青年马克思主义者来说,要把他们能为实现中华民族伟大复兴,推动中国特色社会主义事业发展做出什么贡献作为激励的重要参考和主要内容。马克思主义者不仅仅是要认识世界,更重要的是要改造世界,高校青年马克思主义者作为接受马克思主义理论教育的新时代青年,要以实现中华民族伟大复兴为己任,以为中国特色社会主义事业贡献青春力量为光荣。周恩来总理在中学时期就把"为中华民族崛起而读书"作为自己的人生座右铭,这对当下高校青年马克思主义者的培养是有一定借鉴意义的,要引导青年马克思主义者把自己以及自己做的每一件小事与中华民族伟大复兴的中国梦联系在一起,从内在激励青年马克思主义者加强理论学习、实践锻炼,提升自身的综合素质。

其次,要把内部激励和外部激励有机结合起来,实现激励方式的多样化。青年学生思想活跃,想法新奇,如果一味地运用单一化的激励方式很难达到理想的培养效果,选择一种新兴的、符合青年学生兴趣的激励方式则可能会取得意想不到的效果。青年学生需要多鼓励,这种鼓励既可以是自励,也可以是来自家人长辈、同学朋友、老师领导等各方面的鼓励

① 胡杰:《高校青年马克思主义者培育激励机制研究》,《山东青年政治学院学报》2011年第9期。

和激励。同时也要注意,虽然激励方式要多样化,但要把组织的激励放在最优先的位置。对于正在接受培养的青年马克思主义者来说,来自组织的激励可能会比来自其他主体的激励更有效果,更能激发青年马克思主义者不断学习,成长进步。根据激励理论,激励间隔的时间越短,激励的效果就会更好,反之,激励的间隔时间越长就越难取得理想的效果,甚至可能会起到反作用。因此对于青年马克思主义者来说,组织激励需要及时,也需要公平公正,根据青年马克思主义者的学习表现适时地给出激励,并且这种激励程度要与青年马克思主义者的表现状况相匹配。在青年马克思主义者培养的过程中,每一阶段的学习结束后,组织者应根据青年学生的现实表现及时给出激励,让青年学生感受到自己的表现是能被组织看到的,这会进一步激发青年学生的积极性。当然,组织激励除了正面的鼓励、赞扬之外,也应该包括批评和处罚,即当培养对象的日常表现和学习成果与培养要求有较大的差距时,组织可以运用这种激励方式来警醒和教育青年学生,但这种激励方式在使用的时候需要谨慎、适量,要把握激励的尺度。这里所说的组织主要是指高校的党、团组织,作为承担青年马克思主义者培养工程的主要力量,高校党团组织应该统筹协调各主体的激励力量,使各方面的激励力量相互协调配合,同向发力,实现预期的激励目标,建设好青年马克思主义者培养工程的激励机制,推动新时代高校青年马克思主义者培养工程取得理想效果。

第六节　科学生动的实践机制

实践机制是指在新时代高校马克思主义者培养过程中,通过构建完整的实践流程,开展多种形式的实践活动,运用科学的方法手段引导青年马克思主义者进行理论联系实践,合理运用自己经过培养所掌握的科学理论知识去指导实践,改造世界,做到知行合一。马克思主义实践观点是马克思主义哲学的核心观点,马克思主义实践观认为"实践决定认识,实践是认识的源泉和动力,也是认识的目的和归宿。"因此,在新时代高校青年马克思主义者培养工程中要高度重视实践,切实加强在实践环节的培养,建立健全科学生动的实践机制,增强青年马克思主义者培养工程的实效性和针对性。

空谈误国,实干兴邦。习近平总书记在北京大学师生座谈会的讲话中明确指出:"不论是学习还是工作,都要面向实际、深入实践,实践出真知;都要严谨务实,一分耕耘一分收获,苦干实干[1]。"回顾我国社会主义革命、建设、改革的发展历程中取得的每一次胜利和进步,都是一代代优秀的中国共产党人用踏踏实实的努力和奋斗换取的。现在,中国特色社会主义进入新时代,站在新的发展方位上,不免有许多新的挑战和困难,但新时代的马克思主义者也更应该有信心、有底气从前人手中接过历史的交接棒,把中国特色社会主义事业建设好、发展好、创造好,如期实现中华民族伟大复兴的中国梦。青年马克思主义者培养工程本质上是培养人的工作,为党和国家的事业培养可靠的后备力量,新时代既为当代青年提供了建功立业,成就出彩人生的广阔平台,但也面临着前所未有的风险和挑战。青年马

---

[1]　习近平:《在北京大学师生座谈会上的讲话》,《人民日报》2018 年 5 月 3 日第 2 版。

克思主义者培养不同于其他的培养,它要求在学习理论的过程的提出问题、发现问题,之后要通过实践活动做出符合实际的判断进而解决问题,是一个提升理论素养和实践能力的过程。马克思主义者不仅仅是要认识这个世界,更重要的是要知道如何改变这个世界,因此,培养新时代的青年马克思主义者必须重视实践教学,通过构建科学的实践机制,引导广大青年学生在理论学习与实践锻炼的道路上成长成才,开花结果。

构建科学生动的实践机制,首先要注意培养对象的差异性。要把握好培养对象在性别、年级、专业、政治面貌等不同方面的差异性,在青年马克思主义者培养工程正式开始之前要收集好相关数据资料,并与培养对象进行详细的沟通,尽可能地了解培养对象的现实情况和发展需求,以便在课程设计和培养方法选择上更贴合培养对象的情况和需求,激发培养对象积极参加培养的主动性和自觉性,在培养成效上也能更有针对性,取得更好的培养效果。在具体操作层面,要根据培养对象的具体情况分步骤、分阶段的落实培养方案。实践活动又要具体地细化为策划、宣传、实施、复盘总结等若干个环节,每个阶段都要实施严格的过程管理,确保每个阶段都能取得响应的成果,保证整个实践活动能够按照既定的程序顺利地完成,并取得预期的效果。同时,在这个实践过程中,也要注重对培养对象的考核和激励,切实调动培养对象参加实践活动的积极性和主动性。

构建科学生动的实践机制,还要注意把实践锻炼与理论教育结合起来。马克思主义实践观认为:一方面,实践决定认识;另一方面,认识反作用于实践。正确的认识、科学的理论对实践具有指导作用,能推动具体的实践活动始终朝着正确的方向前进。因此,要建立实践锻炼与理论教育相互作用、相互影响、相互补充的双向互动关系。比如在具体的事件锻炼中巧妙的进行理论学习研究,引导青年马克思主义者运用理论学习的原理、观点和方法来更好地开展实践锻炼,指导实践成果的撰写。立足于高校青年马克思主义者的实际情况来说,学校可以组织青年马克思主义者成立一支马克思主义理论宣讲团,开展进社区、进乡村、进工厂、进企业等活动,面向社会大众宣讲马克思主义基本原理、马克思主义中国化时代化理论成果、习近平新时代中国特色社会主义理论体系、党的理论方针政策等等,既加强了青年马克思主义者的实践锻炼,又加深了他们对理论学习的深度,帮助青年马克思主义者更好地理解相关理论学说,实现实践锻炼与理论学习的融合。此外,还可以通过组织青年马克思主义者参观革命遗址、红色文化基地等,学习领悟党史、新中国史、改革开放史、社会主义发展史,深刻领会马克思主义中国化时代化最新理论成果,在提高青年马克思主义者理论素养和辨析能力的同时,接受红色革命文化的熏陶。还可以在开展青年马克思主义者培养工程的过程中引导青年马克思主义者结合自己的专业方向和研究兴趣,选择一个研究课题,在相关老师的指导下展开调查研究,并完成一份调查研究报告,提高青年马克思主义者发现问题、分析问题、解决问题的能力。

青年马克思主义者是青年学生中的先进模范,是推动党和国家事业发展的重要力量,这就要求青年马克思主义者必须加强理论学习,增强实践锻炼,在关键时刻站得出来、顶得上去。高校青年马克思主义者培养工程要立足青年学生实际,坚持理论联系实际的培养原则,尽可能多地为青年学生创造实践锻炼的机会,鼓励青年学生勇于走出学校,在深化理论认识的基础上,帮助他们在实践中形成科学的、符合社会主义核心价值观的思想观念和价值取向,做到知行合一。

马克思在《资本论》中明确阐明了劳动的作用,他认为:"生产劳动同智育和体育相结合,它不仅是提高社会生产的一种方法,而且是造就全面发展的人的唯一方法。"由此可见,社会生产劳动对于人的成长发展具有巨大作用。青年马克思主义者绝不能仅仅是"温室里的花朵",他们必须要去社会中增长见识、加强锻炼,参与"社会大课堂"。目前,各高校都为青年学生的实践锻炼搭建了有利平台,比如假期社会实践活动。对于青年马克思主义者来说,假期社会实践活动应该有更充分的时间保证,更严格的活动要求,应该得到足够的外部条件支持与保障,以确保能达到更好的实践活动效果。

此外,要想假期社会实践活动达到预期的效果,还需要注意以下方面。一是假期社会实践活动要有整体性的规划。这个规划既要与高校"青马工程"培养目标相适应,也要和青年马克思主义者成长发展规律相适应,还要和社会发展需求相适应。同时要把青年马克思主义者假期实践活动放在青年马克思主义者培养工程整体中考虑,明确假期社会实践活动的作用、地位、任务、内容等,且每一次的假期实践活动形式应该不一样,力求多样、丰富,借助各类校外力量与资源,组织青年马克思主义者去到不同地方、不同领域、不同行业接受锻炼。二是假期社会实践活动的主题要鲜明。青年马克思主义者参加假期社会实践活动必须要有明确的意图,要清晰地知道通过此次活动要解决什么问题,带着问题去参与实践才能更好地解决问题,达成培养目标,同时,这一主题也要充分体现时代特色、学校特色和当地需求。三是假期社会实践活动的团队成员结构要合理。青年马克思主义者假期社会实践活动的队伍组成方式主要是自由组队,但也要注意方式方法,一般来说需要公开招募队员,要充分考虑队员的学院、专业和研究兴趣。团队成立好之后,还要明确分工,安排好各自的活动任务,团队规模也要适中,一般控制在 15 至 20 人。四是假期社会实践活动要重视交流和总结。青年马克思主义者在假期社会实践活动中要进行每日的感受和收获总结,学员之间也要多相互交流,发挥同辈群体的激励作用。假期社会实践活动结束后,要统一安排假期社会实践活动表彰和总结,既包括青年马克思主义者的自我总结,也包括学员之间的相互评价与总结,通过这种交流沟通,总结经验、吸取教训,增强假期社会实践活动的实效性。

站在新的历史方位上,高校青年马克思主义者培养工程更应深入贯彻马克思主义实践观,把实践教学和锻炼摆在突出位置,而不只是空谈理论。在构建实践机制时要注重目标导向,突出效果,避免纸上谈兵,流于形式。

第七节　长久持续的跟踪机制

新时代高校青年马克思主义者培养工程是一个系统性的、长期性的过程,对青年马克思主义者的培养绝不仅仅局限于几年之内,要关注青年马克思主义者发展的持续性和长期性,保证青年马克思主义者在离开学校以后也能得到良好的发展,走好自己的人生路。长久持续的跟踪机制是指在青年马克思主义者顺利结业后,还应设置较长的跟踪期,在此期间要保持与青年马克思主义者的常态化联系,建立并按期更新青年马克思主义者的信息数据库,持续关注青年马克思主义者的后续发展状况和发展需求,根据其实际需要开放各类学习和再教育资源,提供继续学习和交流联系等支持帮助。

青年学生思想先进、朝气蓬勃、主动性强，但由于他们缺少社会经验，在步入社会后容易受人诱惑，误入歧途，青年马克思主义者也不例外。一般来说，一些青年马克思主义者在步入社会之后由于内外部环境的变化和影响，在思想和行动上可能会出现以下变化。一是部分青年马克思主义者的思想出现了退化，对马克思主义的信仰出现了动摇；二是部分青年马克思主义者的道德品质可能出现退步。降低了对自身的高标准和严要求，对未来的生活失去了美好的憧憬从而丧失了乐观豁达、积极进取的正确人生态度；三是部分青年马克思主义者参与中国特色社会主义实践活动的积极性和活跃度降低。一些青年马克思主义者可能不再愿意将自己的青春力量贡献给中国特色社会主义现代化建设事业，而是忙碌于自己的事业或者家庭，把个人利益与集体利益割裂开来，不能很好地把自己的人生梦想与中华民族伟大复兴的中国梦有机结合起来。

深入分析青年马克思主义者出现以上变化的原因，可以得出以下几点：一是这些青年马克思主义者的理想信念本来就不够坚定，虽然他们接受了青年马克思主义者培养工程的集中培养，但随着时间的流逝，他们的思想出现了滑坡。在他们看来，马克思主义信仰距离自己太过遥远，而现实生活中的各种利益、各种诱惑更加触手可得；二是社会主义市场经济的快速发展引发的个别物质的社会环境以及越来越激烈的竞争的负面影响，使一些青年马克思主义者一味追逐物质利益，忽视了自身精神境界的提高和进步；三是缺乏有效的针对青年马克思主义者成长发展过程中的监督制约管理机制，不能及时地对青年马克思主义者思想和行为上的一些滑坡做出有效管理和制约；四是一些青年马克思主义者在步入社会后没有遇到合适的发展平台。发展才是硬道理，不仅仅对一个国家和社会如此，对于个人来说也是这样，社会没有给一些青年马克思主义者提供发展平台或者提供的发展平台达不到他们心理的预期，这种事业上的瓶颈会导致部分青年马克思主义者思想上的消沉，进而发生思想滑坡。因此，在高校青年马克思主义者培养工程中建立长久持续的跟踪机制是非常必要的。

为保证新时代青年马克思主义者长时间不变质、不褪色，确保高校青年马克思主义者培养工程成效持久，要构建长久持续的跟踪机制，要做到持续的马克思主义信仰教育，经常的先进性激励和反面警示，自觉的价值观纠偏。

要开展持续的马克思主义信仰教育。青年马克思主义者不仅仅要在学校接受系统集中的马克思主义信仰教育，在步入社会、踏入工作岗位后也要接受马克思主义信仰教育，这种教育既可以是来自单位的，也可以是来自社会的，还可以是自我教育，马克思主义信仰教育要注意教育内容的科学性、时代性和针对性。在对青年马克思主义者开展马克思主义信仰教育时，一定要注意从培养对象的实际情况出发，立足于实际进行创新，要求青年马克思主义者要在日常工作和生活中发扬求真务实和改革创新的精神，以改革创新的精神去解决实际问题。只有将理论与现实结合起来，才能避免马克思主义信仰教育出现"假、大、空"的情况。马克思主义教育不应该是封闭的、孤立的，而应该是开放的、共享的，要促进人的思维发展。青年马克思主义者的马克思主义信仰教育一定要生根，要引导青年马克思主义者真正从内心认同并践行，不能浮在表面，否则在社会中很容易受到不良思潮的诱惑和影响。

要进行经常的先进性激励和反面警示。在与青年马克思主义者保持常态化联系的过程中，要以各种方式对其进行先进性激励。比如宣传先进典型的事迹，组织青年马克思主义者参加榜样宣讲会、观看相关纪录片等；此外，还可以通过对青年马克思主义者自身的激励提醒其保持先进,不断发展进步,比如在青年马克思主义者每年的政治生日那天赠送一张政治生日纪念卡或者发送一条政治生日提醒短信,提醒青年马克思主义者不能忘记自己作为一名党员的责任和义务,牢记作为一名党员应起的先锋模范作用。或者通过组织谈心谈话等方式经常性地关心关注青年马克思主义者的工作生活状况或有没有遇到什么困难,让青年马克思主义者切身感受到组织的关怀,激发青年马克思主义者自觉牢记党的宗旨使命,保持自身的清正纯洁。除了先进性激励外,还可以进行反面警示,选择具有代表性的反面典型警示青年马克思主义者,让他们牢记作为一名共产党员的初心使命,永远不忘来时路。

要引导青年马克思主义者自觉进行价值观纠偏。青年马克思主义者在学校接受了系统集中的马克思主义理论教育,形成了马克思主义的世界观与价值观,但这并不是一劳永逸的,并不意味着他们的思想永远先进、立场永远坚定。思想的改变不是一蹴而就的,而是一个由量变到质变的过程,因此,在这个过程中要及时地纠正错误,不能出现质变的结果。青年马克思主义者虽然接受了系统的马克思主义理论教育,但由于他们较为缺乏理论修养和实际经验,不能始终合理地理解和运用马克思主义理论知识,有时可能会比较片面。基于此,在青年马克思主义者培养过程中,必须重视青年马克思主义者思想退化的可能性和现实性。培养者要把马克思主义理论、共产主义信念融入学校青年马克思主义培养中,融入家庭家风建设中,融入社会宣传活动中,让青年马克思主义者在社会生活、学习工作的方方面面都能感受到马克思主义、共产主义的先进性,从而在潜移默化中受到影响和熏陶,保证思想不滑坡,价值观不偏离。

长久持续的跟踪机制需要有监督和再教育的环节。首先,有些有效的监督,特别是组织监督和人民监督,可以制约和引导青年马克思主义者的行为,及时对青年马克思主义者进行思想认识上的纠偏,充分调动青年马克思主义者的积极性,提高他们保持先进的自觉性。可以通过开展经常性的民主生活会,在批评与自我批评中让青年马克思主义者相互沟通交流、自查自纠,听取他人的意见和建议并在此基础上不断进步。还可以通过建立监督邮箱、监督公众号、监督热线等平台开展监督工作,此外,可以通过组织青年马克思主义者开展定期述职和思想汇报,定期掌握、跟踪、了解青年马克思主义者的思想状况、工作状况、生活中有没有什么困难等。同时,目前已有的监督主要以事后监督为主,构建有效的跟踪机制要把事前、事中、事后的监督有效结合起来,把监督落到实处。对青年马克思主义者要有持续经常的再教育,这种再教育既可以是青年马克思主义者所在单位开展的集中教育,也可以是青年马克思主义者自觉开展的自我教育。此外,还可以通过营造积极的社会氛围,为青年马克思主义者的跟踪再教育创设良好的人文环境。

新时代高校青年马克思主义者培养工程是一个长期的过程,对青年马克思主义者的培养不应该止于学校内。“青马工程”的深入发展必须注重实施的长期性和持续性,跟踪式的培养青年马克思主义者,在这个过程中要注意理论联系实践,联系青年马克思主义者自身的职业发展规划和发展需求,因材施教,建立青年马克思主义者跟踪培养档案,根据其不同阶段的学习成果实时更新,实现校内教育与社会教育的有机衔接,做好对青年马克思主义者的跟踪教育。

第八节　科学严格的淘汰机制

《关于深入实施青年马克思主义者培养工程的意见》中明确指出:"要严格淘汰退出机制。坚持动态淘汰,通过日常观察、甄别,对于在培养过程中不守政治纪律和政治规矩,违反党和国家政策的;违反国家法律法规,危害党、国家和人民利益的;违背社会公序良俗,违反社会主义道德,有不当言行造成恶劣影响的;在重大事件和各种急难险重任务前表现消极、没有发挥先锋模范作用的;违反所在单位纪律制度,情节严重的;不遵守培训纪律,违反学员管理规定的;以上行为一经查实,坚决予以淘汰。强化末位淘汰,结合培养期各环节的评价考核结果,对未达到培养目标要求的予以淘汰。每期班淘汰率一般不低于10%。"青年学生骨干进入"青马工程"只能说明他之前的表现是优秀的,但并不能保证他能一直保持优秀,不会退步,建立科学严格的淘汰机制有助于始终保持新时代高校青年马克思主义者队伍的纯洁性,确保新时代高校青年马克思主义者保持强大的战斗力,在关键时刻能够站得出来、顶得上去,能够始终为中国特色社会主义事业贡献自己的青春力量。

青年马克思主义者培养工程的淘汰形式分为两种,一种是过程中的动态淘汰,一种是经过考核评价后的末位淘汰,要把动态淘汰和末位淘汰结合起来使用,始终贯穿于高校青年马克思主义者培养工程的全过程、各环节。青年马克思主义者培养工程过程中的动态淘汰主要是指在培养过程中,通过对青年马克思主义者日常的观察和摸底,甄别其是否有违反国家法律法规、违反党和国家的政策、违反社会主义道德、违反学校规章制度、不遵守培养要求、不积极完成培养任务,或在培养过程中出现了一些不当言行并且造成了恶劣影响的,如果有以上情况的出现,一经查实必须严格予以淘汰。青年马克思主义者培养工程的末位淘汰是指,在青年马克思主义者培养的过程中,会有各阶段各环节的考核评价,对于不能达到考核评价要求和标准的部分青年马克思主义者要予以淘汰,并且要对每一期的最低末位淘汰率做出具体的规定,将高校青年马克思主义者培养工程末位淘汰真正落到实处,避免末位淘汰敷衍了事、流于形式。

青年学生骨干在培养过程中被淘汰并不意味着他们不优秀或者今后不能成长为优秀的能为组织所使用的人才,只是表明他暂时不适合成为青年马克思主义者。高校青年马克思主义者培养工程应该做到宽进严出,大部分青年都是愿意追求进步的,因此他们都愿意参与到青年马克思主义者培养工程中来,但最后能真正成长为青年马克思主义者的人毕竟是少数。被淘汰的人,有的可能是没有强烈的为党和人民服务的意愿,有的可能是有意愿却没有过硬的能力和本领,有的可能既有意愿也有能力本领,但却没有很好的群众基础,因此这都是在培养过程中正常的淘汰,要引导青年学生正确地认识和面对这种淘汰,以此为基础,继续加深自身的理论知识学习和社会实践锻炼,提升自己的素质本领,为今后成长为可靠的青年马克思主义者打好坚实的基础。

新时代高校青年马克思主义者培养工程要建立起科学严格的淘汰机制,让青年马克思主义者在接受培养的过程中"能上能下、能进能出"。党历来就十分重视干部的培养和使用,提出要科学化合理化地使用干部,要坚持任人唯贤,德才兼备的干部使用标准,让真正有本领、能干事、干实事的干部脱颖而出,为他们提供更广阔的发挥平台,为中国特色社会主义事业发展贡献更大的力量。近年来,干部良性退出机制在不断地探索和发展,对于干部的哪些行为属于不称职、不胜任的标准制订也在不断地摸索和完善,要把那些有意愿、想干事、能干事的优秀人才及时纳入干部队伍,同时,对于一些不愿意干实事、表现平平、不思进取,害怕承担责任的干部也要给予及时处理和清退,确保党的干部队伍始终忠诚可靠,为人民服务。新时代高校青年马克思主义者培养工程淘汰机制的构建也可以吸收和借鉴以上在党的干部队伍中所使用的淘汰机制的先进做法和优秀经验,确保党的后备队伍人才有本领、有担当、想干事、能干事。

对于高校青年马克思主义者淘汰机制构建来说,首先要区分性质。哪些是必须被淘汰的,哪些是有争议需要搞清楚的。人无完人,每个人都可能会有犯错误的时候,对于一时失误并且没有造成太大损失和不良影响的青年马克思主义者,可以通过提醒、处罚和继续教育等方式,帮助青年马克思主义者认识到自己的失误和不足,在之后的学习中进一步改进,不能以一时的成败论英雄,要系统考虑其整体表现和未来发展状况,不能因为一时的失误而浪费人才。对于一些有争议的青年马克思主义者,不能"听风就是雨",要就有争议的问题开展全面的调查研究,把争议搞清楚,再在此基础上对其做出处理。对于一些确实有严重问题的,比如违反国家的法律法规、违反党和国家的方针政策、违反学校的规章制度、违反培养工程的管理条例等,一经查实应该坚决淘汰,要保证高校青年马克思主义者队伍的纯洁可靠。其次,淘汰需要慎重。青年马克思主义者是否被淘汰,不是一个人说了算的,而是要有明确的评价标准,有结构合理的考核小组,考核小组成员中必须要有相关的专家,根据青年马克思主义者的现实表现,结合考评依据,做出科学合理的判断,绝不能轻易简单地做出决定。再次是要做好淘汰后的后续工作安排。青年马克思主义者的淘汰就是一种退出,即退出青年马克思主义者培养队伍,在培养的初期退出青年马克思主义者培养工程的,学校要做好心理安抚工作,并引导其在之后继续支持青年马克思主义者培养工程的工作;在培养后期退出培养工程的,学校也要对其进行适当安排,因为他们接受了基本系统的马克思主义理论教育,在步入社会之后仍然会为中国特色社会主义现代化建设事业添砖加瓦,只是目前由于个人能力有限或者其他方面的原因不能继续参加青年马克思主义者的培养。

高校青年马克思主义者培养工程建设一定要适应社会发展的进程,随着我国社会主义市场经济改革的不断深入发展,受经济全球化、文化多样化、社会信息化的影响,青年学生的思想状况呈现出多样化的特点,各种社会思潮层出不穷、相互激荡、良莠不齐,这对青年学生的思想认识产生了很大的冲击,如果不及时、经常性的对青年马克思主义者的思想状况和现实表现做出科学的评价,并在此基础上优胜劣汰,那么青年马克思主义者队伍就不能始终保持干净纯洁。因此,构建高校青年马克思主义者培养工程的淘汰机制,不仅对于青年马克思主义者队伍建设来说有重大作用,对党和国家事业的发展更是意义重大。

新时代高校青年马克思主义者培养工程的培养机制建设应该遵循以下基本原则:一是始终坚持党的领导。青年马克思主义者培养工程只有坚持和发扬党的优良传统,坚持党的基本路线和方针,坚持马克思主义理论的指导地位,才能使青年始终朝着正确的方向前进,从而使整个培养工程顺利实施;二是要坚持系统性的原则。高校青年马克思主义者培养是一项长期且复杂的工作,要全方位多角度的统筹规划,建立起一套领导、选拔、培养、考核、评价相结合的机制,从而达到最理想的培养效果;三是坚持长效性的原则。高校青年马克思主义者培养工程是一个长期性的工程,需要持之以恒地努力,才能取得良好的培养效果。

中国共产党自成立以来就十分重视青年工作,重视对青年人才的培养和锻炼。党的二十大报告明确指出:"广大青年要坚定不移听党话、跟党走,怀抱梦想又脚踏实地,敢想敢为又善做善成,立志做有理想、敢担当、能吃苦、肯奋斗的新时代好青年。"做好高校青年马克思主义者培养工程,就要建立健全高校青年马克思主义者培养机制,高校青年马克思主义者培养机制的建设就是掌握高校青年层面意识形态工作领导权,使青年马克思主义者始终走在时代前列,不断努力奋斗,自觉积极主动地参与到中国特色社会主义事业的建设中和实现中华民族伟大复兴的征程中来。高校青年马克思主义者培养机制的特征是不断创新、不断自我完善,以不断适应社会的发展变化、高校自身的发展变化以及培养对象的不同特点。因此,高校青年马克思主义者培养机制的建设刻不容缓,亟需一整套完整科学系统的培养机制来保证青年马克思主义者培养工程的顺利实施以及培养目标的顺利实现。高校青年马克思主义者培养机制主要是立足全局对新时代高校青年马克思主义者培养作出整体规划和顶层设计,以实现新时代高校青年马克思主义者培养工程的常态化、系统化、科学化、持续化。

一个时代有一个时代的使命,一代青年有一代青年的担当。中国特色社会主义进入了新时代,这是我国发展新的历史方位,新时代在带来前所未有的机遇的同时,也带来了许多新的风险与挑战,需要当代青年马克思主义者提高思想认识,增强能力本领,为建设社会主义现代化强国、为实现中华民族伟大复兴的中国梦添砖加瓦。因此,深入开展高校青年马克思主义者培养工程建设势在必行。高校作为实施青年马克思主义者培养工程的重要阵地和关键力量,必须深入推进"青马工程"建设,培养锻造一批又一批理想信念坚定、综合素质高、业务能力强,忠诚于党和人民,能肩负中国特色社会主义伟大事业建设任务的优秀青年人才,这既是新时代高校落实党立德树人根本任务的具体体现,也是对新时代使命担当的最好呼应。现阶段必须充分认识到"青马工程"的重要性,做好青年马克思主义者培养工程。通过构建科学完备的管理机制、科学广泛的选拔机制、科学规范的培训机制、科学适量的考核机制、科学合理的激励机制、科学生动的实践机制、长久持续的跟踪机制、科学严格的淘汰机制,实现新时代高校青年马克思主义者培养工程的系统化、制度化和长效化,增强新时代高校青年马克思主义者培养工程的实际效果和持续效果。

第八章　新时代高校"青马工程"的课程体系建设

　　在新时代的大背景下,"青马工程"担负着重要的历史使命。当今世界正在经历百年未有之大变局,世界多极化、经济全球化、社会信息化、文化多样化深入发展,新兴信息传播技术已经在青年中占据了主导地位。青年是网民的主力军,而网络信息错综复杂,青年如何在当下快速且大量传播的信息中取其精华,避免受到不良信息诱导,迫切需要党和国家进行积极、正确的引导。"青马工程"的开展,就是要在青年中树立正确的马克思主义观,将尽可能多的青年培养成服务人民、心怀集体、忠于国家的优秀青年马克思主义者,引导他们成为新时代中国特色社会主义事业的参与者和建设者,为全面建成社会主义现代化强国与实现中华民族伟大复兴的历史使命而努力。"青马工程"着力为党培养新时代坚定的马克思主义者,事关青年一代的成长发展,事关中国未来发展方向,事关中华民族伟大复兴的中国梦。当代中国青年与新时代同步前行,既是现在的生力军,也是未来的主力军,他们必将肩负起全面建设社会主义现代化国家的使命。把他们培养成具有坚定的马克思主义信仰、共产主义远大理想和中国特色社会主义共同理想、德才兼备、全面发展的社会主义合格建设者和可靠接班人,是努力开创中国特色社会主义事业更加广阔前景的内在要求,是一项刻不容缓、十分紧迫的政治责任、历史责任。习近平总书记在多个场合强调"功成不必在我",就是说每一代人都要为革命事业作出力所能及的努力与贡献,并为下一代人打好坚实的基础,为后人积累宝贵物质与精神财富,在一代又一代的接力奋斗下最终实现共产主义这一人类社会的最高理想。为此,需要进一步提高政治站位,强化责任担当,坚定马克思主义信仰,巩固和扩大党执政的青年群众基础,确保党的事业后继有人、兴旺发达,把红色江山世世代代传下去,不断强化"青马工程"为党育才的政治功能,大力深化、着力推进,务求取得实实在在的成果。但"青马工程"是一项系统工程、长期工作,要坚持一定的建设原则和一定的方法,确保"青马工程"不断取得实实在在的成效。

第一节 新时代高校"青马工程"的课程体系的建设原则

习近平总书记在学校思想政治理论课教师座谈会上强调,推动思想政治理论课改革创新,要不断增强思政课的思想性、理论性、亲和力、针对性。要坚持政治性和学理性相统一;坚持价值性和知识性相统一;坚持建设性和批判性相统一;坚持理论性和实践性相统一;坚持统一性和多样性相统一;坚持主导性和主体性相统一;坚持灌输性和启发性相统一;坚持显性教育和隐性教育相统一。"八大统一"直面思政课建设过程中的重大问题和广大教师关心的热点问题,从理论与实践相结合上作出了深刻回答,是思政课建设长期以来形成的一系列规律性认识和成功经验的科学概括,是推动思政课改革创新的重要原则,是不断增强思政课思想性、理论性、亲和力、针对性的关键所在。"青马工程"作为培养坚定马克思主义者和深入贯彻落实立德树人根本任务的重要载体,也必须坚持"八个相统一"的课程建设原则。

(一)坚持政治性和学理性相统一

思想政治理论课是落实立德树人根本任务的关键课程。习近平总书记强调,推动思想政治理论课改革创新,要不断增强思政课的思想性、理论性、亲和力、针对性,并提出"八个相统一"的要求,其中第一条就是要"坚持政治性和学理性相统一"。只有准确把握思政课的政治性、学理性的本质特征及其辩证关系,坚持用习近平新时代中国特色社会主义思想铸魂育人,始终坚持思政课改革创新的正确方向,教育引导学生树立正确的世界观、人生观、价值观,系统掌握马克思主义基本原理,才能培养和造就一大批担当民族复兴重任的时代新人。所谓政治性,就是由正确政治方向、政治原则、政治立场、政治观点所体现出来的鲜明价值属性;所谓学理性,就是蕴含于思想政治理论教育中的学科专业知识和理论逻辑。坚持政治性和学理性相统一,既是思政课实现育人功能的要求,更是我们党推进思政课改革创新实践得出的正确认识。单纯强调学理性而弱化政治性,思政课教学的大方向就容易发生偏差;单纯强调政治性而忽视学理性,思政课教学就容易陷入纯粹说教而缺乏理论说服力和现实解释力。当前深入推进思政课改革创新,必须坚持政治性和学理性相统一,牢牢把握政治性这个根本和灵魂,着力夯实学理性这个基础和支撑,在确保始终坚持正确政治方向的前提下,着力增强理论阐释的彻底性、说服力,使思政课教学更有温度、更有力度。

政治性是思政课的首要属性和鲜明特征。办好思政课,必须全面贯彻党的教育方针,解决好"培养什么人、怎样培养人、为谁培养人"这个根本问题。当前,百年变局和世纪疫情交织叠加,国际局势复杂动荡,不同的社会思潮暗流涌动,学生不可避免地会遇到各种思想困惑,这就对思政课教学提出了新的更高要求。"经师"易求,"人师"难得。习近平总书记指出:"讲思想政治理论课,要让信仰坚定、学识渊博、理论功底深厚的教师来讲,让学生真心喜爱、终身受益。"创新思政课教学,首要的就是抓好思政课教师队伍建设,严把入口关,特别是加强对政治素养、政治能力的考察,确保让有信仰的人讲信仰。思政课教师应具备

"言为士则、行为世范"的自律与自觉,主动加强政治历练,善于从政治上看问题,不断提高政治判断力、政治领悟力、政治执行力,在大是大非面前始终保持政治清醒,坚定对马克思主义的信仰、对中国特色社会主义的信念、对实现中华民族伟大复兴中国梦的信心。要发挥好思政课的政治引导功能,加强爱国主义教育,把爱党、爱国和爱社会主义结合起来,引导学生树立正确历史观、民族观、国家观、文化观,不断增强中华民族的归属感、认同感、尊严感、荣誉感,厚植家国情怀、增强精神家园,对社会中的拜金主义、自由主义、享乐主义、历史虚无主义等不良思潮敢于斗争、敢于亮剑,增强和践行社会主义核心价值观,扣好人生第一粒扣子。

学理性是思政课的学科基础和理论支撑。马克思主义是科学的世界观和方法论,是我们立党立国、兴党强国的根本指导思想。思政课以马克思主义理论学科为基础,承担着对学生进行系统的马克思主义理论教育的职责,以涵养塑造学生的理性思维和价值立场为根本目的。马克思指出:"理论只要说服人,就能掌握群众;而理论只要彻底,就能说服人。"进行政治引导,要善于以透彻的学理分析回应学生,以彻底的思想理论说服学生,用真理的强大力量引导学生。坚持政治性和学理性相统一,思政课教师首先要掌握马克思主义这个"看家本领",系统研读马克思主义经典著作,在学懂弄通做实习近平新时代中国特色社会主义思想上下功夫,全面、系统、准确把握马克思主义理论的科学内涵、精神实质、核心要义,真正领会体悟马克思主义为什么行。既要坚持把马克思主义基本原理讲清楚,把辩证唯物主义和历史唯物主义的方法论讲明白,更要注重用党的创新理论最新成果观察分析社会问题,确保"学理论""懂理论""用理论"三者之间的有机统一,让学生知其然更知其"所以然"和"所以必然",从中感悟马克思主义的真理力量和实践伟力。

思政课的本质是讲道理,一味枯燥的说理教育不但效果不佳还会适得其反,只有把道理讲深、讲透、讲活,才能引导学生真学、真懂、真信、真用。要重视思政课的实践性,把思政小课堂同社会大课堂结合起来,运用各种教学手段、教学方法和教学艺术为学生"烹制"色香味俱全的精品课程,在学校与社会、教师与学生、课内与课外的有机联动中,切实提升思政课的亲和力和针对性。青年马克思主义者培养工程的课程体系建设作为培养坚定马克思主义者的课程,要发挥学生主体作用,通过举办党史知识竞赛、党史故事宣讲、主题征文等活动,打造"红色课堂",让学生参与到课程建设过程中,充分激发学生的积极性、主动性和创造性。创新学习载体,大力发挥"云思政"育人优势,以网络慕课、思政微课、资源共享课等为依托,进一步整合"青马工程"教育资源,推动"青马工程"课程建设线上线下同频共振;用好红色资源,积极采用案例式教学、探究式教学、体验式教学、互动式教学等模式,将虚拟现实技术等新技术嵌入思政课教学过程中,使学生从中感受革命艰辛、体悟先辈精神、品尝信仰味道,努力把红色基因植入灵魂融入血脉。

(二)价值性和知识性相统一

"坚持价值性和知识性相统一",是指思想政治理论课教学既要明确马克思主义作为理论学说的真理性和科学性,对学生进行有关马克思主义理论知识和基本观点的知识性教育,又要明确马克思主义作为无产阶级政党指导思想的革命性和阶级性,对学生进行以实现共产主义为旨归的价值性教育。在帮助学生深刻理解和掌握马克思主义理论知识和理论精神的过程中,引导其确立起马克思主义信仰、共产主义远大理想和中国特色社会主义共同理想,增强其担当民族复兴大任的使命意识,造就一批德智体美劳全面发展的社会主义建设者和接班人。"青马工程"课程建设同样是属于思想政治理论课的重要组成部分。因此,"青马工程"课程建设坚持价值性和知识性相统一是其应有之义。

"青马工程"课程建设,以讲授科学理论体系的知识内容和基本观点为基础,以符合社会发展和人的全面发展要求为价值取向,"知识性"讲授和"价值性"引导的通约和共存是其特性体现和本质要求。因此,"坚持知识性和价值性相统一",是"青马工程"课程建设的特性体现和本质要求。"青马工程"的课程是落实立德树人根本任务的关键课程,主要任务之一在于对在校学生进行系统的马克思列宁主义、毛泽东思想、中国特色社会主义理论、习近平新时代中国特色社会主义思想教育,帮助学生掌握中国特色社会主义理论的科学体系和基本观点,指导学生运用马克思主义世界观和方法论去认识和分析问题。同时,开展马克思主义人生观、价值观和道德观、法治观教育,引导学生树立高尚的理想情操和养成良好的道德品质。

"坚持知识性和价值性相统一",亦是"青马工程"课程建设的现实之需。改革开放以来,特别是党的十三届四中全会以来,"青马工程"课程作为学校思想政治教育的主渠道,在引导青少年坚定对马克思主义的信仰、对社会主义的信念,增强对改革开放和现代化建设的信心、对党和政府的信任等方面,发挥了重要的作用,取得了巨大成就。与此同时,"青马工程"课程建设也存在一些亟待解决的问题。如受"知识"与"价值"二分理论影响,"青马工程"课程建设理念和实践上出现的"知识性"与"价值性"分离以及表现在教育教学目标、内容、过程、方法上的"各执一端"与"不可通约和共存",直接影响了"青马工程"课程建设的实际效果和目标达成。这种理念指导下的理论课教师要么将其作为一种纯粹真理体系或知识体系,只对其进行所谓的"学术性"研究、"深刻的"理解或"正确的"认识,以"知识性""学术性""客观性"等来淡化或否认思想政治理论教育的思想性、政治性、教育性;要么将其作为一种纯粹的信仰体系,不加消化吸收的囫囵式崇拜,其结果必将造成"青马工程"课程建设对马克思主义信仰真理建构的"失真"或价值建构的"失落""贬值"等信仰危机。因此,坚持思想政治理论课教学价值性和知识性相统一,是破解思想政治理论课现实困境和难题的必由之路和超越之境。

"青马工程"课程建设,要做到知识性和价值性相统一,核心问题是处理好知识性与价值性、知识传授与价值引导的关系。在"青马工程"课程建设中,知识传授与价值引导是相辅相成的,知识传授是基础,价值引导是目的。夯实科学理论知识传授这个基础,才能避免枯燥乏味、空洞虚无的价值说教,用真理之光照耀学生心智,使教学更富有吸引力、说服力。始终坚持价值引导这个目的,用价值之美浸润学生心灵,才能为学生一生成长奠定科学思想基础,使教学更富有感染力、影响力。始终将价值引导寓于知识传授之中,将知识的传授置于科学价值观的引导之下,应当成为"青马工程"课程建设的基本遵循。

"青马工程"课程建设要做到知识性和价值性相统一,关键在于教师。"青马工程"课程建设既要立足理论课堂,通过课堂教学展现马克思主义理论之美、教育者人格之美,激发学生对科学理论的内在需求和学习马克思主义理论的自觉行动;又要引导学生回归生活世界,在社会生活实践的大舞台中感受马克思主义价值之美,加深对中国特色社会主义的情感体验,坚定四个自信,巩固价值认同。"青马工程"课程相关教师,是党和国家意识形态建设与教化的重要力量,要强化政治意识,提高政治站位,不断提升马克思主义理论水平,增强教育教学能力,努力成为邓小平同志所说的不离开现实政治的马克思主义的思想家、理论家,履行好培养社会主义建设者和接班人的神圣职责。

新时代"青马工程"课程建设,要做到知识性和价值性相统一,对任课教师提出了更高要求。一方面,需要任课教师阐明诞生于一百多年前的马克思主义到底是一个什么样的理论体系,向学生讲清楚马克思主义理论的科学内涵与真理属性,通过科学理性思维构建新时代青少年的智慧之基与德性之塔。同时,也要求教师明确马克思主义理论对当今世界发展与中国特色社会主义建设的指导意义,寓价值引导于知识传授之中,彰显马克思主义理论的科学解释力和价值引导力,帮助青少年学生建构积极向上、内容丰富的精神世界,确立科学的理想与坚定的信念。

(三)建设性和批判性相统一

作为巩固社会主义意识形态、培养社会主义时代新人的重要阵地,"青马工程"课程既要做好传导主流意识形态的建设性工作——这是立的层面,同时在面对各种错误观点和思潮时又要敢于"亮剑"、善于"亮剑",通过对错误的批判达到建设的目的——这是破的层面。在"青马工程"课程中,由于体例、篇幅等方面的限制,内容重心必须放在对主流意识形态的论述上,对于错误观点和思潮的批判则难以充分展开,因而立的成分远大于破的成分。如果教师局限于教材,只讲正面的、建设性的内容,那么学生对主流意识形态的理解很容易流于表面,难以实现理论知识的入脑入心。此外,这种缺乏批判性的讲授还有可能被一部分学生看作是照本宣科甚至歌功颂德,进而产生事与愿违的负面效果。因此,要充分发挥教师的主观能动性,以增强批判性为抓手,推进思政课建设性与批判性相统一,促进教学效果的提升,使学生通过充分的比较和鉴别,在理论与事实层面牢固树立对社会主义主流意识形态的认同、对社会主义核心价值观的认同,自觉成为新时代中国特色社会主义的建设者和接班人。

"青马工程"课程的建设性与批判性,即立与破,是对立统一的。二者共同服务于巩固社会主义意识形态、培养社会主义时代新人的任务与使命。从目的层面来说,立字当头——破的根本目的还是为了立,而不是为了批判而批判;从手段层面来说,则是破字当头,立在其中——没有破也就达不到真正的立,没有对错误观点的批判,正确的思想往往很难真正在人的头脑中扎根,主流意识形态的传导也难以取得好的效果。可以说,在思政课教学实践中,增强建设性离不开增强批判性,增强批判性是推进思政课建设性与批判性相统一的有效抓手。

首先,鲜明的批判性是履行思政课使命的内在要求,是提高"青马工程"课程的针对性、说服力和思想性不可或缺的元素。新时代的中国处于百年未有之大变局,当今世界既充满发展机遇,也存在众多挑战和风险,其中意识形态领域的挑战和风险尤为突出。要保障社会主义中国这艘巨轮行稳致远,就必须在意识形态的斗争中取得胜利。习近平同志说:"意识形态工作是党的一项极端重要的工作。"[①]作为学校意识形态工作的主渠道,作为铸魂育人的主阵地,"青马工程"课程必须旗帜鲜明地表现出自己的马克思主义立场和社会主义导向,必须对各种反马克思主义、反社会主义的错误观点和思潮展开批判——这也是提高"青

---

① 人民日报评论员:《把宣传思想工作做得更好》,《人民日报》2013年8月21日第1版。

马工程"课程的针对性、说服力和思想性的必然要求。不破不立。当前一些"青马工程"课程之所以效果不佳,其中很重要的一个原因就是缺乏批判性,只讲正面的、正确的东西,从而导致学生觉得课程过于平淡、乏善可陈,觉得宣教的成分大于说服的成分,甚至在内心产生一定的抵触情绪,难以在思想上认识到主流意识形态的正确性。毛泽东曾说:"马克思主义必须在斗争中才能发展,不但过去是这样,现在是这样,将来也必然还是这样。正确的东西总是在同错误的东西作斗争的过程中发展起来的。真的、善的、美的东西总是在同假的、恶的、丑的东西相比较而存在,相斗争而发展的。""青马工程"课程建设同样如此。

其次,提高批判性是增强"青马工程"课程吸引力和亲和力的有效途径。目前"青马工程"课程之所以对学生吸引力不强、亲和力不足,其中一个原因就是批判性不强,既缺乏同错误思想的斗争,也缺乏对学生关心的、对活生生的现实问题的批判性剖析与评价。一方面,理论批判性不足导致教学过程的引导性和启发性不强,学生难以通过对比正反两方面思想在学习中充分开阔视野、拓展思维,难以获得足够的思想冲击和情感触动,从而降低了学习兴趣;另一方面,现实批判性不足导致"青马工程"课程教学与学生的实际生活经历和体验结合不紧密,讲授内容有流于空洞、曲高和寡的倾向,课堂亲和力不足。提高批判性,让学生在正反观点和思潮的交锋中受到启发,感受思想的魅力,在对现实问题的深入剖析中激活自身的实践认知,这将有效增强"青马工程"课程的吸引力和亲和力。

最后,富有批判性的"青马工程"课程教学有助于训练和培养学生的辩证思维,使学生从世界观和方法论的层面上对主流意识形态形成深度认同。"青马工程"课程教学不只希望学生在具体政策、观点层面对主流意识形态产生认同,更希望学生在世界观和方法论层面对马克思主义、社会主义产生深层次的思想认同,只有这样的认同才是全面、牢固和持久的。要形成这样的认同就必须在富有批判性的教学中训练和培养学生的辩证思维,使其掌握马克思主义看待问题的基本方法,从以孤立、静止、片面的眼光看问题转变为以联系、发展、全面的眼光看问题。以辩证思维为基础,学生们就不会轻易陷于某些局部的事实和道理,陷于眼前的某些社会现状,而能够以更具整体性和长远性的视角考察问题、作出自己的评价和判断,从而深层次地认识到马克思主义和中国特色社会主义的正确性与合理性。

坚持建设性和批判性相统一,有利于科学应对错误观点和思潮,增强社会主义意识形态的引领力。在多元文化和多样社会思潮的影响下,社会上出现了各种错误观点和思潮,并且其利用网络技术快速传播蔓延。一些错误观点和思潮带有明确的政治指向性、现实关联性和行为诱导性,试图从不同角度消解社会主义意识形态,其实质往往是否认马克思主义和社会主义制度,否认中国共产党的领导。青少年群体思想活跃但阅历较浅,需要进一步加强对错误观点和思潮的辨识能力,以免误入歧途,给个人和社会带来危害。因此,"青马工程"课程教师应坚持辩证唯物主义和历史唯物主义,从学理和实践的角度对错误观点和思潮做出客观、深入地分析批判,引导青少年澄清谬误、明辨是非。同时,"青马工程"课程要着眼于增强社会主义意识形态引领力,坚持以主流意识形态统领各种思想观点,在多样中立主导、在多元中求共识、在多变中把方向,提升社会主义意识形态的主导权和话语权。

(四)理论性和实践性相统一

教育引导学生立鸿鹄志,做奋斗者,应着重培养学生百折不挠、坚强不屈的韧劲。苏轼说:"古之立大事者,不惟有超世之才,亦必有坚忍不拔之志。"古往今来,人们追求远大理想抱负的道路都不是一帆风顺的,很多时候要经受常人难以想象的磨难。我们目前所处的时代,是一个船到中流浪更急、人到半山路更陡的时代,是一个愈进愈难、愈进愈险而又不进则退、非进不可的时代。我们目前所面临的任务,绝不是轻轻松松、敲锣打鼓就能实现的,需要在继往开来中推进,需要所有中国人尤其是青年一代坚定理想信念,树立百折不挠的奋斗精神,与党和国家同呼吸共命运,做新时代中国特色社会主义的坚定者、奋进者和搏击者。所以,推动"青马工程"课程改革创新,要坚持理论性和实践性相统一,打通两个课堂,深化实践育人,鼓励学生在奉献青春的过程中增进对人民的感情、对社会的责任、对国家的忠诚,在实现中华民族伟大复兴中国梦的生动实践中放飞青春梦想,在为人民利益的不懈奋斗中书写人生华章!

首先,坚守思政课的理论性,用科学理论培养人、武装人。"青马工程"课程建设要保持一定的理论深度,彰显理论性,这是毋庸置疑的。理论性是"青马工程"课程的基本属性,坚守理论性是"青马工程"课程性质和教学目标的内在要求。"青马工程"课程的内容中包含对实践经验的高度概括和抽象,蕴含一定的历史逻辑和历史规律,经过了不同程度的理论化和系统化的加工制作过程,因而具有很强的理论性和科学性。马克思主义基本理论是对自然、社会和人类思维发展本质与规律的正确反映,它在社会实践和科学发展的基础上产生,又在自身发展过程中不断总结实践经验,吸取自然科学和社会科学发展的最新成就,因此更具有理论性和科学性。坚守"青马工程"课程的理论性,不仅有利于学生完成思政课专业知识的学习,还能为学生学习其他专业知识提供理论基础。我们在推动思政课改革创新的过程中,一定要坚守思政课的理论性,教育引导学生认真学习、全面理解和深刻领悟理论知识的内核与精髓,将客观真理内化为主体意识,外化为自己看问题的世界观和方法论。那么,我们究竟要以何种理论培养人?以何种理论武装人?应当说,"青马工程"课程包含的理论非常多,而在众多科学理论中,马克思主义基本原理属于"青马工程"课程教师自身必须掌握同时又要教给学生的"批判的武器"。用科学理论培养人、武装人,最起码要帮助学生了解马克思主义的创立与发展,理解马克思主义的当代价值,同时掌握马克思主义的立场、观点和方法。习近平新时代中国特色社会主义思想是指引中国特色社会主义的纲领、旗帜和灵魂,是当代中国马克思主义、21 世纪马克思主义,是新时代加强理论学习最重要的教材、最权威的依据、最基本的内容。我们在对学生进行理论讲授时,要着重讲清楚习近平新时代中国特色社会主义思想,使之为学生所掌握,并转化为改造主观世界的物质力量。只有这样,理论才能真正发挥指导作用,并随着实践的发展而发展。

其次,重视"青马工程"课程的实践性,把"青马工程"课程小课堂同社会大课堂结合起来。"青马工程"课程并不单纯讲理论,它还具有突出的实践精神,始终强调理论与实践的统一,始终坚持与社会现实紧密结合,倡导理论从实践中来,到实践中去,在实践中接受检验,并随实践而不断发展。所以,推动"青马工程"课程改革与创新,既要坚守理论性,又要注重实践性。从另外一种角度来说,理论的终极意义在于能够指导人的行动。倘若学习了科学理论却将其束之高阁,或夸夸其谈而不加以运用,那么,再好的理论、再正确的认识也是没有意义的。更何况,从认识过程的秩序来说,感觉经验是第一的东西,我们强调社会实践在认识过程中的意义,就在于只有社会实践才能使人的认识开始发生,开始从客观外界得到感觉经验。一个闭目塞听、同客观外界根本绝缘的人,是无所谓认识的。即便一个人可以通过间接经验获得某种认识,但这种认识若不能回到实践中去接受实践的检验并指导实践,它也是无法实现自身价值的。正因为如此,习近平总书记强调:"要按照已经认识到的规律来办,在实践中再加深对规律的认识,而不是脚踩西瓜皮,滑到哪里算哪里。"因而,我们在向学生传授科学理论的同时,还要重视"青马工程"课程的实践性,重视对学生能力的培养,把"青马工程"课程同社会大课堂结合起来。

要把"青马工程"课程小课堂同社会大课堂结合起来,应当把学生思想理论中的热点难点问题调研引入思政课实践教学环节,引导学生进行研究性学习。当前大学生尽管存在一些问题,但主流思想是积极向上的,大学生身上蕴藏着巨大的追求真理、关心祖国前途命运的激情,而且大学生有理论思考的需要,有理论分析的兴趣,也初步具备了理论探究的能力。教师要结合"青马工程"课程教学内容,给学生提供更多自主研究、广泛实践、深度锻炼的机会。比如,可以在学期初围绕当前大学生存在的一系列突出问题确定若干调研题目,然后以专业或者以一个教学班为单位,选择一个题目进行为期两三个月的调研,要求学生撰写调研报告,并于学期末在课堂上进行总结汇报,开展深入讨论。需要注意的是,此类调研活动应该融思想性、责任感、荣誉感于实践之中,激发学生参与热情,并确保学生从调查问卷的设计、发放与回收到调研数据的统计与分析,从被采访人的选择与访谈提纲的确定到文献资料的收集与提炼,从调研报告的撰写到多媒体演示以及网页的设计制作等活动中,既有分工又有合作,既各显其能又群策群力。同时,还要注意对实践成果进行及时总结与提炼。

要把"青马工程"课程小课堂同社会大课堂结合起来,应当鼓励和支持学生走向社会、深入基层,用双脚丈量祖国大地,用双眼见证百态人生,用辩证思维观察问题、了解问题、剖析问题和解决问题,从而更好地感受基层社会的"温度",体悟家国情怀,锤炼意志品质,肩负起新时代青年学生的使命担当。可以说,当前已有许多高校在这方面进行了有益探索。例如,中国人民大学自 2012 年开始开展"千人百村"社会调研活动,每年组织 1 000 余名师生利用暑假时间,围绕当前中国农村经济社会发展的重大现实问题,深入全国范围内经科学抽样产生的行政村,开展系统、规范的社会调研活动,使学生了解农业生产、农民物质与文化生活、农村社会管理等方面的基本情况,并融入中国农村发展实际,参与到政策宣讲、普法宣传、扶贫支教、儿童关爱、文艺下乡、同伴教育等社会志愿服务活动中,全面提升学生的思想认识、意志品质和研究性学习能力。再如,来自清华大学 269 个支队的 2 600 余名师生在 2019 年围绕"壮阔 70 年"主题,深入一线,感受中华人民共和国壮阔 70 年的发展历程,学习习近平新时代中国特色社会主义思想在祖国大地的生动实践,把握中国特色社会主义进入新时代的历史定位。还有一些高校与其所在城市的文化或历史纪念馆共建研学育人基地,试图通过双方的合作,更深入地研究城市红色文化,用红色文化的最新研究成果反哺思政课程。凡此种种都是重视思政课实践性的体现,也是推动"青马工程"课程理论性和实践性相统一的有益尝试,值得被认真总结、适当推广。当然,在此过程中,也要注意避免形式主义,防止"去理论性"与"泛实践性"倾向。

最后,坚持理论性和实践性相统一,教育引导学生立鸿鹄志,做奋斗者。习近平总书记在党的十九大报告中强调指出:"青年兴则国家兴,青年强则国家强。青年一代有理想、有本领、有担当,国家就有前途,民族就有希望。中国梦是历史的、现实的,也是未来的;是我们这一代的,更是青年一代的。中华民族伟大复兴的中国梦终将在一代代青年的接力奋中变为现实。"高校学生作为青年群体的重要组成部分和中坚力量,大有可为,也必将大有作为,其人生黄金期同"两个一百年"奋斗目标的实现完全吻合,将全程参与这一伟大历史进程,这是人生最大的幸运,也是最崇高的使命。"青马工程"课程教师要教育引导学生获得这样的认识,并按照这个方向努力,引导学生把爱国情、强国志、报国行自觉融入拥护中国共产党领导和我国社会主义制度、坚持和发展中国特色社会主义事业、建设社会主义现代化强国、实现中华民族伟大复兴的奋斗之中。这是打造理论性和实践性相统一的思政课的根本目标。

教育引导学生立鸿鹄志,做奋斗者,应着重培养学生历史与逻辑相统一的思维方式,使之从历史英雄人物中汲取前进力量。常言道:"树无根不长,人无志不立。"但志向也不是凭空产生的,而是萌发于现实,或受到历史英雄、榜样人物的激励。然而,在我们大力弘扬和增强民族精神、宣传革命英雄人物事迹的时候,也有少部分与社会主导意识形态相悖的错误价值观念在传播,致使青年学生在思想认识上产生困惑。为此,我们在课堂讲授中,必须敦促学生习得马克思主义唯物辩证法,使其能够运用变化的观点分析客观事物和社会现象,把客观事物和社会现象发展的不同阶段加以联系和比较,弄清楚它们的来龙去脉,把握其实质;使学生知晓打开历史的正确方式,即从整体上、从联系中去掌握事实,不能只关注历史的碎片而不考虑历史的逻辑,不能根据历史人物有没有提供现代人所需要的东西去评判其历史功绩,而要根据他们是否比前辈提供了新的东西来作出较客观、公允的评价;让学生懂得"质疑历史应有底线,对于那些经过历史评定的、民族达成共识的,进而成为整个社会象征符号的历史人物,不可随意触碰,这是一个国家赖以存在的基本价值"。如此,才能让更多青年学生从革命英雄人物事迹中汲取正能量,立下大志向。

（五）统一性和多样性相统一

习近平总书记提出"八个统一"的具体要求,为推动思政课改革创新,不断增强思政课的思想性、理论性和亲和力、针对性,提供了遵循。尤其是其中的"坚持统一性和多样性相统一",是创造性运用马克思主义世界观方法论认识解决思政课创新发展问题的体现,揭示了思政课教学的基本规律,提出了思政课课程建设的基本原则。深入理解办好统一性和多样性相统一的思政课的深刻内涵,为新时代思想政治理论课的改革创新提供了基本遵循。同时,坚持统一性和多样性相统一的原则也成为了"青马工程"课程建设必须坚持的重要原则。

第一,"青马工程"课程建设必须把握统一的标准和尺度。"青马工程"课程的统一性,意味着讲原则、守规矩、有底线。"青马工程"课程要把握好统一的教学目标、课程设置、教材使用、教学管理,并在实践中长期坚持并落实,从而全面贯彻党中央决策部署,推动"青马工程"课程内涵式发展。把握教学目标的统一,保持教学方向和动力。"培养什么人、怎样培养人、为谁培养人"是教育的根本问题,也是"青马工程"课程应该解决的根本问题。"青马工程"课程的总体教学目标是用习近平新时代中国特色社会主义思想铸魂育人,引导学生增强"四个自信",厚植爱国主义情怀,把爱国情、强国志、报国行自觉融入坚持和发展中国特色社会主义事业、建设社会主义现代化强国、实现中华民族伟大复兴的奋斗之中。"青马工程"课程要按照统一的教学目标,有计划、有序地精心设计和开展教学活动,全面推进马克思主义中国化时代化最新理论成果进课堂,培养社会主义建设者和接班人。把握课程设置的统一,强化教学规范和标准。课程设置规定着课程的设立和安排。国家在新时代根据时代发展和人才培养需要,研究不同层级学生"青马工程"课程必修课和选修课的课程名称、基本内容、课时安排和学分构成等,形成统一的布置和科学的规定。"青马工程"课程要严格按照课程设置规范开展教学活动,保证达到国家规定的基本要求,以实现课程建设标准化、规范化、科学化的目的。把握教材使用的统一,凸显教学依据和权威。教材是开展"青马工程"课程教学活动的基本依据。"青马工程"课程教材的编写和使用具有极端重要的政治性。高水平的教学是基于高水平的教材而展开的。"青马工程"课程在开展教学活动中,必须以统编教材为依托,扎实推进马克思主义中国化时代化理论成果进学生头脑,让马克思主义成为思政课最鲜亮的底色。把握教学管理的统一,提升教学质量和水平。教学管理是统筹教学过程各要素,使之高效运行的重要保障。教育部印发的《新时代高校思想政治理论课教学工作基本要求》对新时代高校思政课的教学管理工作做出了明确的规定。同时,也对"青马工程"课程教学管理做出了规定。"青马工程"课程要强化对教学过程、教学纪律、听课指导、考核评价、教师理论培训和实践研修等方面的管理和控制,形成对教学活动全方位、立体化的监督与检查,不断提升教学的质量和水平。

第二,采用多样的形式与方式。多样性是"青马工程"课程教学的体现和展开。"青马工程"课程的多样性,就是要具体落实因地制宜、因时制宜、因材施教,并结合实际把统一性要求落实好,鼓励探索不同方法和路径。"青马工程"课程应在教学设计、教学模式、教学内容、教学方法等方面进行丰富和创新,打造更有深度、更有效度、更有宽度、更有温度的"金课"。一是教学设计多样,打造更有深度的"金课"。"青马工程"课程的教学设计实质上是对课堂教学活动事先做出的筹划和安排。要想在课程教学中落实教学目标,就需要根据教师主导性和学生主体性相统一原则,采取多样的教学设计。"青马工程"课程教师应围绕调动学生主动性和自觉性这一重点,针对具体的教学要求,凭借现有的教学条件,深刻解析马克思主义立场观点方法,对教学内容、方法、过程等要素进行能动性的教学设计,力求让学生深入掌握知识点。二是教学模式多样,打造更有效度的"金课"。"青马工程"课程的教学模式意味着在教学活动中形成较为稳定的结构框架和程序。成功的教学模式能够将抽象的科学理论知识和时代、现实、实践有机结合起来,让"青马工程"课程活起来。在课程设置的总体规划下,"青马工程"课程教学要因地制宜、因时制宜,对教学模式进行有益的探索,比如采用线上线下混合教学模式、专题教学模式、翻转课堂教学模式、实践教学模式等,增强"青马工程"课堂的鲜活度和灵活度。三是教学内容多样,打造更有宽度的"金课"。教与学发生交互作用,要通过教学内容传递信息。思政课的教学内容不应单单局限于教材,而应从马克思主义经典著作、现实生活、社会热点中补充课程资源,还应根据所在高校类型特点和地域的实际充分挖掘课程资源,将校情、校史、地域历史典故及人文精神等丰富到教学中去。但是,教学内容的多样绝不意味着简单的素材堆砌,而是要有所判断、有所取舍、有所扬弃。要秉持政治性与学理性相统一、价值性与知识性相统一的原则选择教学内容,使丰富的教学内容服务于意识形态教育。四是教学方法多样,打造更有温度的"金课"。灵活多样的教学方法有助于教学内容的表达。在大数据时代,"青马工程"课程应在严格课堂管理的同时,推动传统教学方法同技术高度融合,增强时代感和吸引力。"青马工程"课程要根据学生的不同特点因材施教,针对每节课不同的教学内容,运用恰当的教学方法,例如讲授式教学法、启发式教学法、讨论式教学法、案例式教学法、体验式教学法等。通过感人的案例、精准的数据、真实的图像、学生乐于接受的语言等,生动诠释理论知识,使学生真心实意地置身于求知和思辨之中,拉近教师与学生的距离。

新时代"青马工程"课程坚持统一性和多样性相统一,应当在统一性的基础上充分发挥多样性,改变"青马工程"课程"配方"比较陈旧,"工艺"比较粗糙,"包装"不那么时尚的现状,解决亲和力不够、针对性不强的问题,让多性样服务于统一性,改变"青马工程"课程"耍花枪""博眼球""哗众取宠"等现象,解决思想性不足、理论性不深的问题。"青马工程"课程要立足中华民族伟大复兴战略全局和世界百年未有之大变局,锚定党中央擘画的宏伟蓝图,坚持统一性和多样性的辩证统一,在守初心的基础上加强创新,引领青年、凝聚青年、鼓舞青年,培养堪当大任的时代新人,真正发挥好铸魂育人的主渠道、主阵地作用。

(六)主导性和主体性相统一

"青马工程"课程作为落实立德树人的关键课程,要不断发挥落实立德树人根本任务关键课程的关键作用,就必然要推动"青马工程"课程不断在坚持中改进,在改进中加强,坚持教师主导性和学生主体性的重要遵循。"青马工程"课程建设是一个连贯的过程,什么样的人去讲、开设哪些课程、讲什么内容、确定哪些重点、采取什么样的方式考查教学效果等都是相当具体的行为。在"青马工程"课堂中,教师必须及时精准地向广大学生讲解党的政策方针,跟进最新的理论成果,让广大学子们正确领会党的号召和指示,体验最新的实践发展,了解当前的经济社会发展实际。因此,坚持主导性和主体性相统一原则显得尤为重要。但坚持主导性和主体性相统一必须辩证对待。推动"青马工程"课程建设必须坚持教师的主导。

第一,推动"青马工程"课程建设要坚持教师主导,体现为必须坚持对教材内容主导性的加工。"青马工程"课程承载着"青马工程"课程教学内容,是"青马工程"课程教师从事教育教学工作的基本遵循。"青马工程"课程教师要上好思政课,首先就要把准、吃透教材内容,从而实现"青马工程"课程"教材内容体系"向"教学内容体系"的顺畅有效转换。"青马工程"课程教材内容非常丰富,涉及领域同样广阔,为体现高度的政治性、严密的科学性、完整的体系性、逻辑的自洽性,往往是比较抽象概括的论说。如果不对教材内容进行主导性加工,往往会呈现低效或者无效的教学形态,要么是教学过程当中拘囿于教材内容完全"照本宣科",使得思政课堂失去活力,要么是教学过程当中脱离教材内容完全"另起炉灶",使得"青马工程"课程失去本味。这都需要"青马工程"课程教师对教材内容进行主导性加工。"青马工程"课程教师对教材内容主导性加工使"教材内容体系"顺畅有效转化为"教学内容体系"的过程,是社会主义主导意识形态的"编码转译"过程,这就必须考虑到教材内容转化的整体性、必须考虑到教材内容转化的着力点、必须考虑到教材内容转化的实现式,并结合学生实际使思政课教材内容"活起来"。

第二,推动"青马工程"课程改革创新要坚持教师的主导,体现为教师对课堂教学的主导性把控。习近平总书记指出:"办好思想政治理论课关键在教师,关键在发挥教师的积极性、主动性、创造性。思政课教师,要给学生心灵埋下真善美的种子,引导学生扣好人生第一粒扣子。""扣好人生第一粒扣子"很大程度意味着"青马工程"课程教师对课堂教学主导性把控是否有效,这将直接影响学生思想政治素质的形成发展。"青马工程"课程教师对思政课堂的主导性把控包括对课堂教学政治方向的把控、对课堂教学纪律的把控和对课堂教学节奏的把控等多个方面。其中,对课堂教学政治方向的把控是"青马工程"课程教师对课堂教学主导性把控最重要的内容。"没有正确的政治观点,就等于没有灵魂。"广大教师承载着塑造灵魂、塑造生命、塑造新人的时代重任,"青马工程"课程教师更是如此。"青马工程"课程教师对课堂政治方向的把控意味着自己首先就要做到"政治要强",要有正确的政治观点,从而让课堂教学的每个过程都体现正确、鲜明的政治导向,不能含糊其辞、导向模糊甚至方向错误。此外,对课堂教学纪律的把控要坚持自律和他律相统一,既不能粗暴管控,也不能放任自流,既要有严格的纪律要求,又要有活泼的课堂氛围。"青马工程"课程教师对课堂教学节奏的把控就要基于对教学内容的整体规划,以及对教学时间的统筹安排,有条不紊、循序渐进地完成课堂教学任务,接续实现课堂教学目标,从而努力将"真善美的种子"通过"青马工程"课堂教学在学生心灵当中"埋下""埋好"。

推动"青马工程"课程改革创新要发挥学生主体性。一方面,推动"青马工程"课程改革创新发挥学生的主体性,就要激活学生思维的主体性。恩格斯说:"在社会历史领域内进行活动的,是具有意识的、经过思虑或凭激情行动的、追求某种目的的人"。任何一位在"青马工程"课堂上的学生都是具有思维能力的学习主体。如果学生的思维主体性未被激活,学生在思政课堂只能是"身体在场"而"思维退场"。对于任何一个"思维退场"的对象而言,"青马工程"不可能真正触及学生灵魂、塑造学生灵魂。缺乏学生"思维在场"的"青马工程"课程教学,必然会成为规训式、被动式的毫无生气活力的"课堂独白"。学生是"青马工程"课程的受教育者,推动"青马工程"课程改革创新取得实效,就是要让学生思维动起来、活起来、燃起来。只有有效激活学生思维的主体性,才能让学生的思维神经得以触动、思考能力得到培养、思想境界得以升华。激活学生思维的主体性实质就是让学生"身体"和"思维"同时"在场",实现师生思想的交流互动、碰撞升华,以达到教学相长、相得益彰的教学效果。另一方面,推动"青马工程"课程改革创新发挥学生的主体性,就要激发学生学习的主动性。毛泽东在《矛盾论》当中指出:"事物发展的根本原因,不是在事物的外部而是在事物的内部,在于事物内部的矛盾性。任何事物内部都有这种矛盾性,因此引起了事物的运动和发展。"学生学习的主动性体现为学生个人主动学习、追求成长的状态,这是学生个人能够不断持续发展的内在推动力,是提高个人综合素养的主体条件。学生学习"青马工程"课程的主动性,是推动"青马工程"课程效果提升的内部因素,同时也是推动"青马工程"课程改革创新的内在要求。通常而言,学生学习专业课的主动性由于学习内驱力较足而呈现较强的学习主动性。"青马工程"课程不同于专业课,要激发学生学习的主动性,就要调动学生理论内化的自觉性,使他们以一种主动、渴求的状态实现从"不知"到"知"、由"知"到"信"的自主转变。激发学生学习的主动性,进而不断激发学生学习的内在动力。

"青马工程"课程建设必须坚持主导性和主体性相统一,这也就意味着"青马工程"课程教师主导功能的发挥和学生主体作用要相得益彰,不能偏废其一。只有这样,才能促进"青马工程"课程建设高质量内涵式发展。

(七)灌输性和启发性相统一

所谓灌输性,就是教师在思政课教育教学中将先进的思想、科学的理论、正确的价值观传授给学生,用马克思主义理论武装其头脑,并内化为知识、能力和素养。灌输是马克思主义理论教育的基本方法。列宁说:"工人本来也不可能有社会民主主义的意识。这种意识只能从外面灌输进去。"让学生接受马克思主义,离不开必要的灌输。先进的思想、科学的理论、正确的价值观都不是自发生产的,必须发挥教师的主导作用,采用灌输的方法来教育。所谓启发性,就是在教学过程中,启发学生积极思考,使其通过主动学习和独立思考,自主地作出判断并选择正确的方式方法来应对各种困难和挑战。启发性重视发挥学生的主体作用,强调通过教师的疏通、引导,培养学生自主选择的能力,让思想政治理论内化于心、外化为行。

坚持灌输性和启发性相统一是思政教育的基本规律,是思政课教学与时俱进、守正创新的要求。同时也是"青马工程"课程建设改革创新的基本遵循和根本要求。随着改革开放的不断深化,社会思想观念和价值取向日趋活跃,主流的和非主流的思想观念同时并存,先进的和落后的思想观念相互交织,社会思潮纷纭激荡,互联网日益成为意识形态斗争的主阵地、主战场、最前沿。青年在接触网络信息的过程中,由于自身社会经历的局限和知识储备的不足,无法对社会热点、舆论焦点和意识形态的难点进行甄别与分析,既容易受到错误思潮的影响,也很容易陷入彷徨迷惘。这时,他们渴望有一种坚定有力的声音,告诉他们事实的真相和世界的真理。这就需要思政教师把科学的理论"灌输"给学生,帮助其树立正确的价值标准。坚持灌输性,就要旗帜鲜明、理直气壮地进行社会主义意识形态的理论灌输,用科学理论武装学生,用正确思想引导学生。

"青马工程"课程作为引领学生思想的关键课程,在大学生思想成长发展时期,必须要坚持灌输性和启发性相统一的原则。首先,理论灌输并不是机械、僵化、脱离实际的填鸭式"硬灌输",更不是满堂灌或者一言堂,而是依据教育的规律和学生的特点,运用理论讲授、问题研讨、主题探究、参观考察等多种方式,激发学生的积极性、主动性、创造性,引导学生发现问题、分析问题、解决问题,在不断启发中让学生水到渠成地得出结论。因此,"青马工程"课程除了要加强正面的理论灌输外,还必须采用启发式教学。其次,教师通过系统性的知识传授,让学生获取前人已有的间接知识,从而实现知识的代际传递,其本质就是灌输。而让学生通过亲身实践获取直接知识,并通过与自身已有知识的相互印证,进而形成认识的升华,这个过程就是启发。如果在教学中一味采取单向灌输,简单地给出结论,不仅不易被学生接受,而且不易真正转化为信仰。在教学中坚持灌输性与启发性相结合,教师既是教学活动的主持者,也是平等的参与者,更是高瞻远瞩的引导者。这有利于激发学生的创造力和内在动力,让学生主动探索人生的意义,提升自身的思想觉悟和道德情操,实现对"青马工程"课程从被动接受到主动学习的转化过程。因此,我们说灌输是启发的基础,启发是灌输的延伸。事实上,科学的灌输不仅不排斥启发,而且把启发看作实现理论灌输之目的的重要方式,这是"灌中有启";同样,启发中也注重引导、转化、发挥学生的能动性,但其目的仍然是把知识、方法、价值观念等灌输到学生头脑中,这是"启中有灌"。最后,"青马工程"课程教师要搞清楚"灌什么"与"怎么灌"及"怎么启"和"启什么"。"青马工程"课程教师必须以"政治要强、情怀要深、思维要新、视野要广、自律要严、人格要正"来严格要求自己。除了对教材所传播的理论、价值观做到真学、真懂、真信、真用之外,还要具有辩证唯物主义和历史唯物主义思维,及较强的时政敏感性和理论联系实际的能力,让学生真正"亲其师""信其道"。同时,要在"何时灌""何时启"等问题上下功夫。"青马工程"课程教师要善于把握灌启的方法、时机和艺术,对于不同的主题和内容,"当灌则灌""当启则启""灌中有启""启中有灌",灵活运用不同的教学方法,做到"不愤不启,不悱不发",在学生处于"愤"

和"悱"的临界状态下,适时"启"之"发"之,使学生醍醐灌顶,茅塞顿开,升华灌输的效果。

(八)显性教育和隐性教育相统一

在高校思想政治教育中,显性教育和隐性教育是相互对应的两种重要的教育形式,显性教育因其参与主体地位的主次星、教育内容的计划性和系统性、教育方式的直接性与公开性而具有惊涛拍岸的声势;隐性教育则因其参与主体的相对平等性、教育场域的开放性、教育方式的渗透性和潜隐性而具有润物无声的效果。事实上,高校思想政治教育中显性教育和隐性教育是辩证统一、同向同行的,这既是理论层面规范性决定的,又是现实层面的必要性所赋予的。从理论层面来看,高校思想政治教育中的显性教育与隐性教育既具有目标上的同构性,也具有功能上的互补性;从现实层面来看,高校思想政治教育的显性教育与隐性教育存在一定的结构失衡,这也使得显性教育与隐性教育的统一具有现实中的必要性。在教育教学实践中,我们要以加强思想政治理论课隐性教育与显性教育之统一、思政课程与"课程思政"之统一和课程育人与文化育人之统一为抓手,推动高校思想政治教育显性教育与隐性教育统一发展、同向同行。"青马工程"课程建设同样如此,必须坚持显性教育和隐性教育相统一的原则。

首先,实现显性教育与隐性教育的有机结合。一是要旗帜鲜明、理直气壮讲好"青马工程"课程。从教育的一般规律来看,任何国家、任何社会,其维护政治统治、维系社会稳定的基本途径无一不是通过教育。从教育的特殊规律来看,我国是中国共产党领导的社会主义国家,这就决定了我们的教育必须把培养社会主义建设者和接班人作为根本任务,在这一点上,没有什么可隐晦、可含糊的。要旗帜鲜明开设"青马工程"课程。"青马工程"课程是体现社会主义学校本质特征和根本标志的课程,推动"青马工程"课程改革创新,体现了社会主义学校本质特征。要大张旗鼓地开展"青马工程"课程教育教学活动。"青马工程"课程教学要有声势,不能把教育内容隐含在其他课程之中,也不能以各种借口压缩或取消"青马工程"课程。要理直气壮讲"青马工程"课程。教师要有自信和底气,要有信心、有资源、有条件、有能力讲好"青马工程"课程。

其次,"青马工程"课程要实现显性教育与隐性教育的统一,就必须提升"青马工程"课程的教育艺术性。显性教育和隐性教育犹如车之两轮和鸟之双翼,两者相辅相成、不可分割。只重视显性教育,不关注隐性教育,无法达到显性教育应有的效果;只关注隐性教育,不重视显性教育,会使教育活动丧失其价值导向。只有把显性教育和隐性教育结合起来,这才真正实现教育效果。在显性教育和隐性教育的关系处理中,显性教育更具有体现教育目标的性质。因此,在"青马工程"课程建设中显得格外重要,这是我们办好、讲好"青马工程"课程的目的和初衷。因此,对于"青马工程"课程教师来说,最重要的不是"青马工程"课程是否属于显性课程或者隐性课程,而是要使思想政治理论课真正成为显性课程,更好地实现"青马工程"课程的目的和功能,这才是显性教育和隐性教育相统一要达到的目标。

最后,"青马工程"课程教师要坚持终身学习,不断更新自身的观念,重视"青马工程"课程的隐性课程。相较于显性课程而言,隐性课程更具有隐匿性和宽泛性,"青马工程"课程教师必须不断挖掘其他课程中的隐性教育资源,采取融入式、嵌入式、渗透式的方法将思想政治教育内容融入其他课程,达到随风潜入夜,润物细无声的效果。从"青马工程"课程教师来看,教师在教学过程中,要充分关注教育实践中的隐性教育因素,尽可能避免将消极负面思想观念带入教学活动中,充分利用各种方式和手段,间接渗透式地进行思想政治教育。隐性课程和隐性教育的提出,把思想政治教育、立德树人提升到学校教育的全局性工作层面,是思想政治教育观念的极大拓展。也是"青马工程"课程建设创新发展必须坚持的依据。

第二节　新时代高校"青马工程"课程体系的建设方法

马克思曾经说:"如果我们选择了最能为人类福利而劳动的职业,我们就不会为它的重负所压倒,因为这是全人类所作的牺牲;那时我们的幸福将不是一点点自私而可怜的欢乐,我们的幸福将属于千千万万人,我们的事业并不是显赫一时,但将永远存在。而面对我们的骨灰,高尚的人们将洒下热泪。""青马工程"课程教师肩负时代重任,其工作事关我们党和国家是否后继有人的关键问题。"青马工程"课程建设同样如此。习近平总书记强调:"人才培养一定是育人和育才相统一的过程,而育人是本。人无德不立,育人的根本在于立德。这是人才培养的辩证法。办学就要尊重这个规律,否则就办不好学。"①立德树人作为新时代各类学校办学的根本任务,推动立德树人根本任务的深入贯彻,事关中国梦的实现和中国软实力的提升。"青马工程"课程建设能进一步为实现各类学校贯彻落实立德树人根本任务拓展了新的育人空间。因此,推动"青马工程"课程建设需要从以下几个方面着力进行。

一、深化理论学习

马克思主义思想理论博大精深,马克思主义常学常新、愈学愈新。我们只有坚持不懈地学习马克思主义,深入研究其理论精髓,才能在思想意识形态上掌握主动权,从而为认识世界、把握规律、追求真理、改造世界提供强大的思想武器。学习马克思主义理论体系不能走"僵化异化"的老路,也不能走"本本主义"的道路。研读马克思主义经典著作还需要在多个因素综合作用产生效果。因此,必须加强理论学习。

第一,创设良好的学习氛围。学校作为"青马工程"课程教师学习经典著作的集散地,要不断加强对学习经典氛围的培养,加强对学习风气的建设,创建"经典之声我同行"的氛围。学校应充分发挥"读书报告会、学术沙龙、学术研讨会、学术论坛"的积极作用,鼓励不同层次的老师参与这些活动,在活动中不断汲取他人的知识经验。研读经典著作是一个思想碰撞、相互探讨的动态过程。学生如果搞"闭关锁国"倾向,在自己的思维中绕圈,将变成"墙上芦苇"和"山间竹笋",对于经典著作的研读将毫无建树。思想的碰撞往往可以迸发智慧的火花,学生可以在各种研讨活动中勇于发表自己的观点,围绕不同的视角表达自己的思想、见解、经验、困惑,加强师生交流,提升自己的学术能力。此外,新媒体的产生和发展导致大众信息的传递方式、传播效率、传播速度和传播结构均发生了重大的变化。在新媒

---

① 习近平:《在北京大学师生座谈会上的讲话》,《人民日报》2018 年 5 月 3 日第 2 版。

体时代中,马克思主义经典著作更要呈现其经典性和持久性。传统的阅读载体虽然还承担着对经典著作的传承和发扬任务,但新媒体带来的海量信息必然会占据更多的话语权。因此要深入了解新媒体的背景、技术、管理、运用等知识,依托新媒体把马克思主义经典的核心思想和经典理论呈现出来,运用新媒体的智能手段把马克思经典著作变得更加通俗易懂,促进经典著作的传播、传承和发展。

第二,保持深厚的学习情怀。新媒体的发展改变了传统的阅读方式,消遣阅读、数字化阅读、无纸化阅读代替了传统的阅读方式,人们阅读的方式、路径、内容变得更加细致化、多样化、结构化和专业化。但新媒体时代的阅读伴有强烈的商业背景,读者容易在参差不齐的文化和支离破碎的信息中丧失主动阅读和自主思考的能力,不利于读者阅读情怀的培植。马列经典著作是马克思主义留下的宝贵的文化遗产,具有相对稳定性和象征性的文化价值,是经久不衰的传世之作。我们可以从经典著作中"平地起高楼",形成自己的思想体系和知识体系。马列经典著作是伟人自身精神和艺术灵感的结晶,具有高度的原创力和敏锐的洞察力,经典著作作为人类思想文化传承的"接力棒",对其进行研读让我们获得睿智审美的眼睛,培养海纳百川的胸襟和面向世界的眼界。马列经典著作是探索人类自身解放和追求人全面而自由发展的智慧结晶,研读经典可以陶冶我们的个人情怀、培植我们的阅读情怀,从而缩短在黑暗中探索真理的路程。

第三,坚持理论联系实际。习近平总书记指出:"我们党是高度重视理论建设和理论指导的党,强调理论必须同实践相统一。"中国共产党从血的教训和斗争考验中得出马克思列宁主义要同中国实际相结合才能推进事业前进的真理。理论一旦脱离了实践,就会成为僵化的教条,失去活力和生命力。而实践如果没有正确理论的指导,也容易"盲人骑瞎马,夜半临深池"。新时代坚持和发展中国特色社会主义,必须重视理论的作用,增强理论自信和战略定力,对经过反复实践和比较得出的正确理论,不能心猿意马、犹豫不决。同时根据新的实践不断进行新的探索,不断总结实践经验,为新的实践提供新的理论指导。在学习和实践中"众里寻他千百度",最终"蓦然回首",在"灯火阑珊处"领悟真谛。学习理论要增强内生动力,培养并保持浓厚的兴趣,自觉养成学习理论、研读经典、温故知新的习惯,真正使学习马克思主义基本理论成为工作、生活的重要组成部分,把学习成果转化为提升党性修养、思想境界、道德水平的精神营养,做到真学真懂真信真用,在胜利和顺境时不骄傲不急躁,在困难和逆境时不消沉不动摇,不断增强对党的基本理论、基本路线、基本方略的政治认同、思想认同、情感认同,把科学理论转化为实现中华民族伟大复兴中国梦的强大力量,让马克思主义在中国大地上展现出更强大、更有说服力的真理力量。"青马工程"课程教师对于理论的学习不应该将理论束之高阁,而应该坚持理论联系实际,只有这样,我们才能够真学、真悟、真用有用的理论。

二、开展红色教育

党的十八大以来,习总书记每次到地方考察,都要瞻仰党的历史上重要的红色旧址和纪念场所,强调用好红色资源,赓续红色血脉的重要意义。一百年来,在党的旗帜下,一代代中国青年把青春奋斗融入党和人民事业,成为实现中华民族伟大复兴的先锋力量。为迎接下一个百年新征程,要继续加强对青年一代的红色文化教育、革命传统教育、爱国主义教育、思想道德教育,讲好党的故事、革命的故事、英雄先烈的故事,把红色血脉传承好,确保红色江山永不变色。红色文化具有丰富的育人资源和育人内涵,将红色文化融入"青马工程"课程建设是"青马工程"课程建设改革创新的重要保障。

第一,加强青年红色文化教育,要做好校园红色文化宣传。校园教育对青年健康成长,形成正确的人生观、价值观起着举足轻重的作用,要将红色文化融入日常教学的点点滴滴。不仅要在课本中引入生动鲜活的红色故事,还要通过丰富多样的教学形式激发青年对红色文化的兴趣和思考,例如举行红色文化的交流研讨、演讲比赛、专题讲座,开展红色故事的舞台剧、话剧、朗诵、歌曲表演等。通过教室板报、校园海报、电子屏幕等,让红色文化氛围浸润校园的每个角落。

加强青年红色文化教育,要打造精品红色体验场所。"读万卷书,行万里路",红色文化的学习不只局限于书本和理论,身临其境的体验更能够加深对红色精神的敬仰和领悟。要鼓励青年积极参加校外各类红色文化体验活动,参观红色文化和革命历史纪念场所,走进革命老区,重走长征路。红色历史资源要在保护的基础上合理开发利用,加强博物馆展陈设施的建设,安排专业人员进行讲解,避免过度商业化开发,真正发挥红色文化教育作用。加强青年红色文化教育,要利用多样网络媒体平台。当今社会是信息社会,各类网络媒体平台兴起是一把双刃剑,要加强监管、积极引导,大力弘扬红色文化,传播红色精神。政府部门、国资新闻媒体要讲好红色故事,利用微信、微博、B站、抖音等广受青年群体欢迎的社交媒体扩大红色文化的影响力,引导正确社会舆论,激发社会正能量,增加青年的爱国意识和民族自豪感。革命老区、红色旧址要加强融媒体平台建设,扩展网络红色文化展示平台,给广大青年更多学习红色历史的途径。

第二,加强红色文化教育要坚持家校联动,构建三全育人格局。发挥家庭"第一所学校"的特殊作用。革命传统教育要从娃娃抓起,家庭扮演着不可或缺的角色。把党史学习教育融入家庭,通过开展"大手拉小手"等活动,组织家长带领孩子一起了解党史,把学史爱党播撒进每个家庭成员心中。要充分发挥老党员老干部"活党史"作用,通过"家庭党课",从他们的言传身教中,让年轻一代切实感受到初心使命的力量。通过建立家庭教育指导委员会和家庭教育资源库,将革命传统教育纳入家庭教育体系,指导家庭开展继承革命传统的家风活动。要让红色资源鲜活起来,就需要积极引导社会力量来促进红色文化的传播和发展。将学校教育和家庭教育融合起来,共同促进红色文化传播和发展。比如道德与法治课教师可以采用趣味方式将红色文化融入学校课堂和家庭生活当中,激发学生的学习兴趣。同时也要发挥好家庭教育的作用,每个家长应当尽最大努力支持学校各项工作的开展。在寒暑假的时候,家长可以带孩子去周边红色基地参观和游玩,可以去观看红色影视,还可以亲自给孩子讲解身边老一辈的红色文化故事。这不仅可以让孩子在无形之中受到红色文化教育的影响,还能促进父母和子女的交流沟通,增进亲子感情,还有利于将当地的红色文化代代相传。环境对一个人的影响是潜移默化的,是巨大的。营造红色文化大环境,构建红色文化三全育人格局。推动社会大环境改造,让红色文化更好地渗透到社会环境当中,对人们产生潜移默化的影响。比如可以通过打造红色景观文化,利用墙面制作红色文化宣传橱窗,将红色内容的故事、图片、名言用宣传栏、黑板报、标语等形式宣传。还可以播放红色歌曲,宣讲革命故事,大力宣传红色革命精神,营造红色文化浓厚氛围。社会可以积极营造红色文化大环境,对红色文化教育产生积极而深刻的影响。让人们在日常生活环境中就能真真切切地接触和了解到红色文化,以此来实现全员育人、全过程育人、全方位育人。

第三,发挥红色基地作用,让青少年在实践中接受革命传统教育。习近平总书记指出:"革命博物馆、纪念馆、党史馆、烈士陵园等是党和国家红色基因库。"青少年的革命传统教育,要充分运用红色基地这一"活教材",讲好党的故事、革命的故事、根据地的故事、英雄和烈士的故事,让青少年在红色实践中接受革命传统教育,传承红色基因。在功能发挥上,要强化党史学习教育功能。红色基地要着力打造导向鲜明、内涵丰富的党史主题活动,把红色资源转化为现场,把史料史实转化为教材,把革命遗址转化为课堂,使青少年在实践学习中,感召心灵、涤荡灵魂。把握好中国共产党建党、中华人民共和国成立等重大纪念日,以重大纪念活动和节日庆典为契机,在纪念先烈、歌颂人民、盛赞祖国中,升华青少年革命情怀。在育人效果上,提升实践教学体验。红色基地要着力提升实践教学体验,充分调动青少年的积极性和参与性,如开展"我当纪念馆讲解员""我讲照片上的英烈故事"等形式的主题实践,使青少年在活动中受教育,在体验中获启迪。紧跟时代进步,运用现代科技手段,打造视、听、触一体化的 VR 体验模式,让青少年有身临其境的感受,在时空跨越中受到精神洗礼。

三、深化认知,进一步推动马克思主义学院建设

高校"青马工程"课程教师提升理论素养与高校马克思主义学院建设息息相关,坚持"马院姓马,在马言马",进一步推动高校马克思主义学院的科学建设和良好发展能为提升高校"青马工程"课程教师马克思主义理论素养提供坚强的保障。同时推动高校马克思主义学院的科学化、规范化、现代化建设也是认真落实中共中央和国务院下发的《关于加强和改进新形势下高校思想政治工作的意见》的重要举措,更是未来一段时间马克思主义学院的发展方向。因此,高校马克思主义学院要消除模糊认识,消除社会对马克思主义学院的错误认知,明确基本定位,进一步提升马克思主义学院的社会地位寻求政策支撑,积极打造马克思主义学院的社会新形象。

(一)消除错误认识,减少社会对马克思主义学院的错误认知

马克思主义学院作为高校"青马工程"课程教师工作的场域,其建设水平的提高也会影响到高校"青马工程"课程教师马克思主义理论素养的提升。党的十八大以来,在党和国家的战略安排下,马克思主义学院的作用也正在发挥其应有的功能,但对于马克思主义学院的认知,尚有部分人还存在"认知模糊"的情形,因而进一步消除模糊认识,减少社会对马克思主义学院的错误认知,对于高校"青马工程"课程教师提升马克思主义理论素养有着重要的推动作用。一是消除马克思主义学院无差别认知。这类错误认知在根本上将马克思主义学院和一般高等院校下设二级学院相提并论,忽视了马克思主义学院的政治属性和马克思主义学院在意识形态领域的引领作用,容易导致在马院建设过程中消磨自身的政治属性和强大的思想政治教育功能。二是消除马克思主义学院二元标准论。这类认知认为马克思主义学院教师在教学课堂上应该做马克思主义理论的传播者,但是在日常生活中则用不着信仰马克思主义。这容易动摇"青马工程"课程教师的马克思主义信仰,出现知行不一致

的现象。三是消除马克思主义学院唯学术论观点。这类错误认知认为马克思主义学院作为普通高等院校的二级学院,其中的高校"青马工程"课程教师要坚持学术为主,应该进行更多的学术研究。这忽略了马克思主义学院的立德树人的功能,容易导致马克思主义学院在建设过程中出现各种问题。总之,当下随着社会的不断发展,人们思想的不断解放,人们对于马克思主义学院也存在多元化的认知。我们要坚持消除各种错误的思想认知,通过从顶层设计出发,不断提升马克思主义学院的建设水平,以此引领高校思政课教师马克思主义理论素养的提升。

(二)明确基本定位,进一步提升马克思主义学院的社会地位

建设什么样的马克思主义学院,怎样建设马克思主义学院的问题,关系到我国高校是否能够解决好培养什么人、怎样培养人和为谁培养人这个根本问题,同时也关系到高校"青马工程"课程教师提升马克思主义理论素养的问题。有鉴于此,只有对马克思主义学院进行一个明确的基本定位,才能更好地有针对性地提升高校"青马工程"课程教师马克思主义理论素养。一是要明确马克思主义学院是立德树人的阵地。高校马克思主义学院作为高校思政课教学的主阵地,承担着用马克思主义和马克思主义中国化时代化理论成果铸魂育人的重要责任,必须要成为立德树人的重要阵地。随着当前全球化进程的不断深入发展,思想领域的矛盾和挑战也在不断增加,如何在多元的社会发展中引领学生成为担当民族复兴大任的时代新人成为当下的重要课题。因此,马克思主义学院必须要承担起立德树人的重担,进而引领学生的发展。二是要明确马克思主义学院是宣传马克思主义理论的阵地。思想是一切行动的先导。马克思主义学院的每一位老师都肩负着宣传马克思主义的责任,不仅要在思政课教学中完成教学任务,还要注重马克思主义理论素养的提升。通过提升自我的思想境界,进而引领学生的发展。三是马克思主义学院是坚决拥护马克思主义指导地位的阵地。马克思主义学院维护党意识形态领域安全的重要抓手,必须高举马克思主义伟大旗帜,坚决同任何非马反马思想作斗争,坚决捍卫马克思主义的指导地位。总之,对马克思主义学院有一个明确定位,才能确保高校思政课教师工作有目标,才能自觉提升马克思主义理论素养,从而不断提升马克思主义学院的建设水平。

(三)寻求政策支撑,积极打造马克思主义学院的社会新形象

马克思主义学院社会形象的塑造与高校"青马工程"课程教师提升马克思主义理论素养关系密切。一方面,马克思主义学院作为高校思政课教师工作的场域,其自身具有良好的社会形象,能够使得高校"青马工程"课程教师的社会地位得到认可,能够使得高校"青马工程"课程教师的荣誉得到社会的赞扬。另一方面,高校"青马工程"课程教师具备深厚的马克思主义理论素养,在社会公众面前展示了良好的个人形象,进而引起人们对马克思主义学院的高度认可。因此,我们应该积极寻求政策支撑,积极打造马克思主义学院的社会新形象,从而提升高校"青马工程"课程教师的马克思主义理论素养。通过寻求国家财政政策的支持,获取专门的建设经费,从而在信息化建设、图书馆建设、多媒体建设等方面进行建设,全力打造一个现代化发展的马克思主义学院,从而使高校"青马工程"课程教师在这样的环境中及时了解本学科发展的新动态、新成就、新思想、不断开阔自身的眼界,进而不断丰富教学内容,潜心学术、潜心育人,不断提升高校"青马工程"课程教师马克思主义理论

素养。

四、协同发展,进一步夯实思政课教师队伍实力

"思政课程教师是思想政治理论课的人格化载体,是坚持立德树人,实现全程育人、全方位育人,培养德智体美全面发展的社会主义事业建设者和接班人最积极最活跃的决定性因素。"[1]因而,要想在最大程度上发挥这个决定因素的最大作用,就必须要推动协同发展,进一步夯实思政课教师队伍的整体实力,以更高的马克思主义理论素养水平坚持贯彻落实立德树人根本任务,进而培养更多的社会主义优秀人才。

(一)拓宽人才引进渠道,积极打造"青马工程"课程专兼职教师队伍

2015 年教育部就出台相关文件支持高校辅导员、高校班主任等相关专业的人才以及哲学社会科学专业的相关高校工作人员兼职高校思政课教学。各类学校党委书记、校长也要走进课堂,带头上思政课,推动思政课建设发展。可见,高校思政课教师作为一个庞大的群体,理直气壮讲好思政课并不能依靠专职的思政课教师,而需要积极拓宽人才引进渠道,积极打造思政课教师专兼职队伍,进而夯实高校思政课教师队伍的整体实力。对于"青马工程"课程教师也应如此,要积极打造"青马工程"课程专兼职教师队伍。一方面,积极拓宽高校"青马工程"课程教师人才引进渠道。一年之计,莫如树谷;十年之计,莫如树木;终身之计,莫如树人。高校"青马工程"课程教师承担着铸魂育人的重担,如果自身不具备较强的马克思主义理论素养,则在铸魂育人过程中就会产生不良的育人效果。故此,必须通过多元化的手段拓宽人才引进渠道,进而把好"入口关"。例如,通过提高福利待遇、帮助解决子女教育问题、给予足够的科研经费等手段,进而吸引更多的优秀人才,从而在源头上提升高校"青马工程"课程教师队伍的整体实力。另一方面,努力打造高校"青马工程"课程教师专兼职队伍。各大高校的院系党政干部、共青团干部、专职辅导员等在内的相关学生管理人员,其本身就具有较强的马克思主义理论素养,他们长期从事高校思想政治管理工作,熟悉学生管理工作、了解学生思想发展现状。将其纳入到"青马工程"课程教师队伍中,能够充分发挥他们的优势,大大提升高校"青马工程"课程的针对性、灵活性和实效性。同时,高校"青马工程"课程专兼职教师队伍的融合发展,还能进一步提升思政课教师队伍的马克思主义理论素养,从而更好地实现立德树人。

(二)健全激励保障机制,不断提升"青马工程"课程教师整体福利待遇

以健全的激励保障机制来不断提升高校"青马工程"课程教师整体福利待遇对高校思政课教师提升马克思主义理论素养的影响是巨大的。马克思指出:"人的本质不是单个人所固有的抽象物,在其现实性上,它是一切社会关系的总和。"高校"青马工程"课程教师生活在社会关系的场域之中,其生存和发展就必须解决衣食住行的问题,而解决这些问题就主要依靠高校"青马工程"课程教师的劳动所得。只有在满足生存与发展的基础上,高校

---

① 群堂:《试论思想政治理论课教师在学校教师队伍中的引领作用:基于课程思政的视角》,《学校党建与思想教育》2018 年第 6 期。

"青马工程"课程教师才有更多的精力去提升马克思主义理论素养,进而承担相应的责任和履行相应的义务。因而要以健全的激励保障机制来不断提升"青马工程"课程教师整体福利待遇。一是要不断提高高校"青马工程"课程教师的整体工资待遇。工资待遇作为劳动所得,是人们劳动价值的体现。工资待遇的高低在某种程度上决定了高校"青马工程"课程教师能否有足够的精力来进行马克思主义理论素养的自我提升。因此,提高整体工资待遇是众望所归的事情。二是建立完善的激励机制和评价考核制度。其中包括对职位晋升制度、职称评聘制度、人事考核制度的不断完善。通过对教师的综合发展进行考核,并给予教学质量和学术研究比较突出的高校"青马工程"课程教师物质和精神上的奖励,从而增强高校思政课教师的荣誉感和责任感,进而激发高校"青马工程"课程教师进行理论研究和实践创新的积极性和主动性,以此不断提升马克思主义理论素养。

(三)完善队伍培训机制,不断提升"青马工程"课程教师整体教学水平

中华人民共和国教育部在 2020 年 1 月 16 日颁布的《新时代高等学校思想政治理论课教师队伍建设规定》中明确提出了要加强高校思政课教师的培养和培训,保证思政课专职教师每 3 年至少接受一次专业培训,新入职教师应参加岗前专项培训,进而不断培养更多的优秀人才。就"青马工程"课程教师而言,从实际情况来看,当前高校"青马工程"课程教师承担繁重的教学任务和科研任务,每年参加职业培养培训的机会较少,培养培训的质量和层次不高。因此,完善高校"青马工程"课程教师队伍培养培训机制显得尤为重要。职业培养培训事关高校"青马工程"课程教师马克思主义理论素养的提升,必须要从战略高度加以重视,并科学地进行相关职业培养培训规划。一是要有目的性、针对性和高效性地进行培养培训。高校"青马工程"课程教师肩负重任,对其职业的培养培训应该围绕紧紧抓住提升马克思主义理论素养这个着力点,通过知识培训、学位提升等多种方式进行,有组织、有计划地开展相关培养培训工作。二是要建立国家、省(区、市)、高等学校三级"青马工程"课程教师培训体系。通过三级培训模式,使得高校"青马工程"课程教师在思想上既能对党和国家大政方针进行深入了解,又能因地制宜、因校制宜地开展相关工作,从而保证在思想上不出问题,在教学实践上能够有所创新。三是要加强对全国各地重点马院的交流学习。全国重点马院必然有它独特的优势,通过学习这些重点马院的成功经验,进而不断提升自身马克思主义理论素养。

五、不断增强"青马工程"课程教师马克思主义信仰

习总书记在学校思想政治理论课教师座谈会上的讲话时强调:"思政课教师,要给学生心灵埋下真善美的种子,引导学生扣好人生第一粒扣子。"[①]而思政课教师作为青少年思想引路人和信仰铸魂者,有必要带头讲好马克思主义信仰,引导青少年选择科学的信仰并崇尚科学的信仰。

---

① 张烁:《用中国特色社会主义思想铸魂育人,贯彻党的教育方针落实立德树人根本任务》,《人民日报》2019 年 03 月 19 日第 1 版。

（一）坚定"青马工程"课程老师政治道路、政治方向、政治原则

坚定的政治立场是"青马工程"课程教师增强马克思主义信仰的前提和关键。习近平总书记在党的十八届一中全会上强调："我们必须始终保持对马克思主义的坚定信仰、对共产主义和中国特色社会主义的坚定信念，以此来增强政治定力和政治敏锐性，以此来提高抵御各种风险和经受住各种考验的能力。"[①]"青马工程"课程教师增强马克思主义信仰，必须做到"五个坚定"。其一，"青马工程"课程教师要有坚定的政治道路。道路决定命运，"青马工程"课程教师必须坚定走中国特色社会主义道路，引导学生增强对中国特色社会主义的道路自信。其二，"青马工程"课程教师要有坚定的政治方向。方向决定前途，坚定中国特色社会主义教育方向，认真贯彻和宣传党中央的方针政策，做到思想和行动上与党中央保持高度一致。其三，"青马工程"课程教师要有坚定的政治原则。政治原则不可违背，自觉地维护马克思主义在意识形态领域的指导地位，坚决同各种非马克思主义思想作斗争。其四，"青马工程"课程教师要有坚定的政治情感。政治情感稀有高贵，厚植爱国主义情怀，把爱国情、报国志、报国行自觉融入到坚持和发展中国特色社会主义事业、建设社会主义现代化强国、实现中华民族伟大复兴的奋斗中。其五，"青马工程"课程教师要有坚定的政治理想。树立坚守共产主义的远大理想和中国特色社会主义共同理想，坚定对共产主义和社会主义的信念。

（二）树立"青马工程"课程教师立德修业、铸魂育人、引导成才的责任意识

责任意识是"青马工程"课程教师增强马克思主义信仰的重要助力器。学高为师，身正为范。培养具有马克思主义信仰的社会主义建设者和接班人，"青马工程"课程教师就应坚定马克思主义信仰。首先，"青马工程"课程教师要树立立德修业责任意识。立德就是要将育人为本的理念融入到崇德向善的教书育人实际之中，培养以育人为本的敬业之德、勤劳质朴的奋进之德。修业就是将教师本身根植于中国传统的优秀教师伦理文化土壤中，秉承古代先贤传道授业解惑的文化理念。坚持知行合一，做可信、可敬、可靠的"有德之师"。其次，"青马工程"课程教师要树立铸魂育人的责任意识。坚持以马克思主义为指导，立足讲台主课堂、融入社会大课堂，通过故事讲道理、通过道理讲价值、通过价值讲认同，在大中小学循序渐进、螺旋上升地开设思政课，实现全员全程全方位育人。最后，"青马工程"课程教师要树立引导成才的责任意识。思想政治理论课是落实立德树人根本任务的灵魂课程，"青马工程"课程教师是落实立德树人根本任务的灵魂人物，要在理论上教好马克思主义，教导学生学会真理，引导崇尚真理，在信仰上真正弄懂马克思主义信仰，引导学生掌握科学信仰，崇尚科学信仰，在行动上自觉践行马克思主义，引导学生学会理解马克思主义的深刻内涵和时代价值。把学生培养成的德智体美全面发展的时代新人。

（三）加强"青马工程"课程教师课程教学认知守正创新

守正创新是"青马工程"课程教师增强马克思主义信仰的发展动力。守正是根基，创新

---

①　邹雅婷：《把牢正确方向致力民族复兴》，《人民日报海外版》2016 年 11 月 28 日第 1 版。

是源泉,二者是辩证统一的关系。对于"青马工程"课程教师来说,守正就是牢牢守住价值引领的初心,创新就是要以增强思想性、理论性为改革创新的根本。思政课老师增强马克思主义信仰要将守正和创新二者有机结合起来。一方面,"青马工程"课程教师要坚持守正。坚持主导性和主体性相统一,不断深入研究青少年的认知规律和学习规律,制定更加符合青少年学习和接受马克思主义的教学规划。坚持灌输性和启发性相统一,在向青少年灌输马克思主义知识体系的同时,注重启发性教育,引导学生用马克思主义知识发现问题、分析问题、思考问题、解决问题。坚持价值性和知识性相统一,把马克思主义知识寓于价值观中,引导青少年树立科学的价值观。另一方面,"青马工程"课程教师要加强创新。坚持建设性和批判性相统一,传播马克思主义真理力量和主流意识形态,直面各种错误观点和思潮。勇于激浊扬清、扶正祛邪,从而不断提升创新能力、质疑能力、解决实际问题的能力,努力做一名可为、敢为、有为的创新型教师。"青马工程"课程教师老师坚持守正与创新相结合,不断创新教学方法,充分挖掘工作中蕴含的各类思想政治教育元素,引导学生发现问题、分析问题、思考问题,在守正创新的过程中切实增强马克思主义信仰。

第九章　新时代高校"青马工程"的成效、问题及成因

　　青年马克思主义者培养工程是一项青年人才培养工程,是高校培养社会主义合格接班人、共青团组织培养优秀学生干部的重要方式之一,事关青年一代的成长发展,事关中国未来的发展方向,事关中华民族伟大复兴中国梦的实现。"青马工程"启动至今,不断为党和国家的事业发展输送新鲜力量,已成为彰显青年政治特色、聚焦思想引领的主阵地。新时代推进高校"青马工程"提质增效是巩固马克思主义意识形态指导地位的客观要求,是培养社会主义合格接班人的必然选择和应对百年未有之大变局的现实需要,当前我国正处于实现中华民族伟大复兴中国梦的关键时期,站在"两个一百年"历史交汇点,国内外形势严峻,"青马工程"不仅需要面对多元社会思潮涌入、新兴网络媒介冲击等外部挑战,也要看到工程存在内在培养工作队伍能力不足、培养内容形式缺乏创新、培养对象选拔单一粗略、培养机制构建短浅分散、考核评定规则走过场化、培养工作的时代性与针对性不强、培养责任落实意识有待加强、培养反思总结框架有待梳理等具体问题,重新审视新时代高校青年马克思主义者培养工程的当代意义,从理论基础、发展历程、动力机制着手,探索新时期高校深入实施"青马工程"的发展路径,利用多方平台,发挥以党员领导干部队伍、新闻舆论队伍、思想政治教育教师队伍为代表的榜样带动作用,从理论和实践上加强思想淬炼,把握整体与部分相统一原则,推动培养体系规范化,把握同一性与差异性相统一,促进人才选拔机制合理化,把握长期性与实效性相统一,构建人才跟踪培养机制,同时强化青年责任意识,深化青年马克思主义信仰,结合时代推进马克思主义中国化时代化研究的新境界,探索立德树人和宣传马克思主义的新方法。

第一节　"青马工程"取得的成效

　　青年兴则国家兴,青年强则国家强。为了培养和造就一大批青年马克思主义者,2007

年 5 月,共青团中央启动了"青年马克思主义者培养工程",将大学生骨干作为重要的培养对象纳入实施范畴。同年 10 月,中共中央制定了《"青年马克思主义者培养工程"纲要》,对大学生骨干的培养目标、主要课程、工作格局做了总体部署。2007 年 7 月,团中央组建了中国大学生骨干培养学校。2009 年 8 月,团中央制订了《大学生骨干培养工作实施细则》和《中国大学生骨干培养学校教学和管理大纲》,对培养目标、培养原则、培养方式、课程设置等问题都做了细致规划,使大学生骨干培养工作进一步制度化、规范化、科学化。2017 年 4 月,中共中央、国务院颁布了新中国历史上第一个青年发展规划《中长期青年发展规划(2016—2025)》,将"青年马克思主义者培养工程"列为十大重点工程之一,着重在青年学生骨干、团干部、青年知识分子等青年群体中选拔一批骨干作为培养对象,着力培养一批对党忠诚、信仰坚定、素质优良、作风过硬的中国特色社会主义事业合格建设者和可靠接班人,并制定了每年培养不少于 20 万青年马克思主义者的目标。①

十余年来,青年马克思主义者培养工程共培养了近 300 万人,自 2007 年启动实施以来,"青马工程"在推动马克思主义理论在青年中广泛传播、加强青年政治骨干培养实践探索等方面取得了积极成效,并成为共青团履行培养社会主义建设者和接班人根本任务的重要载体。以下将从青年马克思主义者培养工程在育人、兴党、兴国三个方面取得的成效进行说明。

一、"青马工程"铸魂育人

科技兴国,人才强国。青年是祖国的未来和希望,是社会主义现代化建设的生力军。青年能否健康成长,这个问题不是孤立的,而是与时代发展要求、国家发展和社会进步密切相关的。历史发展证明,青年只有将自身的健康成长和社会发展的要求相统一,才能寻找到适合自己的发展道路。"青马工程"就是培养中国的青年马克思主义者,"青马工程"的理论培训为当代青年大学生自觉地担负起时代赋予的历史重任,成长为新时代中国特色社会主义事业的建设者和接班人提供了强大的思想武器。它从思想上、政治上、人生信仰上等方面保证了青年的健康成长,在人生和事业发展方面避免走弯路,在大是大非面前有坚定的政治立场和政治敏锐性。因此,青年健康成长,不仅需要有优秀的业务能力,而且需要有坚定的政治觉悟、政治敏锐性和政治鉴别力。把青年大学生培育成为坚定的马克思主义者的过程,就是青年实现自身马克思主义理论水平不断提升的过程。

当今世界不仅仅是经济、科技、军事等实力的竞争,更是文化软实力的竞争。世界对于人才的需求强烈,对于人才的要求不仅仅是其要具有综合的、专业的技术能力,还要有系统的理论知识,正确且坚定的意识形态。因此"青马工程"在宣扬社会主义文化,培养具有正确政治立场、坚定理想信念、良好道德素质的优秀青年等重大任务中发挥着重要的作用。

(一)提高青年们的马克思主义理论素养

"青马工程"的培训内容主要包括理论学习、红色教育、实践锻炼等。在理论学习阶段,

---

① 中共中央、国务院:《中长期青年发展规划(2016—2025)年》,《人民日报》2017 年 4 月 14 日第 1 版。

重点引导学员读原著、学原文、悟原理和安排专题辅导、调查研究等;在红色教育阶段,主要组织学员赴革命传统教育基地、爱国主义教育基地、革命遗址等实地学习;实践锻炼阶段,主要组织学员到有代表性的基层地区和行业开展实地锻炼,通过系统培养锻炼,努力为党和国家培养一批真正学懂弄通做实习近平新时代中国特色社会主义思想,有本领、有理想、有担当、有作为的新时代青年政治骨干。

学习马克思主义理论,不仅是为了提高青年们对于马克思主义理论体系的认识,更是为了让青年们深刻把握马克思主义理论体系,将社会发展实际与理论相结合,深刻认识到历史发展的客观规律,使青年们自觉靠近党组织,提高自己的马克思主义水平,提升理论素养,夯实政治理论基础,成长为中国特色社会主义事业的合格建设者和可靠的接班人。

马克思曾说:"没有科学的理论就没有科学的革命。"马克思主义理论是中国革命科学的指导,中国特色社会主义理论体系是中国化的马克思主义,是马克思主义的继承与发展,更是中国共产党自身探索出的社会主义国家的建国之路。青年马克思主义者培养工程不仅要对参与者进行系统的马克思主义理论培训,还要将马克思主义理论与中国实际相结合产生的中国特色社会主义理论体系进行系统的讲解,同时紧跟时代步伐,结合二十大精神,深化青年们对于马克思主义理论的认同,和对马克思主义理论发展的时代性的理解。青年马克思主义者培养工程为中国共产党和中国特色社会主义事业培养了一大批具有专业的马克思主义理论素养的接班人。

(二)使青年们坚定共产主义理想信念

青年马克思主义培养工程的基本原则之一是突出核心目标。把理想信念教育放在首位,坚持用马克思主义科学理论武装青年头脑,引导学员树立共产主义远大理想和中国特色社会主义共同理想。

理想信念是中国共产党人奋斗的政治灵魂,是中国共产党人精神上的钙。党的二十大报告指出:"全党要把青年工作作为战略性工作来抓,用党的科学理论武装青年,用党的初心使命感召青年,做青年朋友的知心人、青年工作的热心人、青年群众的引路人。"深入推进青年理想信念教育是中国共产党人一以贯之的优良传统,是思想政治工作体系进一步完善的应有之义,更是保证党的事业后继有人的根本大计、实现党的事业薪火相传的必由之路。从历史发展的客观角度来看,青年理想信念教育必须重视把握历史发展规律,从历史唯物主义的立场出发,学好党史、新中国史、改革开放史、社会主义发展史、中华民族发展史,培养分析和解决问题的历史思维,树立坚定正确的历史观,进而在正确认识历史规律的基础上深入推进青年理想信念教育。

理想信念是青年马克思主义者自身努力和社会环境的产物。一个人的灵魂关键在于理想信念,一旦失去了信念、灵魂就会陷入茫然无措的境地,国家和民族也会在发展的道路上迷失。"青马工程"加强青年对于理想信念的坚定,将信念升华到精神境界,自觉地内化为行动,并将行动改变为坚持对基本理论的学习,时刻保持清醒的头脑,科学认识理论知识与发展新成果,将理论不断地进行创新和传承。坚持与时俱进地学习马克思主义理论,深刻体会其最终的、本质的精神并内化为高度的理论自觉性,从而坚定中国共产党的信仰。青年马克思主义者只有坚定理想信念,才能够在改革的关键时期担当重任,推动中国社会改革发展的进程。

（三）提高青年们的综合能力

"青马工程"的开展对于提高青年学生的社会参与度,培养团结协作意识,提高青年们的创新思维、实干本领等综合能力具有重要意义。

当代中国青年处于高度发展的社会中,对党的历史和传统缺乏了解,没有机会到艰苦的环境中实践,没有基层工作的经历,因此青年群体更要了解和学习无产阶级的残酷斗争及中国共产党在革命时期的处境,并且在改革的关键时期培养和提升自己的综合能力。当代青年的学习集中于"纯理论"的学习,处于被动接受书本理论知识的阶段,在实践锻炼方面的经验少,大多数青年学生不能将理论与实践相结合,不能正确地利用理论指导实践,更不能在实践中系统地提升自己的综合能力。只有在学习中不断实践,并在实践中不断学习才能真正地提高自身的综合能力。

随着中国改革开放的深入发展,国家对于人才的要求越来越高、对于人才的需求越来越多样化。青年马克思主义者培养工程的开展,对于青年们来说是一次切身参与党和国家政治建设的实践机会。帮助青年马克思主义者树立实践观念,在实践过程中提高综合能力,从观念层面上摆脱传统的思想束缚,明晰新的选拔人才标准,要紧跟时代步伐、经济发展的需要。思想上打破传统意义上的以知识学历为主的人才选拔观,更新为以知识学历为主、实践综合能力为参考的人才选拔观。青年马克思主义者在学习过程中,在专业理论知识的基础上重视通识教育,提高自身的综合素质和能力,积极参加课外活动和专业实习,培养和锻炼自身的专业实践能力、综合实践能力。

（四）增强青年们的时代责任感

广大青年是探索中国式现代化历史进程中的先锋力量。习近平总书记指出:"无论过去、现在还是未来,中国青年始终是实现中华民族伟大复兴的先锋力量。"在党的领导下,一代代中国青年紧紧抓住实现国家现代化这一奋斗目标不动摇,把青春奋斗融入实现国家现代化的伟大事业。特别是党的十八大以来的非凡十年,广大青年争做经济高质量发展的积极推动者、社会主义民主政治建设的积极参与者、社会主义文化繁荣兴盛的积极创造者、社会文明进步的积极实践者、美丽中国的积极建设者,在实现第二个百年奋斗目标、建设社会主义现代化强国的新征程上努力拼搏、奋勇争先。

"青马工程"带领青年们回顾世界无产阶级革命的发展历程和中国共产党的发展历史。中华民族经历了曲折、艰难的发展历程,中华民族遭受的苦难、付出的代价在世界历史上都是罕见的。但是,中华民族以不屈不挠的革命精神,不断奋起抗争,终于掌握了自己的命运,推翻了封建统治,战胜了帝国主义,建立了社会主义新中国,开启了建设社会主义的伟大历史进程。但是,由于国家历经多年的战争,社会千疮百孔,百废待兴,社会主义建设需要更多技术型人才,更需要各行各业的专业人才,这就为社会主义人才培养提出了新的要求。改革开放以来,随着中国逐步引进国外先进技术、资金和人才,中国经济建设、社会建设、法治建设为中国高校人才培育提出了新的要求,中国需要大批有专业技能、能加入国际交流的复合型人才,这些人才就是筑起中国特色社会主义事业的砖块。在参加"青马工程"的过程中,广大青年们看到了无数先辈们为复兴中华民族而奋斗,更能把握时代发展需求,增强自己的时代责任感,将自身与社会的发展相结合,做中国特色社会主义事业建设的顶梁柱,走好当代青年的"长征路"。

二、"青马工程"聚力兴党

共产党从诞生之日起,就是同青年学生、知识分子结合在一起的。同样,青年学生、知识分子也只有跟共产党结合在一起,才能走上正确的道路。青年马克思主义者培养工程是在中国共产党领导下的、为党培养后继人才的大型工程。"青马工程"以为党培养青年政治骨干为根本目标,凝聚广大优秀青年的聪明才干,不断加强和改善党的自身建设,为党注入新鲜血液。

(一)推动高校党建创新

党的自我革命是实现党的目标的内在保证,更是完成社会革命的根本保障。习近平总书记多次强调要培养青年马克思主义者,党中央提出的实施青年马克思主义者培养工程,是新时代党的自我革命的重要工程。站在历史的宏观角度分析,青年马克思主义者培养工程关系到我们党自我建设的问题,关系到中国特色社会主义道路始终沿着正确方向前进的问题。目前,青年马克思主义者培养工程在高校已经开展起来,高校实施青年马克思主义者培养工程,不仅是学生思想政治教育工作的一个特色项目,而且在高校党建方面,更加具有深刻的创新价值和意蕴。

选拔培养优秀大学生加入党组织,是高校党的组织建设的常规内容。通过青年马克思主义者培养工程,专门培养党的青年政治骨干,培养党的后备接班人,则是党员培养的一项创新举措,对于高校党建工作创新具有重大价值和现实意义。青年马克思主义者培养工程,目标指向明确,工作针对性强,能够很好地促进青年大学生积极分子增强马克思主义综合素养和党性修养,调动他们政治成长的内在主动性和积极性,强化他们在增强"四个意识"、坚定"四个自信"、做到"两个维护"方面的自觉。[①]

大学启动青年马克思主义者培养工程,是把高校党的建设与思想建设有机结合的创新举措,具有高校党的建设整体建构的价值意义。在党的组织建设、思想建设、作风建设整体关系中,思想建设是根基,组织建设是保证,作风建设是促进。马克思主义及其中国特色社会主义建设的一系列理论,是党的思想建设的核心内容,也是党的建设的思想理论基础。高校"青马工程"把对青年学生的马克思主义理论教育作为核心内容之一,强化理论培养,牢筑思想根基,深化了对高校党的组织建设价值观念的认识,同时也有利于提升高校发展学生党员的质量水平。

(二)巩固党的执政基础

党的执政基础,就是包括阶级基础在内的党的群众基础。我们党历经革命、建设和改革,已经成为领导人民掌握政权并长期执政的党,成为对外开放和发展社会主义市场经济条件下领导国家建设的党。面对社会环境和执政条件的深刻变化,如何巩固党的执政基础,提高党的领导水平和执政能力,关系到党的执政地位是否稳固,关系到中华民族复兴伟

---

① 张兴海:《"青马工程"对高校党建创新的价值意蕴》,《新长征》2021 年第 4 期.

业的成败。

高校实施青年马克思主义者培养工程,培养大学生骨干成为青年马克思主义者,既是时代的发展对高校育人工作提出的新要求,又是顺应形势为党和社会主义事业培养接班人的新举措,更是事关我们事业后继有人、事关中华民族的伟大复兴、事关党的执政地位越发稳固的重要保证。

青年大学生作为党的执政基础的重要组成部分,培养其中的骨干成为青年马克思主义者,不断提高青年党员的素质,增强党组织的战斗堡垒作用,并以此带动更广泛的青年学子支持、拥护、认可党的领导,推动党的建设和社会主义事业的发展,这些必将对新时期党的执政基础的巩固起到重要的推进作用。高校青年马克思主义者培养工程提高了学生党员质量,维护了党员的先进形象。大学生是未来现代化建设的主力军,而大学生党员则将是这支主力军的领导者。党员数量的不断增加有利于巩固党的执政基础,但党组织的战斗力还主要取决于党员的质量。高校青年马克思主义者培养工程,正是通过多种途径不断深入加强对学生党员的教育和培养,使学生党员的理想信念更加坚定、知识功底更为深厚、个人素质不断提高、实践创新能力日益增强、模范带头作用更加突出,从而在广大学生中间树立起良好的形象,更好地维护我党的先进形象。这样的培养效果提高了党员队伍的素质,加强了我们的队伍建设,使得我们的党的先进性更为突出和明显,与此同时又大大增强了广大青年学生群体对党的认同。

当“青马工程”培养了这样一支高素质的学生党员队伍,在其完成学业步入社会之后,其成员会在各种不同的岗位继续发挥这种效应,而广大学生群体对他们的认同也会衍生为广大民众对他们的认同,这种对党员队伍的支持和拥护力量,都必将使我们的执政基础更为坚实可靠。高校实施青年马克思主义者培养工程,培养一批青年马克思主义者,打造一支高质量的学生党员队伍,大大巩固了我党执政的组织基础。

(三)为党注入鲜活血液

在高校实施青年马克思主义者培养工程,培养大学生骨干成为青年马克思主义者,加强大学生党员的培养与提高,加强大学学生党支部的建设,发挥学生社团及理论研讨会等学生组织的功能及作用,是大学生自身素质发展的需要,是我们党加强自身建设的需要,同样是为党注入新鲜血液的需要。

青年大学生是当今社会中最富有朝气的群体,他们接受着高等教育,学历高,知识丰富,思想活跃,探索新问题的欲望强烈,擅长发挥创新性思维,掌握一定的科学本领。

在当今的知识经济时代,青年大学生已经成为时代发展的聚焦点,作为青年群体中最具生活力与先进性的代表,他们对社会的发展和历史的推动作用以及即将在国家政治领域发挥的作用不可替代。也正因此,对青年一代的争夺成了各种社会力量及政党组织争夺的焦点。尤其是大学生群体中的骨干分子,他们胸怀理想,善于钻研,素质完善,作风过硬,代表着国家和民族青年一代的先进形象,最终将在社会主义现代化建设大潮中乘风破浪,成为时代的领航者和弄潮儿。谁抓住了他们,谁就赢得了未来。教育、引导广大青年学生骨干加入党组织,培养其成为合格的共产党员,是高校实施青年马克思主义者培养工程的目标之一。

高校青年马克思主义者培养工程的实施,把在大学生中培养青年马克思主义者的工作带到了一个新的阶段,各高校对在校大学生分层次、分批次地开展着教育引导工作,让青年学子在四年的大学生活中,既学到知识又学会做人,特别是让他们树立起了马克思主义信念。高校一方面紧紧抓住思想政治理论课这一主渠道,从教学计划、教学内容到教学方法不断进行改进创新,不断夯实广大青年学生的思想政治基础;一方面加强日常思想政治教育工作,创造性地开展丰富多彩的大学生社会实践活动,让大学生们在实践中经风雨,长才干,通过对优中选优的大学生进行系统培养,一批对马克思主义理论真学、真信、真懂、真用的青年马克思主义者脱颖而出。大批的青年大学生骨干加入了党组织,成为中国共产党的一员,而且这些学生党员已成为各高校学生骨干队伍的中坚力量,同时也在高校的学生教育和管理工作中发挥着重要作用。高校的"低年级有党员、高年级有党支部"的目标已基本实现,青年大学生骨干被凝聚在了党的周围,高校已经成为向党组织输送新鲜血液的坚实基地。

三、"青马工程"致远兴国

马克思主义中国化时代化,是将马克思主义的基本原理与新时代中国特色社会主义建设的实际情况相结合,从而得出适合新时代中国国情、社情、民情建设和发展的道路。习近平新时代中国特色社会主义思想是对马克思列宁主义、毛泽东思想、邓小平理论、"三个代表"重要思想、科学发展观的继承和发展,是马克思主义中国化时代化最新成果。"青马工程"的实施,将马克思主义中国化时代化的最新成果融入到新时期青年学生的理想教育、信仰、目标树立之中,领导中国特色社会主义事业长远发展。[①]

中国现代化建设不仅需要大量的专业技术人才,更离不开具有坚定的马克思主义信仰的高素质人才,这就需要在我国社会主义现代化建设中培养大批"德才兼备"的高级人才。因此,中国的大学在人才培养过程中一直秉承"又红又专"的人才培养理念。习近平同志在马克思诞辰 200 周年的讲话时指出:"新时代,中国共产党人仍然要学习马克思,学习和实践马克思主义,不断从中汲取科学智慧和理论力量。"高校青年是实现中华民族伟大复兴中国梦这一伟大目标的实践者。高校青年马克思主义者培养工程对于实现社会主义现代化建设,实现中华民族伟大复兴具有重要的现实意义。

(一)助力实现中华民族伟大复兴的中国梦

中国是世界四大文明古国之一,创造了属于中华民族的辉煌。我们曾经有过辽阔的疆土、先进的中华文化、引领世界的科技、开创先河的政治制度,更有过三分天下有其一的国内生产总值。然而,列强的殖民战争、清王朝的腐败终结了中国的前进步伐。中国经历了一百年的斗争呐喊,终于在正确的理论指导下和中国共产党的领导下,开启了新篇章。然而中国梦的实现不可能是一蹴而就的,不可能轻轻松松地实现,需要一代一代中国人的长期奋斗,因此必须凝聚中国力量。也正因如此,中国共产党开展了青年马克思主义者培养工程,为中国特色社会主义事业和中国梦的实现持续培养接班人。

---

① 何彦泽:《新时代高校开展"青年马克思主义者培养工程"意义及现状》,《经贸实践》2018 年第 6 期。

马克思曾指出,青年是"人民生命的源泉"。13世纪意大利伟大的启蒙思想家维柯则明确指出:历史和人类生活的评价者是老人,而"各民族的创建者则是青年"。中国从经济大国走向综合实力强国的新时代,当代青年将参与并见证我国全面建成小康社会、社会主义现代化强国、实现中华民族伟大复兴。根据党的十九大提出的战略规划,当代青年在2020年我国全面建成小康社会时风华正茂、朝气蓬勃,在2025年我国基本实现社会主义现代化时正值壮年、身强体壮,在本世纪中叶我国建成富强民主文明和谐美丽的社会主义现代化强国、实现中华民族伟大复兴时正年富力强、精力充沛。因此当代青年的成长成才过程与我国逐步实现中华民族伟大复兴的历史进程高度契合。中国梦的实现过程,正是青年成长成才的过程,国家发展的历史机遇为青年成长成才提供了历史机遇。[①] 同时,中国梦的实现,也必须依靠青年,爆聚青年力量。

在考察实现中国梦的力量因素中,青年马克思主义者是一支不可或缺的力量。因为这一群体不仅最富有朝气,最富有梦想,而且有理想、有担当。同时,历史和现实都证明,青年马克思主义者与国家同呼吸共命运。近代以来,中国一批又一批的青年马克思主义者始终追求美好梦想,与振兴中华的历史进程相伴相随。

而今,一代青年有一代青年的历史际遇。我们的国家正在走向繁荣富强,我们的民族正在走向伟大复兴,我们的人民正在走向更加幸福美好的生活。当代青年要有所作为,就必须投身人民的伟大奋斗之中。这时候我们比历史上任何时期都更加接近实现中华民族伟大复兴的目标,广大青年马克思主义者应一如既往地勇挑重担,肩负起决胜全面建成小康社会、建设社会主义现代化强国、实现中华民族伟大复兴中国梦的使命。[②] 而"青马工程"则担任着培育新时代中国青年马克思主义者的重任。

(二)推动中国化的马克思主义走向世界

马克思主义的发展,不仅为中国的社会主义革命、社会主义改革和社会主义现代化建设提供了理论指导,也为世界上其他国家进行社会发展和经济建设提供了思想指导。

随着中国改革开放的持续深入,中国在经济建设、政治建设、文化建设、社会建设、生态文明建设等方面都取得了积极成果,在这同时也就需要对马克思主义理论不断继承和创新,以解决在新形势下出现的各种问题。为此,党在继承马克思主义理论的基础上,不断结合时代发展要求,提出了"三个代表"重要思想、科学发展观、五大文明建设、命运共同体等新理论和新思想,为中国发展和世界发展做出了理论贡献和实践探索,进一步彰显马克思主义理论的时代魅力。2017年,中国共产党邀请全球政党开大会,共同建设美好世界。这场高层对话会吸引全球120多个国家200多个政党和政治组织领导人临场,创造了历史纪录,成为出席人数最多的首次全球政党领导人对话会,其人数之多、规模之大,影响深远,意义重大。究其原因,一方面是中国经济的持续、高速发展,成为世界第二大经济体吸引了世界各国的眼光;另一方面,是中国共产党的自身魅力,中国共产党是中国文明的继承者和发

① 倪帮文:《科学内涵,时代价值与理论品格:论习近平总书记关于青年工作的重要思想》,《中国青年社会科学》2018年第15期。
② 习近平:《习近平致全国青联十二届全委会和全国学联二十六大的贺言》,《人民日报》2015年7月25日第1版。

扬者,中国文明的优点在中国共产党执政过程中得到充分的体现。中国共产党能够将马克思主义理论与中国实际相结合,在政治、经济、文化、法治、生态文明建设方面取得了一系列成就。中国共产党在理论的弘扬和创新方面找到了真正切实可行的道路,并始终把为人类作出新的更大的贡献作为自己的使命,而构建人类命运共同体,是大家共同的事业,需要各国相互了解和信任,政党之间的这种交流,无疑将为构建人类命运其同体搭建一个相互理解的桥梁,共建思想基础,也为世界各国更好地找到适合本国的执政道路提供经验借鉴。

习近平同志在 2014 年秋提出的建设丝绸之路经济带和 21 世纪海上丝绸之路赢得世界多数国家领导人的积极回应。2017 年习近平在"一带一路"国际合作高峰论坛开幕式上的讲话中指出,中国历来坚持和平合作、开放包容、互学互鉴、互利共赢的原则,与世界各国人民一道,坚持相向而行,就一定能够走出一条共同发展之路。与此同时,习近平在第七十届联合国大会中进一步提出携手构建合作共赢新伙伴,同心打造人类命运共同体的主张,将中国的发展与世界发展融为一体。这就为中国化的马克思主义理论成果走向世界提供了载体,也为世界人民分享中国化马克思主义理论成果和实践成果提供了契机。[①]

"青马工程"培育出的新时代青年马克思主义者正处于百年未有之大变局,也处于中国特色社会主义建设的新时代。构建世界新格局离不开科学理论的指导,马克思主义与中国实际相结合诞生的中国特色社会主义理论体系,是中国化的马克思主义,是中华民族治国兴邦的科学理论,同时也是值得世界各族人民借鉴的理论。当代优秀青年马克思主义者是中国化的马克思理论的传播者、弘扬者和建设者。

第二节　新时代高校"青马工程"培养工程存在的问题

高校的青年马克思主义培养工程从开设到现在产生了广泛而深远的影响,已经成为高校思想政治教育的主阵地之一,是传播马克思主义思想理论体系的重要载体。在开展的十余年之中培养了一大批青年政治骨干,取得了巨大而辉煌的成就。

但在"青马工程"开展的过程之中也暴露出了很多问题与不足。特别是在进入新时代之后,面临空前的困难与挑战。对外,身处"百年未有之大变局",国际形势错综复杂,西方意识形态渗透加剧了其对我国"青马工程"的基础——广大青年群体的侵蚀,对"青马工程"构成巨大的威胁。对内,存在教学体制尚未健全、教学的具体过程具有诸多弊端、在高校视阈下的顶层设计不足、以社会转型为根源引起的学员功利化趋势等问题。

一、西方意识形态渗透加剧,侵蚀"青马工程"的群众基础

青年马克思主义者培养工程的群众基础是广大青年,"青马工程"的开展必须同青年群众保持紧密联系,一切依靠青年、一切为了青年,从青年中来到青年中去。但由于青年群体

---

① 黎万和:《引领与垂范》,四川大学出版社,2020 年,第46-48 页

自身特性,往往容易成为西方意识形态入侵的主要对象,容易导致"青马工程"的基础受损,对"青马工程"构成外部威胁。

(一)西方意识形态渗透对青年的严重危害

1.西方资本主义意识形态渗透不断加剧

自中国快速发展以来,西方资本主义意识形态对中国的渗透就一直没有停止过,在近年来尤为严重。特别是一些老牌资本主义国家,其传统的渗透方式为,利用其强大的国际传播手段以及话语权,断章取义地抓住中国某个历史节点,对其进行直接性丑化、企图歪曲和否定中国特色社会主义的伟大成就,并在思想政治领域对中国进行直接的攻击。对于其在近现代历史中资本原始积累以及战争中所犯的罪行加以美化和掩盖,并传播西方资本主义的其所谓"普世的""平等的""超阶级的"价值观。

进入新时代后,其价值观的输出方式更具隐蔽性和欺骗性。其在进行价值观输出时常常披上经济文化的外套使人难以察觉,较为典型的是西方跨国集团将本国意识形态植入商业,并打造特定的商业品牌文化,这种文化往往具有浓厚的享乐主义色彩,对青年群体有较大的吸引力,其思想内涵是同社会主义核心价值观、社会主义核心价值体系截然相反的。在进行经济活动时其表面上是在进行商品出售,实则是在进行意识形态的输出,这种形式的意识形态输出对于普通人来说是极难察觉的,具有极强的隐蔽性,这样的方式在奢侈品和所谓的时尚圈领域尤为突出。以电影、资本主义名人为典型的通过娱乐的方式进行意识形态输出则更具有欺骗性,他们选择性地忽略资本主义弊端,忽略对内剥削人民、对外殖民掠夺的客观罪行,创造出一个"近乎完美"的不切实际的资本主义社会。将资本主义描绘成完美的伊甸园,这种意识形态输出方式具有极大的欺骗性,特别是对于青年群体而言,极易对资本主义社会产生不切实际的憧憬,并受到资本主义所谓的"普世的""超阶级的"价值观的蛊惑。

2.中国青年群体的特征

(1)中国青年的积极性和重要性

教育家梁启超认为老年人"常思既往""常多忧虑""常厌事",故"保守""怯懦""苟且",而少年人"常思将来""常好行乐""常好喜事",故敢"进取",敢"破格",敢"冒险"。他形容"老年人如夕照,少年人如朝阳","老年人如秋后之柳,少年人如春前之草"。毛泽东提出了青年最积极、最有生气、最肯学习、最少保守思想的"四个最"特征。邓小平1955年9月28日在全国青年社会主义建设积极分子大会上的讲话中说:"新中国的青年是敢于向前看的,是生气勃勃的,是对社会主义抱有无限热情的,是有强烈的上进心的。"胡锦涛在2009年5月2日在同中国农业大学师生代表座谈时的讲话中说:"'五四运动'以来、新中国成立以来、改革开放以来的历史都充分表明,青年确实是我国社会中最积极、最活跃、最有生气的一支力量,确实是值得信赖、堪当重任、大有希望的!"胡锦涛用"三个最"和"三个是"描述青年特征。习近平总书记2016年4月26日在同知识分子、劳动模范、青年代表座谈会上说:"青年人朝气蓬勃,是全社会最富有活力、最具有创造性的群体。"综上所述,青年群体在社会主义道路的视阈下具有重要性、积极性的特征。青年是国家的未来,在未来建设社会主义现代化的任务中起着支柱作用,所以具有重要性;青年本身是最积极、最活跃、最有生气的一个群体,所以具有积极性。

（2）新时代中国青年特征的两面性

在新时代，青年特征对于中国特色社会主义现代化建设是具有双面性的。在中国，以共青团员为代表的广大青年群体紧紧团结在党的周围。由于其自身的积极性，加之党的正确引导，青年往往是在民族危难、国家建设、民族复兴之际冲在最前面的先锋，历史证明在青年之中蕴藏着巨大力量，"五四运动"中的青年开启了中国革命的新征程，青年开天辟地敢为人先。大部分的中国青年是在党的关怀下成长的，是热爱祖国、热爱人民、热爱社会主义的，是勤奋好学、积极上进的，对中国特色社会主义现代化建设是具有重要意义的。但也有极少数的青年因为积极性或常态化地接触新事物，加之青年人特有的劣势——社会阅历少、涉世不深相融合，导致其受到境外思潮、西方意识形态的误导，极易成为中国特色社会主义现代化建设的破坏者。

3. 意识形态渗透对中国青年群体的全方位加剧

当前西方意识形态对我国主流意识的渗透是不断加剧的，并呈现出愈发紧迫的趋势。其危害是不可忽视的，若不加以抵制，终将成为中国特色社会主义现代化建设、中华民族伟大复兴道路上的阻碍。

（1）青年群体是意识形态渗透的主要对象

以大学生为代表的青年群体具有重要性和易受侵蚀性，极易成为意识形态侵蚀的主要对象。广大的青年群体是社会主义现代化建设的接班人，在国家未来建设中处于不可替代的关键位置。青年群体尤其是大学生，往往由于社会阅历不足，在很多复杂的情况下，无法辨别和抵制西方资本主义的意识形态的入侵。但该群体具有广泛接触新事物的特点，尤其是大学生，西方商品、文化娱乐产品的输入无疑对他们的生活方式、思维方式、行为方式、价值观念进行潜移默化的侵蚀，造成巨大的危害。

（2）意识形态渗透和网络自媒体的结合

当前网络新媒体发展迅速，进入自媒体时代，自媒体的广泛流行使得网络主流话语权下放到个体，极大地加强了个体的话语权，也极大地增强了自媒体对个体的吸引。在自媒体扩张的同时，其自我特性对社会的影响也被扩大化。"自媒体传播的多元化、个性化、交互性、虚拟性、反中心性使得传统的信息传播观念、体制受到很大的冲击和挑战。在自媒体时代信息传播是平行的、双向乃至多项的、互动的模式、这种模式使以前的信息沟通和思想交流方式发生了进一步的革命性的变化。个体作为信息的创造者发布者的情况将更为广泛、更为突出。"由于自媒体的革命性变革，加之自媒体传播的可匿名性，外部敌对分子将该特点进行恶意利用，诱导公众对主流意识形态进行扭曲、污蔑，甚至是直接攻击，这种方式所造成的危害是巨大的，特别是青少年由于涉世不深、阅历少，难以对复杂的政治事件进行辨别，极易受侵害。

（二）广大青年是"青马工程"的群众基础

青年马克思主义者培养工程旨在为党培养信仰坚定、能力突出、素质优良、作风过硬的青年政治骨干。即"青马工程"的诞生是为了在青年中选拔人才，故广大的青年群众是"青马工程"得以存在的直接性的群众基础。近年来，西方意识形态渗透力度空前加剧，渗透的形式愈发具有隐秘性和欺骗性，对于意志不坚定的青年产生了极大的危害，以至于部分青年对马克思主义、中国特色社会主义道路、中国特色社会主义共同理想、共产主义伟大理想产生了动摇,甚至站在了党和人民的对立面。青年在理想信念的领域受到西方的渗透,使"青马工程"的群众基础受到了严重侵蚀。

二、整体体制尚未健全

(一)选拔标准不明确考评体系不健全

对某高校的 15 名参加"青马工程"的学生进行访谈,有集体和个人两种访谈方式。这 15 名"青马工程"的学生相关信息为:7 名预备党员,3 名党员,5 名入党积极分子。其中有 13 名同时兼任学生干部。出于对受访者的身份保密的原则,记录者将受访者依次编号,以下是与部分受访者的具体访谈内容。

01:我平时在部门内部工作的时间较多,接了很多的部门工作,可能是因为这个原因学院给了我一个名额。

03:我们班里面的名额是由四个主要班委向辅导员推荐,再由辅导员决定是否给名额的,我没有什么特长,在哪一个领域都不拔尖,但每一项我都是做得比较优秀的那个,至于为什么选我,我估计应该是为的这个吧。

04:我和 03 是一个班的,我问过几个主要班委,平时我的各方面都很一般,但我的人缘好,和几个主要班委相处的都还不错,在有几次班里面需要有人为班级争光的时候,我都是主动站出来的,辅导员也认识我,然后就把名额给我了。

07:可能我是班长又是党员的缘故,辅导员直接把名额给我了。

08:其实在选中我之前我都不知道什么是"青马工程",当看到参加"青马工程"名单中有我的名字时我都挺惊讶的,我估计我能选上是因为我的成绩和综测在班级的排名都很靠前。

10:我在班上的学习成绩和综测都是第一,我拿到这个名额也是在意料之内。

11:这次活动是由团委的一个部门负责的,我是那个部门的负责人,参加"青马工程"不仅是我个人的意愿,也是组织交给我的任务。

12:我一直是在负责学院那边的党建方面的工作,和书记老师走得很近,我知道一年一度的"青马工程"即将开展,"青马工程"的学员结业证对我以后走选调、考公面试会有一定的帮助,我就向书记老师说明我想参加此次"青马工程",然后书记老师就直接给了我一个名额。

13:我是选拔名单公布的前一天晚上突然收到我们班辅导员的电话,问我想不想参加"青马工程",当时就很直接地答应了,后来听说是因为本来选上的一个人听说参加"青马工程"要写论文,就不想去了,学院的名额是固定的,学院这边不想浪费名额,就让我去充人数,至于为什么是我而不是别人我也不太清楚。

14:我主要是负责学员社团的工作,也是社团这边的主要负责人,学院应该是因为我在这个职位上给我的名额。

15:我们班是实行的辅导员打分、选举、成绩、综测各占 25%相结合的方式,我是我们班综合总分第二的,所以直接就得了一个名额的。

从以上的访谈内容可以看出,对于"青马工程"参训学员的选拔没有统一的标准,也没有形成统一的选拔体制机制。

以下是对该校考评机制的谈话内容。

02:在参加"青马工程"之前,我们辅导员特意叮嘱过,我们专业是和政治相关的,一定要认真学,把优秀结业证书拿到手。所以我把培训内容的每一项都做得很好,最后也是拿到了优秀结业证书。

05:对于如何评优,举办部门也没有公布标准,像我就只有把每一项都做好,才能把优秀结业证书拿到手。

06:我获得参训名额是因为我是班里面的班长,但我现在是一名部门的干事,我知道"青马工程"评优的细则,所以我按照评价标准上面的考核项,每一项我都在认真地做,但对于不是评优考核项的内容我都是以应付为主的。

09:考核标准团委那边没有公布,我觉得就很不公平,让我们想要积极评优的同学无路可寻,即便是评上优的,通过平常的表现来看,很多人都可能会觉得很惊讶,不能服众。

综上所述,对于"青马工程"的考评标准具有不公开性、缺乏科学性。作为一项具有重要意义的建设性工程,选拔学员的标准是否明确、考评体系是否健全,对于其发展具有决定性意义。"青马工程"要同时代相适应,同中国特色社会主义现代化同步发展,服务于中华民族伟大复兴,真正培养出信仰坚定、能力突出、素质优良的青年政治骨干,那么制定统一健全的选拔标准、考评体系是必不可少的,也是"青马工程"发展的必然趋势。

(二)教学缺乏整体性和系统性

青年马克思主义者培养作为一种有目的、有计划的实践活动,其发展始终要围绕着统一性和多样性的基本矛盾,这种基本矛盾在很大程度上制约着青年马克思主义者信仰的培养。

"工业文明的兴起和现代科技工具的鼎盛导致了一个悖论出现:人们对事物的认识越来越精细的同时,全然失去了对整体的认知和把握。"这种原理反映在青年马克思主义者培养问题上,则体现为在青年马克思主义者培养的内容方面缺乏整体性、系统性的视域。整体性、系统性视域的缺失,使得青年马克思主义者培养在马克思主义理论教育内容的选择、设计和建构时,难以有效地从整体出发,从不同的具体教育内容、不同学段的教育内容之间的关联性及兼容性出发,对教育内容进行科学建构,这也导致不同的教育内容之间疏离、分散,甚至是杂乱,影响着其整体效能的发挥。正如有学者所指出的,"教育内容在系统化、科学化的衔接整合实践中,依然存在着诸多没有得到很好解决的问题,面临着一些困境无法突破"。这也客观上造成青年马克思主义者培养内容的发展止步于碎片化的描述,无法实现其内容的整体系统发展。

马克思也曾指出:"理论只要说服人,就能掌握群众;而理论只要彻底,就能说服人。所谓彻底,就是抓住事物的根本。"可以说,科学系统性是青年马克思主义理论教育的最为根本的特性和规定性。

三、教学过程的具体弊端

(一)教学呈现陈旧的特征

近年来,青年马克思主义者培养工程呈现陈旧的现状,这并非个别现象,而是普遍的缺陷,集中表现为教学理念陈旧、内容陈旧、方法陈旧。

"青马工程"普遍存在着教学理念陈旧。"青马工程"作为一项为党育人、为国育才的具有巨大政治意义的工程,部分组织部门、相关领导未将教学理念与习近平新时代中国特色社会主义思想深度融合,导致其教学理念与社会发展有脱节的趋势。

教学内容陈旧:其一表现为教学内容多止步于革命年代红色经典,未能与时代特征、实践特色相结合。其二表现为多年"青马工程"授课内容未变,反复重复,导致脱离时事,具有滞后性。

教学方法陈旧:"青马工程"的教学方法多为授课老师进行单方面的说教,学员场下单向接受理论灌输。不可否认在新中国成立的前几十年之中,理论灌输对于中国的发展具有重要意义。但进入新时代之后,理论灌输不再适合当代青年,甚至会因为其教学方式导致部分青年对"青马工程"产生抵制情绪。

(二)"青马工程"的途径和载体较为单一

在青年马克思主义者培养过程中,途径和载体是不可或缺的重要因素。缺此,青年马克思主义者培养就相当于纸上谈兵。在一定程度上来说,青年马克思主义者培养仅仅运用说教的办法是行不通的,青年马克思主义者培养必须要与时俱进,要能够时刻反映出时代的需求,根据社会发展的变化,创新青年马克思主义者培养的途径和载体,这是加强和改进青年马克思主义者培养的重要条件。青年马克思主义者培养的途径和载体是承载、传导青年马克思主义者培养内容的途径和载体,能为培养者所运用,且主客体可借此相互促进、相互作用的一种活动形式,如谈话、理论学习、管理工作、社团建设、志愿活动、文化载体、网络传媒、精神文明建设活动等,都可以成为青年马克思主义者培养的途径和载体。培养者正是通过这些途径和载体对受培养者不断改进培养方式并与其进行互动提高,从而达到一定的培养目的。

青年马克思主义者的培养,是各种途径和载体共同发挥作用的结果。因此,必须采取多样的和与之相适应的途径才能到培养的目的。但是,长期以来,青年马克思主义者培养的途径和载体还比较单一。在青年马克思主义者培养活动的载体制定中,活动组织者往往会忽视客观实际,出现活动载体针对性欠缺的问题。针对青年网民比重不断增大的趋势,在进行青年马克思主义者培养过程中,应充分利用网络这一平台载体,达到事半功倍的效果。但是,当前青年马克思主义者培养的主要方式还是采用传统的宣传教育方式,对新兴的互联网和信息化手段并没有充分利用,未能营造出一种网上网下的培养氛围,未能有效发挥互联网载体在青年马克思主义者培养中的作用。

青年马克思主义者培养工程启动以来,为了重点培养一批优秀大学生骨干,团中央和全国学联于 2007 年 5 月组建了中国大学生骨干培养学校,主要培养全国"211 工程"学校学生会主席、研究生会主席,每年计划培养 240 人左右。各地、各高校参照中国大学生骨干培养学校的模式,结合本地实际,纷纷成立了相应的学生骨干培养学校,全国、省级、高校三级培养格局基本形成。但是,在一些地方和高校,大学生骨干培养学校工作是"说起来重要、做起来次要、忙起来不要",形式主义和跟风现象突出,没有真正按照教育规律和人才培养规律把大学生骨干培养学校的工作做实、办好,盲目增加培训学员数量而忽视了学生骨干培养学校做实、办好的规律,盲目增加培训学员数量而忽视了学生骨干培养的质量,片面追求短期集中培养的效果而不太重视跟踪培养。此外,特色不强、创新力度不够可以说是各级大学生骨干培养学校普遍存在的问题。此外,有些大学生骨干培养学校在实施青年马克思主义者培养工程的前几年开展了一系列活动,可随着时间的推移,开展活动的频度、力度和效果大不如从前,影响力大幅下降。

(三)理论教育重点不突出,课题研究重视不够

具有马克思主义理论修养,是青年马克思主义者的首要特质。培育马克思主义者的首要目标就是要提高其思想政治素质和马克思主义理论水平,因此理论教育在"青马工程"中始终处于核心地位。也正因如此,高校把理论学习列为大学生骨干培育的首要任务。但在实际工作中,一些高校对理论教育重视不够,存在理论培训学时不够,学习形式比较单一,学习深度不够,讲解不够透彻,理论教学与学习的深度远远不够,学生主动学习、深入学习的积极性不高,动力不足等问题;而另一些高校虽然重视理论教育与培训,但没有突出重点,政治性不强,对培育学员马克思主义理论素养的重视不够。在调查中发现,一些学校在理论学习的课程中关于马克思主义经典著作、马克思主义基本原理、历史唯物主义、辩证法等方面的内容很少。尽管党的十九大以来,各高校在"青马工程"培训中,都通过一定形式对马克思主义中国化时代化最新成果——习近平新时代中国特色社会主义思想进行了宣讲学习.但总体上讲还是不够系统和深入。

开展课题研究是《纲要》规定的培训学员的另一重要课程,目的在于通过课题研究提升学员的理论水平、创新能力和实践能力。但一些高校对这个环节的培育重视不够。在调查中发现,一些高校,特别是高职高专院校、民办高校基本没有开展"课题研究",有些高校虽然开展了"课题研究",但缺乏必要的指导,既没发布课题研究指南,又没有配备指导导师,更没有经费支持,致使课题研究流于形式,不少学员只能闭门造车,胡乱应付。

(四)实践培育和对外交流针对性不强

《纲要》对"青马工程"开展实践锻炼的初衷是"增加大学生骨干对国情和社会的了解,增进与人民群众的感情,提高社会适应能力",应该说目标很明确,指向很清晰。但在"青马工程"具体实施过程中,普遍存在着重理论学习、轻实践锻炼的问题,已有的社会实践活动也多是集中于暑期,并未形成社会实践锻炼的创新性模式,有的高校只是把社会实践作为理论学习的补充,而对外交流的培育就基本流于形式,仅有很少部分高校开展,也缺乏持续性。同时,在调查中,有的学员感到实践锻炼在实际操作中困难重重、阻碍繁多,效果甚微。《纲要》要求实践锻炼每年不少于两周,但在调查中发现,超过两周的仅占55.6%,说明在基本的时间保证上就没有达到要求,另外实践锻炼方式单一,现有的方式集中在开展生产劳动、民宿体验、社会调查、基层志愿服务、参观观察等常规方式上,仅3.5%学员认为在实践锻炼中有所收获。

四、"青马工程"的顶层设计不足

(一)"青马工程"实践基础薄弱

1.实践观对"青马工程"具有重要性

"青马工程"的根本是为党育人、为国育才,归根到底是培养人的工作。仅靠课堂中的教学只能培养出青年马克思主义理论者,培养不出信仰坚定、能力突出、素质优良、作风过硬的青年政治骨干。实践观是马克思主义的根本观点。"青马工程"作为传播马克思主义的重要平台,更应将实践的观点贯彻于教学全过程,把实践教学放在重点位置。在"青马工程"的进行中,实践观不仅有利于培养出能力突出、作风过硬的实干型青年政治骨干,而且对于马克思主义本身来说能使其达到理论自洽——既将实践观作为根本的观点,也不断践行马克思主义实践观。从青年的角度来说,要丰富马克思主义的实践基础。"青马工程"实践课程的意义在于解答在学习原理的过程中提出的问题,通过实践寻找到抽象理论和现实实践最契合的接口,将理论理解透彻,将实践牢记于心,推动学员把马克思主义、内化于心、外化于行。

2."青马工程"实践课程缺失

在2017—2022年5年的时间中,通过对四川境内15所高校的实践调研,发现这15所高校对"青马工程"普遍呈现重理论、轻实践的基本状况。对于理论课程极端重视,实践课程几乎为零。通过查阅相关文献,发现文献中所记载的实践课程寥寥无几,导致培养出大量的青年马克思主义理论者只能空喊口号而不做实事。青年马克思主义者应是马克思主义的践行者,而不是单纯的马克思主义理论者。

(二)缺乏专业化的青马教师

缺乏专业师资队伍表现为:授课老师多为学校领导、"实业"校友,因此课程中的理论性、学理性有待提高;授课老师之间的授课是彼此独立的,缺乏交流,并未形成体系化课程,难以使参训学员对"青马工程"学习内容有整体把握。这对于"青马工程"的全过程而言,学员需对课程的每一讲重新学习、单独把握,进而导致随时间推移,学员对"青马知识"的遗忘率逐渐上升。呈现出以每一讲为中心,以时间为距离的"青马工程"特有的"差序格局"。授课老师没有达成长期合作机制,未对其进行"战略规划",各高校一般在开展"青马工程"前,同校领导沟通,邀请其作为授课老师。基于此种情况,授课教师没有充足的时间准备授课,具有很强的临时性,极易使授课内容存在偏差,没有足够针对性。而没有固定化、专业化的师资队伍,会对高校的"青马工程"的开展形成较为严重的阻碍,降低"青马工程"开展效率。对于参训学员而言,在一定程度上会降低学员的学习质量,影响学员最后对于"青马工程"学习成果的转化。

(三)高校不够重视,多流于形式

高等院校是实施"青马工程"的主阵地和主体力量,肩负着培育青年马克思主义者的重大使命。从调研的情况看,大部分高校已经认识到青年马克思主义者培育的重要性和必要

性,尤其是高校管理者和共青团干部对此具有高度的认同。但在调研中发现,部分高校存在思想不统一,认识不到位,对开展"青马工程"重视不够等问题,主要表现在:第一,一些学校没有站在党和国家事业发展的高度,从学校立德树人根本任务的角度去认识和把握实施"青马工程"的重大意义。因此,在具体工作中没有把"青马工程"纳入高校思想政治工作总体布局中,没有把青年马克思主义者的培育作为评价党团组织工作成效的重要指标,致使这些学校"青马工程"大都流于形式,缺乏实效。第二,一些学校领导和相关职能部门把"青马工程"看成团组织一家的事,致使部门之间的协调配合不力,全校资源整合不够,没有形成工作合力。第三,一些学校没有建立起有效的领导决策、议事协调、表彰激励等长效工作机制,缺乏制度机制保障。第四,一些学校经费投入不足,甚至没有专门的"青马工程"专项经费,团委部门只能从学生活动或其他经费中列支相关费用,甚至干脆用一般性的干部培训代替"青马工程"。

(四)忽视社会转型下的功利性趋势

社会转型期还有一个非常重要的问题对青年马克思主义者培养产生极大的消极影响,这就是腐败现象的滋生和蔓延。瑞典学者罗斯坦认为腐败导致人民对政府失去信任。腐败等负面现象的产生,极大地削弱了马克思主义合法性基础,消解了马克思主义意识形态的话语权和影响力。由社会转型滋生的腐败现象使社会矛盾进一步暴露出来,青年群体对社会的腐败问题难以接受。客观上说,由于青年群体社会阅历和社会经验不足,往往对社会主义制度和社会主义社会充满美好憧憬。一旦这些腐败现象集中暴露出来,他们极易对现有的政治制度、国家伦理、社会规范和行为准则产生怀疑和不满。

此外,市场经济对包括青年在内的广大民众的观念行为的影响,一是"放"(个体自由),二是"转"(利益驱动)。在此背景下,"马克思主义所倡导的道德观念不适应社会现实,忌言先进,躲避马克思主义的崇高。一些人厌倦政治、厌倦理论,产生消极颓废的情绪。不可否认的是:在市场经济观念日益深入人心的同时,马克思主义在一定程度上受到排挤和被边缘化"。虽然党从来就没有放弃意识形态整合,青年马克思主义者培养也旨在把个人利益的实现建立在国家和集体利益发展的基础之上,抵制市场活动中的消极现象。但是,如果这种整体教育不能及时地在传统价值理念与现实社会之间找准结合点,并实效转化,就有可能陷入自相矛盾的尴尬处境。

第三节　新时代高校"青马工程"存在问题的原因

"青马工程"在高校实施中出现的各种问题,一定程度上反映出各级党组织、共青团组织在思想认识层面的不统一、不重视,在具体实施方面的不科学、不专业。因此,必须弄清高校"青马工程"存在问题的深层次原因,以利于从根本上加以改进。

一、多元社会思潮的侵蚀与消解

青年马克思主义者培养工作是以青年马克思主义者为重点群体的高校思想政治工作，是学校人才培养的重要组成部分。在当前我国改革开放不断深化、经济全球化趋势不断发展、文化多元多样并存的大背景下，面对世界范围内各种思潮交流交融交锋的复杂形势，新时代青年马克思主义培养工作面临着前所未有的机遇和挑战。

（一）西方意识形态渗透的压力

近年来，西方国家不断调整意识形态渗透战略战术，更新渗透路径，持续加大对我国意识形态领域的渗透力度。西方国家通过学术包装，宣扬自由主义、个人主义、功利主义、享乐主义和拜金主义，潜移默化地侵袭当代中国青年的心智，构造"西方优于中国"，使用推广理论应用等方式开展学理化渗透；结合热点问题，运用议程设置、话题炒作、同步施压等方式推进炒作性渗透；利用个别教育者的错误言传灌输和教材内容设定实施教导化渗透。西方意识形态渗透意在促发青年不健康的政治心理，培养对主流意识形态的反感和偏见，诱使青少年片面看待社会发展中的矛盾和问题，将个体压力解释为制度问题、个体挫折归因于社会不公，对未来悲观逃避或丧失理性，把实现个人价值同国家发展相割裂，不自觉地抛弃马克思主义理想信念，背离中国特色社会主义事业，形成"认知—评估—发展"过程中的消极循环，对个人成长与社会稳定都带来了极大隐患。

（二）新兴网络媒介传播的冲击

新时代是网络化时代、智能化时代、数据化时代，他们既为青年马克思主义者培养提供了技术支撑，也给青年马克思主义者培养带来巨大压力。当今，互联网技术迅速发展，信息传播手段多样，语言表达方式各异，网络用语频出，每年都会有热词。而这些热词，正是青年人青睐的交流词语。

首先，青年一代成长于物质丰盈的时代，网络媒介已成为其生活不可或缺的组成部分，也是他们获取信息的主要来源。在"00后"青年群体中，有半数以上的青年群体已经或正在成为"网生代"，他们经常在各类社交平台、短视频平台等新兴网络媒介上发布或浏览信息，并对其形成依赖。这一群体大多具有极强的学习和模仿能力，若引导不当，极易对青年群体的人生观、价值观和世界观形成产生影响。其次，高校大学生接收信息渠道多样化，对于热议社会话题随意进行讨论。高校网络舆情监管尚未全面监控所有平台，并且对衡量信息是否造成舆情没有形成完备的标准规范。再次，高校网络舆情管理引导机制还不成熟，网络信息监测技术较为落后，不能及时规避反文化风险。最后，新媒体的载体和传播途径日益丰富，新鲜事物与新潮热点对大学生的吸引力足，而当前高校思政教学内容大部分是书本基础知识，很少深入讲解先进的思想及内容，因此高校学生易受到网络文化的影响。

（三）社会思潮猛烈侵蚀的阻碍

改革开放至今，民主社会主义、新自由主义、消费主义、历史虚无主义、历史复古主义、青年群极化、青年"亚文化"等社会思潮在我国粉墨登场，至今仍以不同程度影响中国人民尤其是青年群体的思想价值观念,这无疑给高校培养新时代马克思主义者和建设社会主义核心价值观造成巨大阻碍,例如:历史虚无主义思想全盘否定中国传统文化,致力于推翻有着五千多年积淀的历史文化,以重构新的文化体系,这一观点与历史发展规律相背离,更与习近平总书记提出的坚定文化自信的重大论断格格不入;历史虚无主义消解青年对文化的认知与认可;消费主义思潮崇尚消费至上,认为人生最大乐趣在于享乐,极大地误导青年。青年群体涉世不深、社会阅历浅、好奇心重,面对形形色色的社会思潮时难以区分,容易丧失理智,遭受多元社会思潮的侵蚀。

(四)宗教信仰精神皈依的挑战

宗教信仰自由是我国宪法规定的公民的基本权利之一,作为公民的大学生有信仰宗教的自由,但大学生不是一般的公民,他们是中国特色社会主义的建设者和接班人,肩负重要历史使命。近年来,我国信仰宗教的大学生人数不断增长,并逐渐从受众者向宗教活动组织者、传播者转化。因此,如何在马克思主义信仰教育的基础上更好地培养大学生中马克思主义信仰者和社会主义实践者,是一个重要而紧迫的课题。大学是人生发展的关键阶段,处在这一阶段的学生,思想活跃,求知欲望强,不仅要学习各种专业知识,还对承载着这些知识的人类历史上的各种思想文化有着浓厚的兴趣,但部分学生分不清宗教与邪教的区别,进而深陷迷途而无法自拔,将封建迷信作为宗教信仰的产物,与现代文明背道而驰、格格不入,应当树立辩证唯物主义和历史唯物主义的世界观,学会以辩证的思维摒弃陋俗净化风气。

(五)大学生对马克思主义认知接受水平失调

中国化的马克思主义是能够被大多数当代大学生所接受的,学生们基本上能够较好地掌握马克思主义基本原理和方法,但在信息全球化与政治多元化日渐深入的国内外背景下,大学生在正确运用这一思想方法指导自己生活学习实践时存在着一定的问题。高校大学生对马克思主义的认知呈现出某些失调的特点:缺乏积极的认知情感、马克思主义信仰不坚定、认知行为功利性极强、认知理念片面化。以上种种容易催生学生的抵触心理与排斥心理,对马克思主义表面接受而内心抵触,固化马克思主义无用论的错误思想,崇尚个人物质利益凌驾于国家利益、国家前途之上。

二、新时代高校"青马工程"工作队伍建设短板尚存

(一)培养工作队伍能力不足

就队伍组成来看,意识形态工作基本队伍包括三大部分:一是党员领导干部队伍;二是新闻舆论工作队伍;三是理论研究、宣传及思想政治教育工作队伍。这三支队伍的关系是:前两支队伍均源自第三支队伍及其教育和培养。合格可靠、有战斗力的队伍,必须经过深入系统的真学,才能达到真懂真信,进而真讲真用真实践。从这个角度来看,意识形态工作队伍建设的根本是马克思主义理论学科人才队伍的建设。

1. 党员领导干部队伍

首先,从高校干部的年龄结构来看,高层领导年龄普遍高于中层领导,有一定数量的高层领导已经到了退休年龄但仍然担任学校的重要职务。年龄较大的领导在学校日常管理、重大事项决策、学校发展方向的把握等方面的确有丰富的工作经验和值得学习的工作能力,但关键岗位如果不注重中青年干部的培养不仅会打击中青年干部的积极性,也会导致高校干部队伍缺乏生机和活力,工作传承性也可能受影响。"青马工程"要从青年中来、到青年中去,认真分析青年的身心特点和理解接受能力,从而明晰各个阶段的培训重点和实施策略,通过有针对性的培养,引导青年不断深入理解践行马克思主义。

其次,高校党员领导干部队伍与企业管理和专门政府管理不同,高校的管理有其自身的规律性和特殊性,较之企业管理,灵活性不足;较之政府管理,具有伸缩性,这是由高等院校的本质决定的。作为"得天下英才而育之"的人才摇篮,高校领导干部可能对高等教育学知识了解不足,符合这一条件的干部如凤毛麟角,会直接导致在管理学校过程中对教育规律把握不准确、对相关现象认识不清,一定程度上阻碍了新时代高校青年马克思主义者培养计划和学校高层次的发展规划。

最后,部分学校"官本位"思想严重,有相当数量的高校干部本末倒置,忽视了高校的主体是学生,对学生和教师服务意识淡薄,而把当官、升职、获奖等作为自己工作的衡量标准和价值体现。

2. 新闻舆论队伍

自胡锦涛提出"青年马克思主义者培养工程"以来,全国高校掀起学习热潮,在这样一片大好形势下,教育部明确提出要培养网络思想政治教育工作队伍。大学生新闻队伍对高校的新闻宣传工作起着重要的支撑作用。但要建设一支具有一定专业水平、高效快速、持续发展的学生新闻宣传队伍并非一件易事,相较文科院校和综合性院校来说,理工类院校没有学科基础,难度较大。大学生的特点决定大学生的新闻队伍存在许多局限性,例如:业余性、流动性、非专业性、兴趣偏好引导、阶段性等,这些局限性会使新闻舆论队伍建设过程出现许多问题,如:采编能力难以形成、采编质量难以保证、队伍保持具有不稳定性、持续发展困难、全面客观报道会遇到困扰等具体难题,也是新时代高校青年马克思主义者培养工程推进工作中宣传效率和质量的瓶颈的直接问题、症结所在。[①] 除此以外,当前高校舆情频发,高校舆情相较于其他舆情而言,更为敏感,传播人群也更具特殊性。随着网络社交媒体的普及,社会各界对新闻信息获取度和接受度较高,已呈现常态化发展趋势,社会热点发酵迅速且容易产生巨大舆论反响,而当前高校舆情管理者对于网络舆情监管制度依然处在建设阶段,缺乏相关舆情管理专业人才,尚不具备及时应对各种思潮在高校交融交锋的挑战的能力。

3. 思想政治教育教师队伍

习近平总书记指出:"办好中国特色社会主义大学关键在教师。"要把培养德智体美劳全面发展的社会主义建设者和接班人作为根本任务,要求"培养合格建设者和可靠接班人"。师资队伍的理论水平决定了"青马"成员的理论深度与厚度。新时代对高校青年马克

---

① 黄国春:《高校新闻宣传队伍建设的难题与对策》,《广西大学学报(哲学社会科学版)》2014 年第 1 期。

思主义者培养的要求越来越高,但培养工作队伍存在能力不足的问题。目前来看,高校"青马工程"建设过程中普遍存在专业师资建设与自我提升衔接不到位、师资数量质量缺口较大、教师队伍建设机制不到位、理论与实践结合不到位、青年学生思想政治教育所需教学体系分散等问题,同时还忽视了很多可利用资源,如党政干部、思政课老师、辅导员或优秀校友等,使得培养深度受限。建设高水平、高素质、高层次、结构合理、相对稳定的"青马教师"队伍是搞好培养新时代青年马克思主义者的基础保证。高校思想政治教育工作者还要明确马克思主义的基本立场、观点和方法,帮助大学生通过明晰马克思主义中国化时代化从哪里来、现在在哪里、要往哪里去等基本问题,真正弄明白马克思主义为什么行、中国特色社会主义为什么好,以此改变当前高校马克思主义青年华传播内容的准度不够、深度不够的问题,使之真正成为一种理性认同和科学信仰。[①]

(二)培养内容形式缺乏创新

1. 传统培养方式僵化

"青马工程"旨在通过科学有效的培养方式,引导培养对象从马克思主义经典著作尤其是马克思主义中国化时代化最新成果的学习出发,不断深化对马克思主义的理论认同、情感认同,不断形成对中国特色社会主义的理论自信、理论自觉。但在实践中,许多高校在"青马工程"培训中沿用传统干部培养模式,采用团校统一授课、研讨会、工作报告或是讨论会等形式开展工作,"青马工程"在培养的过程中大多是采取"搬套式",即搬取前人的实践理论,套入有限的培养课堂,这样做的后果就是其培养的持续性不强,纵然高等院校越来越重视"青马工程",但其缺乏有效的实践育人平台也成为一个较大的问题,无法激发大学生的上课兴趣,严重影响培训的整体效果。大多数高校在实施"青马工程"的过程中,注重理论知识的学习,例如邀请专家、学者等讲授马克思主义中国化时代化的最新成果、社会主义核心价值观体系教育、人文和科学素养教育、团学理论教育等,但缺乏对学生实践探索能力、辨析能力的教育与提升。培养方式陈旧僵化、不接地气的问题普遍存在,"教师讲授,学生听记"的简单灌输模式依然大行其道,教学过程缺乏吸引力、感染力,学习效果难以入脑入心、触及灵魂。2016年针对贵州省6所高校的调研发现,62%的大学生对"青马工程"理论课程的评价是"一般",更有24.5%的评价是"枯燥";近53%的大学生选择"看情况,占用时间少,内容不枯燥时考虑"参加"青马工程";56.9%和30.9%的选择"很少"和"从来不"在"课余时间会自觉学习和实践马克思主义"。

2. 培养内容枯燥普通

一是理论学习内容"大"且"空"。语言是文化的重要载体,对于马克思主义理论的传播,20世纪初的精英们在介绍它时,往往是充满热情的讴歌,怀着严谨的、郑重的、敬仰的心态来介绍,因此沿用至今的许多马克思主义经典著作都比较规范,以书面语句为主,理论性比较强,不够通俗,过于深奥。理论教育缺乏专门的方案、规范的教材、标准的课程,缺乏与当前经济、政治、科技、文化、社会、民生、外交等方面的密切结合,缺乏与学生学习生活实际的紧密联系,就理论谈理论现象普遍,简单重复高校思想政治理论课问题突出,理论教育缺乏针对性、时代感,造成部分学生对"青马工程"产生逆反心理。山东师范大学的相关调查

---

① 谢书楠、李汶静:《新媒体时代高校马克思主义青年化传播的时度效》,《传媒》2022年第15期。

发现,28%的同学认为"青马工程"在培训内容和培训方式上只是流于表面形式,没有实质性的收获,36%的同学觉得"青马工程"理论课程太枯燥,吸引力不强。

二是实践锻炼内容普遍缺乏针对性。在时间安排上,多集中于暑期,未形成常态化、制度化的实践教育模式;在项目设计上,多与"三下乡"暑期社会实践等同,未形成针对性、科学性的实践项目体系;在工作锻炼上,多停留在学生干部岗位锻炼和素质提升,鲜有深入党政机关、企业农村、社区街道等的挂职锻炼和党性实践。

不注重理论与实践相结合,一方面不利于增强理论知识的学习效果,另一方面也不利于使青年大学生明确大学生的历史责任和努力的方向。大部分高校更多地侧重于理论部分,并未提供相应的课外实训,特别是缺乏实践锻炼和社会调查,不利于大学生骨干社会责任感的培养,也不利于大学生对社会国情的关注了解。

3. 马克思主义传播受阻

马克思主义在传播上甚至发生与社会现实脱节的现象,且传播的渠道太过于学术化,逐渐成为一个小众研究的学术课题,逐步远离大众的视线。情况更为复杂的是,随着互联网技术的推广运用,信息化大众化时代到来。当代人们之间的交流越来越便利,文化传播的速度及形式更快捷多样,对于马克思主义的传播而言,既面临着西方的普世价值,传统文化领域的封建思想,以及宗教信仰等等的冲击,又面临着马克思主义理论不断发展的需要,因此在传播上难免遇到阻碍。

4. 培养对象喜好难调

传播马克思主义理论要面向的首要的是青年人。青年人是社会中最活跃、最能创造新事物,也最喜欢新事物的群体。但是关于马克思主义理论学习的书籍的更新速度却严重滞后于当下语言的发展速度。因此,用青年人喜欢的、听得懂的话来传播马克思主义是一个值得研究的课题。再则,对于马克思主义传播理论人才方面的教育也要加强,要结合当今时代的特点,强化青年马克思主义工程教育,为社会主义的建设打好人才的基础。

(三)培养对象选拔单一粗略

1. 培养定位模糊

高校实施"青马工程"的根本目的就是要培养造就一大批用马克思主义中国化时代化的最新成果武装的"对党忠诚、信仰坚定、素质优良、作风过硬"的中国特色社会主义事业的合格建设者和可靠接班人。但调研发现,不少高校将培养对象简单地定位成大学生骨干,忽视或弱化了对团干部和青年教师的培养。将培养目标简单地定位成提高大学生骨干的理论水平和实践能力,忽视或弱化了马克思主义的信仰教育和社会主义、共产主义的理想信念教育。培养定位的模糊不清,使得学员无法确定准确的成长目标并形成深层次的学习动力,马克思主义中国化时代化最新成果入脑入心的培养效果难以保障。[1] 例如,东北师范大学的相关调查显示,大学生党员信仰马克思主义的比率为69.2%,表示"只是认同而已,谈不上信仰的"占21.8%,还有少数学生党员选择"信仰宗教"和"没有信仰"。在被问及"如何看待马克思主义在中国的发展"时,20.3%的学生持"说不清楚"的态度。

---

① 何彦泽:《新时代高校开展"青年马克思主义者培养工程"意义及现状》,《经贸实践》2018年第6期。

2. 分层分类不够

自团中央启动"青马工程"以来，各高校团委及思想政治教育工作队伍积极响应并组织开展。[①] 但仍以停留在校级层面为主，参加培训的对象基本都是校级学生组织的学生干部和各院系推荐的学生骨干，出现"青马工程"培训受众面过窄的问题，结果可能造成只有少数金字塔尖端的佼佼者不断被强化理想信念，而活跃在院系各组织中的活跃力量、主力军和普通大学生则无法参与该平台，使之流失在马克思主义大众化理论的培训体系之外。

3. 跟踪培养不足

高校"青马工程"多重视集中培训、阶段培养，总体期限一般设定为 1—2 年，培训项目结束后对学员的跟踪培养则往往被忽略。作为塑造人的灵魂的事业，仅仅通过 1—2 年的短期培养是难以一蹴而就的，当前多数部门尚存短视思维、功利思想，在日常的学习生活实践中难以对学员贯彻全过程、全方位的跟踪培养。

（四）培养机制构建短浅分散

高校青年马克思主义者的培养应当形成以制度化、体系化为特点的长效机制，这是保证"青马工程"取得实效的关键，也关系到青年马克思主义者的培养质量，是中国特色社会主义事业后继有人的重要保证。目前许多高校只是零散地进行短期培训，难以进行系统的统筹规划，无法组成梯队、分层实施、彰显特色。如：只运用青年学生，不培养青年学生；不注重学生队伍的梯队建设；资源不共享。"青马工程"是一项系统工程，是高校人才培养的重要组成部分，而在实际的"青马工程"培养机制中，高校往往重零星式培养，轻系统性培养；重课程化培养，轻非课程化培养；重理论素养培养，轻实践培训。制度机制的不完善，导致上级团组织对下级团组织实施"青马工程"的指导不足、考核不够、监督不力，导致高校团组织实施"青马工程"重部署、轻落实，重开班、轻过程，重形式、轻内容，重管理、轻考核，重短期、轻长期，认识不够，贯彻落实的力度不扎实。

（五）考核评定规则走过场化

对新时代高校青年马克思主义者培养工程工作的系统考核评价应该建立在科学合理的制度规章上，其制度就是"标准"，但现存"标准"不科学，以之作为考核评价干部骨干的尺码，势必会产生消极影响，挫伤青年马克思主义者的热情。虽然高校建立了"青马工程"考核制度，但制度不完善、执行不严格等问题较为突出。例如，在考核制度方面，普遍停留在出勤、作业等易观测易量化的指标考核上，缺乏对信仰树立、信念坚定、理论提升、技能提高等深层次效果的评测和考核。在制度执行层面，普遍存在宽松软的情况，无法起到对学员的激励约束作用。

当前高校青年马克思主义者培养工程存在对考核对象采用教学工作数据信息评价的方式，准确度不高或者本身没有搜集教学工作过程中的数据信息，在"青马工程"整个学习过程中只是以结业考试或平时考试的考核为主，有的甚至仅凭平时印象或是人情给出评定分数、评定结论，起不到考核评价的应有效果。仅仅关注学生在短期培训当中取得的成绩

---

① 赵璇、高凯：《新时代高校青年马克思主义者培养问题研究》，《广西青年干部学院学报》2019 年第 2 期。

和效果,缺乏综合成绩测评,没有对学生进行综合实践等各个方面的考证,学生无法在"青马工程"中意识到位,反映出考核评定规则"走过场"化的问题,容易影响考核评价质量,产生不真实不合情理的结论,更容易出现误导大众,或反馈落实结果跟教师切身利益挂钩等"兑现"的丑态。

(六)培养工作的时代性与针对性不强

首先,时代性有待加强。中国特色社会主义已进入新时期,高校青年马克思主义者培养的时代背景和环境发生了巨大变化。部分高校青年马克思主义者培养工作在应对新挑战、新问题,进行理念创新、实践创新时,以最新理论成果指导高校青年马克思主义者培养的程度还不够深入。

其次,针对性尚待加强。在高校青年马克思主义者培养过程中,部分高校缺乏对培养对象的深入调查和研究,特别是对大学生的思想、行为呈现出的新变化、新特点缺乏深入了解,导致在工作过程中仍然采用老办法,很难有针对性地解决实际问题。

三、新时代高校"青马工程"责任落实意识有待加强

(一)在顶层设计上缺乏与教育行政部门协同

在全国层面,"青马工程"的文件由团中央、全国学联制定,缺乏教育部的参与。在省级层面,统计显示,仅有河北、江苏、四川、重庆、陕西等省市教育行政部门和共青团组织联合出台了"青马工程"相关文件。顶层设计中教育行政部门的缺位是造成高校党委对"青马工程""口头上重视,手头上忽视"的重要原因,也是高校"青马工程"认识不到位、保障不充分、推进不协同的主要原因。"青马工程"属于共青团的工作项目,长期以来,在方案设计、培训组织、经费投入、师资配置等方面均由共青团唱"独角戏",高校相关党政管理部门、教学科研单位参与不够、支持不足。[①] 例如,很多高校"青马工程"师资队伍仍以辅导员、团干部为主,缺乏马列、思政等专业教师的参与。这充分说明,高校"青马工程"尚未被纳入高校整体工作,尚未成为高校党建工作和人才培养的组成部分。

(二)在工作推进上缺乏端正的思想政治意识

当代大学生大多是伴随互联网成长的一代人,思想自由,具有强烈的自我意识,大思政工作格局的构建为立德树人提供了新思路。青年阶段是一个人价值观逐渐形成、心理逐步成熟、性格逐渐稳定的重要阶段,是人生的"拔节孕穗期"。青年学生作为最有生气、最有活力的社会群体,有着多元化、多层次的需求,在面对复杂的内外冲突、鱼龙混杂的信息时,容易受影响,难分良莠。立德树人是高校立身之本,构建大思政工作格局是实现高校思想政治工作科学化的必要环节。为此,需要"因事而化、因时而进、因势而新",坚持全员、全过程、全方位育人;要意识到"青马工程"是巩固马克思主义在意识形态领域指导地位的重要

① 霍广田:《新时代高校青年马克思主义者培养存在的问题及对策》,《长春师范大学学报》2022年第3期。

举措,不断深化青年学生对共产党执政规律、社会主义建设规律、人类社会发展规律的认识。

(三)在培养实践上缺乏高质量研究成果支持

长期以来,高校"青马工程"研究一直停留在培养路径、培养方法、培养机制、培养模式等实践操作方面,对"青马工程"教育教学规律、学员思想成长规律以及培养目标、培养方案、培养载体、培养课程等内容建设层面的研究非常缺乏。另外,已有研究成果普遍存在经验总结多、规律凝练少,实证研究多、理论研究少等问题,对培养实践难以起到普遍性的指导支撑作用。中国的高等院校并没有给教师提供一个宽松的科研环境。教师每年都被要求有新的科研成果,否则就很难留职在校。而校园外真正能够放下心来钻研马克思主义哲学的学者又少之又少。相对于经济学、法学而言,马克思主义哲学很难直接产生经济利益,且财政经济拨款额度甚微,从而导致马克思主义哲学在学术研究上的结果就是,过于追求速度和效率,故难创作出学术精品。

(四)在与时俱进上缺乏宏观把握全局视角

信息化社会发展对高等教育提出了新挑战。信息化使高等教育发生了诸多变化——重塑大学的教学模式、管理制度以及师生关系;传统教育方式向信息化、智能化转型;组织传播、精英传播、权威传播面临挑战;去中心化成为趋势,将会持续且更加明显;社会教育特征从集体化、标准化向个别化、个体化转变;我国高等教育即将由大众化阶段进入普及化阶段,数量化向质量化转变是高等教育面临的重大战略任务。遵循高等教育发展规律是"青马工程"的逻辑起点之一。

(五)在多元竞争上缺乏抵御各种风险的能力

随着全球化的深入,世界多极化趋势不断增强,国与国之间的竞争更加白热化,世界各国加快了对青年人才争夺的步伐,通过各种手段吸引拉拢青年。新时代马克思主义者面临着社会上众多潜在的错误思潮,其对青年健康成长影响巨大。高校在此方面缺乏团结带领大学生旗帜鲜明地主动对外界诱惑说"不"的意识,仅有马克思主义理论教育作为武装青年的理论武器是远远不够的,应当使新时代青年马克思主义者在学习马克思主义过程中坚定共产主义信仰,自觉拥护中国特色社会主义制度。

四、新时代高校"青马工程"反思总结框架有待梳理

(一)"青马工程"开展急于求成

培养青年马克思主义者工程是党和国家赋予高等院校的一项战略任务,实践告诉我们,"三观"的树立是一个过程,从不自觉到自觉会出现多次反复。大学时期是青年成长为马克思主义者的一个十分重要的阶段,也是一个基础阶段。学生的思想变化、理想信念的确立是一个循序渐进的过程。"青马工程"要想收到预期的效果就必须认真规划、精心设计、精心施工,否则只能是"拔苗助长"。

(二)"青马工程"过程流于形式

培养人才和其他事情一样需要投入。从某种意义上"青马工程"的建设需要更多的人力、物力、财力的投入。在培养过程中,第一,要有足够的领导力量投入,成立领导小组,积极支持"青马工程"建设;第二,要有足够的物资、场地等各种载体进行支持;第三,要有一定的经费做保证,从而保障多项教育活动的顺利开展。许多高校忽视了基础条件的重要性,仅仅基于形式会导致精神文明建设、学生综合素质培养收效甚微。

(三)"青马工程"反馈力不从心

马克思认为人的全面发展是共产主义社会的基本特征,"青马工程"就是为了培养达到"德、智、体、美、劳"五位一体的为共产主义奋斗的青年马克思主义者。高校对青年的全面发展责任重大,在很大程度上影响决定青年成为什么样的人、成为什么层次的人。当前多数高校对新时代马克思主义者的培养方式"闭门造车",对青年群体的特点、爱好、现实需求把握不当,各种利于青年成长反馈的平台资源尚未被有效利用,部分咨询得不到及时服务反馈,也不能准确把握新时代青年马克思主义者的真实感受。

第十章 新时代高校"青马工程"的建设路径

中国共产党是用马克思主义武装起来的政党,马克思主义是中国共产党人理想信念的灵魂。党的十八大以来,以习近平同志为核心的党中央高度重视对青年群体的马克思主义教育,明确提出要加强对青年群体的政治引领,在青年群体中加强和改进理论武装工作,引导广大青年运用马克思主义立场、观点、方法观察分析问题和解决问题。"青马工程"自2007年实施开展以来,在推动马克思主义理论在青年群体中广泛传播、加强青年政治骨干培养实践探索等方面取得了积极的成效,为党培养锻造了一批又一批信仰坚定、本领过硬、素质突出的优秀青年马克思主义者。当前,面对新的发展形势和要求,高校青年马克思主义者培养工程建设还存在着一些不容忽视、亟待解决的问题和状况,比如培养队伍建设不完善、培养方式较为单一、条件保障不够有力等。因此,还需要高校提高政治站位,强化责任担当,在遵循青年马克思主义者培养基本原则的基础上,通过强化党的领导、夯实培养队伍、丰富培养方式、运用信息技术载体、落实条件保障等路径建设,增强高校"青马工程"的实效性,不断强化高校"青马工程"为党育人的政治定位,确保党的事业后继有人,兴旺发达,为中国特色社会主义事业发展和中华民族伟大复兴中国梦的实现源源不断地输送有生力量。

新时代高校青年马克思主义者培养要坚持正确方向,把握基本原则。第一,要坚持党的领导。中国共产党是中国特色社会主义事业的领导核心,党的领导处于总揽全局、协调各方的地位。"青马工程"要坚持"党管青年""党管人才"的原则,将党的基本理论、基本路线、基本方略贯穿培养的全过程和各方面。第二,要突出核心目标。"青马工程"要把对青年的理想信念教育放在首要位置,坚持用马克思主义科学理论武装青年头脑,引导青年自觉树立共产主义远大理想和中国特色社会主义共同理想,愿意为中国特色社会主义事业发展和中华民族伟大复兴中国梦的实现贡献力量。第三,要注重实践导向。"青马工程"要组织引导广大青年在中国特色社会主义实践中深入了解世情党情国情,站稳立场、坚定信念、锻炼本领、磨练意志,提高青年的实践能力。第四,要遵循育人规律。"青马工程"要聚焦培养青年政治骨干这一主要目标,尊重思想政治教育规律和青年成长发展规律,同时要关注青年的特殊性,突出青年马克思主义者培养的特殊要求。

第一节　强化党的领导

新时代高校青年马克思主义者培养工程是一个复杂长期的工程,事关党的执政基础,事关中国特色社会主义事业的长治久安,事关马克思主义中国化时代化的发展。为做好青年马克思主义者培养工程,高校各级党委必须提高政治认识,落实领导责任,同时要有党委领导下的具体工作班子负责统筹协调、落实实施。具体来说,学校可以成立以学校党委书记为组长,以学校党委副书记为副组长的"青年马克思主义者培养工程"领导小组,统筹规划全校青年马克思主义者培养工程的组织和实施,党委组织部、宣传部、学工部、校团委等相关职能部门为培养领导小组的主要成员,各方面共同发力,力求新时代高校青年马克思主义者培养工程取得实效。

(一)高校各级党委要落实领导责任

中国共产党是中国特色社会主义事业的领导核心,所以必须加强和改善党的领导,充分发挥党总揽全局、协调各方的领导核心作用。目前,高校青年马克思主义者培养工程主要是由校院两级团委来具体负责落实的,教育管理青年学生,为党培养忠诚可靠的接班人本来就是共青团的光荣使命和责任担当。但青年马克思主义者培养任务复杂艰巨、意义重大,涉及各方面、各领域,因此,共青团还是应该在党的统一领导下具体开展工作。党在青年马克思主义者培养工程中的领导责任义不容辞,高校的各级党委必须在青年马克思主义者培养工程中切实担当起领导责任。

高校的各级党委要把青年马克思主义者培养看作是高校党建工作中十分重要的一项工作来做。"培养什么样的人、为谁培养人"是高校的重要任务,因此,要把高校青年学生党建当作学校党建工作的重点,而要做好高校青年学生党建工作最重要的是要解决青年学生的思想问题,青年马克思主义者培养工程就是要解决青年学生在思想上入党的问题,端正青年学生的入党动机。学校党委书记要高度重视学生党建工作,把青年马克思主义者培养工程当作"一把手工程"来做。高校党委书记一定要有这样一种意识,即青年马克思主义者培养工程是党和人民赋予高校的崇高的政治使命,开展常态化的青年马克思主义者培养,推动学校青年马克思主义者培养工程更加科学化、精确化、系统化。

在青年马克思主义者培养工程中,学校党委需要为校、院两级团委配备优秀的青年马克思主义者来担任负责培养的团委书记,团委书记的选择需要有严格的要求和标准,因为他们是培养一线的"指挥员",在整个培养过程中他们应该是青年学生学习的模范和榜样,他们要像一面镜子一样用自己的一言一行影响青年学生,做好言传身教的工作。学校党委应该做好提前安排,把一些理想信念坚定、素质能力过硬的干部进行培养,一边培养一边使用,在培养中使用,从而避免出现一些团委书记缺乏马克思主义信仰却负责培养青年马克思主义者的尴尬局面。学校党委书记重视了青年马克思主义者培养工程,学校党委的相关职能部门才会更好地负起责任,具体落实各项工作。

(二)党委常设工作班子要负责具体落实

学校党委组织部要认识自身在青年马克思主义者培养工程中所处的地位和所起的作用,不能简单地把青年马克思主义者培养看作是学校和各二级学院团委的工作。学校党委组织部至少要做好四个方面的工作:一是要做好组织教育,即学校党委组织部要把党校教育与青年马克思主义者培养联系起来,青年马克思主义者培养工程本质上就是为党培养后备人才,因此可以把"青马工程"同党校教育有机地结合起来,争取取得"一加一大于二"的效果;二是要做好组织发展,学校党委组织部要主导构建学校青年马克思主义者组织发展机制,把青年马克思主义者接受培养的状况作为考评大学生入党的参考指标;三是做好组织评价与激励工作,学校党委组织部要担起责任,组织相关部门制订科学合理的考核标准,对青年马克思主义者的培养进行考核和评价,并在此基础上做好激励工作;四是要做好组织使用工作,干部应该边培养边使用,在培养中使用,在使用中继续培养,学校党委组织部要为青年马克思主义者建立专门的档案,并实时更新,并为青年马克思主义者提供多样化的挂职锻炼机会。

学校党委宣传部也要立足自身工作特点,在青年马克思主义者培养工程中发挥出应有的作用。学校党委宣传部可以通过营造良好的舆论氛围,引导青年马克思主义者在潜移默化中接受影响和熏陶。可以通过树立典型,运用青年马克思主义者身边的先进典型、先进事迹来鼓励和激励青年马克思主义者,激励他们以这些先进典型为榜样,不断地提高自己的思想认识和能力本领,更好地为中国特色社会主义事业贡献力量;可以通过总结经验,广泛宣传教育,为下一期的青年马克思主义者培养工程打好基础;还可以通过组织相关研究人员进行青年马克思主义者培养工程深入的理论研究,做好顶层设计和系统规划,用研究理论成果指导青年马克思主义者的培养实践。

学校党委学生工作部在青年马克思主义者培养工程中,可以通过"奖贷表彰系统"、学生素质拓展、"三个课堂"联动等方式,支持青年马克思主义者培养工程的建设和发展。

除了以上相关部门,高校还可以建立一个由党委直接领导的群众性组织,可以将其称之为"关心教育青年学生工作委员会"。该组织可以由学校退休老教师、在职教师、热心青年志愿者、优秀党政机关领导等组成,这些成员都必须具有坚定的马克思主义信仰,并且热心于青年学生的培养与教育工作,同时他们有丰富的青年学生工作经验,在青年学生中有较高的威望。因此,他们应该也能够成为高校青年马克思主义者培养工程的重要力量。

(三)基层党组织发挥政治引领作用

要强化基层党组织在高校青年马克思主义者培养工程中的作用,充分发挥基层党组织的政治引领作用。青年马克思主义者分布在不同的学院,各二级学院党支部是青年马克思主义者日常学习、生活和工作的"家",也是青年马克思主义者得以最直接接触党的组织,是党组织引导、强化青年马克思主义者思想政治的可靠保障。因此,各二级学院党支部要组织青年马克思主义者深入学习《中国共产党章程》,深入理解和掌握党章,了解党的历史,回顾党的初心使命。作为一名青年马克思主义者,作为党的后备人才培养队伍中的一员,对党的宗旨、性质,党员的基本权利与义务等基本理论要清楚掌握,如果没有扎实丰富的理论基础,就无法用理论知识去指导实践活动,就不能帮助青年马克思主义者健康成长。因此,基层党组织不仅要组织青年马克思主义者开展经常性的组织生活,还要经常组织青年马克思主义者深入开展对马克思主义基本理论、马克思主义中国化时代化理论成果、党的路线方针政策的研究和学习。否则,将无法引导青年马克思主义者构建科学的世界观、人生观和价值观,无法引导青年马克思主义者掌握马克思主义的基本立场、观点和方法。同时要清醒地认识到马克思主义理论对于一些青年学生来说可能会比较晦涩难懂,因此在培养过程中要把理论知识的学习融入到青年学生的日常生活中去,融入基层党组织的活动中去,如在开展主题党日活动中融入理论学习,切实提高青年马克思主义者的马克思主义理论水平和实践运用水平。

"党管青年"是中国共产党百年发展历程中对青年工作的经验总结,也是对青年成长发展规律的深刻把握,为新时代高校青年马克思主义者培养工程的深入实施表明了根本立场和基本性质。中国共产党始终重视对青年学生的培养,把青年学生看作党不断发展壮大的可靠力量,"党管青年"这一原则是以马克思主义青年观为理论基础设定的,是党在长期青年工作中实践经验的总结,是更好地推进青年工作开展和引导青年学生发展的重要前提,是中国特色社会主义本质特征在青年工作领域中的具体体现,应该始终贯穿于我国青年培养工作的全过程和各方面。党为新时代青年学生的发展指明了前进的道路,明确了具体的发展方向,提供了大有可为的广阔的发展平台,面对愈加复杂的国内外发展环境,"青马工程"的实施更应坚持"党管青年"原则,引导青年学生自觉提高政治站位,教育好青年、发展好青年、保障好青年,确保广大青年学生在正确的道路上不断成长成才,保证新时代高校青年马克思主义者培养工程迈入新的更好的发展阶段。

青年是民族的希望、国家的未来,青年群体怎么样,国家和民族的未来发展状况就是什么样。因此,要大力加强"党管青年"。"党管青年"体现在理论武装青年、落实青年政策、组织动员青年等各个方面,是革命、建设和改革开放伟大实践中培养青年的基本经验,更是遵循我国政治需要的根本保证。[①] 高校青年马克思主义者培养工程作为培养党和国家事业发展的合格建设者和可靠接班人的政治实践,具有鲜明的政治属性,它回答了"为谁培养人,培养什么样的人,怎样培养人"的问题。立足于新时代这一新的历史发展方位,落实"青马工程"必须进一步坚持和贯穿"党管青年"原则,只有坚持中国共产党对青年马克思主义者培养工程的坚强领导,广大青年才能树立正确的人生方向,成长为中国特色社会主义事业发展和中华民族伟大复兴中国梦实现需要的人才,不断充实提高自我,实现自身的价值理想和人生追求。

青年学生正处于世界观、人生观、价值观发展的关键时期,思想并没有完全成熟,现代社会信息化为广大青年提供了更多的选择机会,加上社会主义市场经济的深入发展和复杂多样的网络环境,青年学生接收的信息越来越丰富,面临的选择也越来越多,这些信息和选择良莠不齐,需要仔细地观察和甄别。如果没有中国共产党的领导和指导,青年学生很容易受到不良思想和社会思潮的影响和冲击,被"带跑走偏",甚至有的人会走上违法犯罪的道路,站到了党和人民的对立面。因此,新时代的高校青年马克思主义者培养工程一定要严格坚持"党管青年"不动摇,把对青年学生的教育引导摆在青年工作的突出位置,加强"青马工程"对青年学生的政治引领,加强青年对马克思主义基本原理和马克思主义中国化时

① 刘宏宇:《新中国成立 70 年青年培养的现实思考》,《人民论坛·学术前沿》2019 年第 24 期。

代化最新理论成果的学习理解,引导青年发自内心地自觉认同中国特色社会主义事业,增强广大青年学生的道路自信、理论自信、制度自信和文化自信。同时,在思想上要对青年严格要求,高标准考核;在生活上要关心关爱青年,切实解决青年在生活中遇到的困难和问题;在学习上要耐心教导青年,助力青年成长成才,提高青年的政治站位,使青年通过接受"青马工程"的培养真正成长为社会主义事业的合格建设者和可靠接班人。

"高校党委要树立高度的使命感,责任感和危机意识,深刻认识青年学生马克思主义教育的主要责任。"[①]高校要落实好青年马克思主义者培养工程,就必须重视高校党委的领导与组织作用,高校党委要完成好这项工作,就必须深刻领会党的教育方针,把青年马克思主义者的培养作为高校人才培养的重要任务,深刻理解社会主义建设者和接班人的深刻内涵和培养意义,这两个目标都是落实我国教育方针的具体要求,高校党委要始终围绕这两个具体要求来做好顶层设计并落实实施。青年马克思主义者培养工程实施的具体过程就是从认识高校青年马克思主义者培养的重大意义到实践发展的过程,这就要求高校要有足够的应对能力。如何把青年马克思主义者培养工程工作落实好,是对高校党委的重要考验,这就明确要求高校党委要树立高度的责任感和使命感,把"青马工程"当作一项重要的政治工程来做,并且要顺应时代和社会发展的趋势,建设具有时代特色、符合青年学生成长发展规律的培养机制,推动高校青年马克思主义者培养工程取得理想的效果。

第二节　夯实培养队伍

一支高素质的、专业的、业务能力过硬的培养队伍是做好新时代高校青年马克思主义者培养工程的关键。习近平总书记指出:"一个人遇到好老师是人生的幸运,一个学校拥有好老师是学校的光荣,一个民族源源不断涌现出一批又一批好老师是民族的希望。"培养队伍整体能力素质的提升,是新时代"青马工程"建设的根基。

高校要积极筹建青年马克思主义者培养工程智库,建立优秀教师人才库、专家库,实现教育资源与师资力量共享。要加大对"青马工程"培养队伍的支持和保障力度,吸引更多优秀的培养力量加入青年马克思主义者培养队伍中来,这既包括各高校思想政治理论课教师、专兼职辅导员,也需要学校党团组织以及校内外专家和同辈群体的指导和教育。充分激发各主体的育人潜能,积极调动各方培养力量,发挥育人的积极性、主动性和创造性。高校"青马工程"培养队伍要始终保持对教育事业的忠诚和热爱,始终关心关爱青年学生的成长与发展,同时聚焦自身理论水平和专业素养的提升,孜孜不倦地继续学习与实践,做好教书育人、教学相长,做青年学生真心爱戴、尊重、拥护的好老师,帮助青年学生扣好人生发展的"第一粒扣子"。做学生锤炼品格的引路人,做学生学习知识的引路人,做学生创新思维的引路人,做学生奉献祖国的引路人。

---

① 张兴海:《怎样培养青年马克思主义者:对青年学生马克思主义教育的探索》,吉林人民出版社,2017,第23页。

（一）思想政治理论课教师

高校思想政治理论课是青年学生系统地学习马克思主义理论的主阵地和主渠道。习近平总书记曾指出："思想政治理论课是落实立德树人根本任务的关键课程，思政课作用不可替代，我们办中国特色社会主义教育，就是要理直气壮开好思政课。"[①]因此，要用好课堂教学这个主渠道，而在课堂教学中教师是至关重要的。思想政治理论课教师是思想政治理论课的发动者、组织者和实施者，在整个思想政治理论课教学的过程中起着引导、指导和统领全局的作用。"思政课教师队伍责任重大，办好思想政治理论课关键在教师，关键在发挥教师的积极性、主动性、创造性。"[②]

思想政治理论课教师在高校思政课中的地位和作用决定了思政课教师要努力提升自身的马克思主义理论素养，尤其要重视对马克思主义经典著作的研读。习近平总书记高度重视对马克思主义经典著作的学习和研读，强调共产党人要把读马克思主义经典、悟马克思主义原理当作一种生活习惯、当作一种精神追求，用经典涵养正气、淬炼思想、升华境界、指导实践。对于思想政治理论课教师来说，学懂悟透马克思主义经典著作就掌握了马克思主义基本理论，就能运用马克思主义的基本立场、观点和方法来认识世界和改造世界，"以不变应万变"。因此，高校思想政治理论课教师要在研读马克思主义经典著作上下功夫。

目前，一些思想政治理论课教师在培养过程中使用的方法较为简单和单一，难以激发青年学生接受培养教育的积极性，在一定程度上影响了青年马克思主义者培养工程的实际效果。比如部分思政课教师习惯于"满堂灌"的传统理论式培养方法，总是一味地阐述基本理论，而不结合时代背景和青年学生实际发展需求，更不考虑青年学生对知识的兴趣。长此以往，会造成青年学生对马克思主义理论的理解流于表面，不能有效地运用理论去解决实际生活中遇到的问题，造成知与行相背离。还有一些思政课教师过于注重教学形式和方法，而忽视了更重要的培养内容本身。马克思主义唯物辩证法认为："内容决定形式，形式是为内容服务的。"因此，在实际培养过程中，不能为了形式而形式，要将培养的重点放在内容上，实现形式与内容的配合。一些教师为了有效地吸引学生的学习兴趣，提升培养过程的"抬头率"，一味地播放视频、音乐，或者通过讲段子等吸引学生的注意，这样的培养过程看似"形式丰富""掌声雷动"，实质上未必能取得理想的培养效果。青年马克思主义者培养工程确实是要以学生为中心，但也不能简单的以学生的个别兴趣为中心，而是要以学生对知识的理解和掌握、对学生思维的培养以及人格的塑造为中心。只有这样才能有效避免高校思想政治理论课过度"娱乐化"，使之达到理想的教学目的和培养效果。

高校思想政治理论课教师作为办好思想政治理论课的关键，作为落实好青年马克思主义者培养工程的重要力量，除了要切实提升自身的马克思主义理论素养之外，还要加强学习，不断提升自身的思想政治素质、科学文化素质和身心健康素质。同时，还要具备开放发展的眼光，与时俱进，掌握先进的教育理念和方法，学习先进的教育技术，不断充实自己、提高自己，为增强课堂教学效果，提升"青马工程"培养实效打下坚实的基础。

---

①② 习近平:《思政课是落实立德树人根本任务的关键课程》,《求是》2020 年第 17 期。

（二）辅导员

辅导员工作集管理、教育、服务于一体,辅导员是青年学生成长发展道路上的引路人,是青年学生的良师益友,这一特殊的身份有利于辅导员参与到青年马克思主义者培养工程中来。在青年马克思主义者培养工程中,辅导员起着重要的"承上启下"的作用。高校应该采取积极有力的措施,建设一支高水平的专业化的辅导员队伍,助力青年马克思主义者培养工程的开展。

辅导员在青年马克思主义者培养工程中的作用是由他们的工作性质和职能所决定的。高校辅导员有三个方面的工作职能,一是管理职能、二是服务职能、三是德育职能,这三种职能相辅相成,贯穿于辅导员工作的全过程和各方面,对青年学生的成长发展具有重要的作用。德育职能应该是辅导员最主要的工作职能,因此辅导员应该是也必须是高校思想政治教育的重要力量,要做好青年学生成长发展过程中的政治引路人。

辅导员在青年马克思主义者培养过程中要做好引导工作。首先是思想细节方面的引导,辅导员处于学生工作的最前线,是与学生沟通交流最多的老师。当青年学生在学习、生活中遇到困难时,他们可能愿意跟辅导员交流,寻求老师的指导和帮助。可能在与学生的交流过程中辅导员的一句话或一些动作就能有效地帮助解决问题、解答困惑。当青年学生在思想和行为上出现了一些偏差时,辅导员老师给予及时的指正和纠偏,引导青年学生始终沿着正确的人生道路前进。辅导员在日常工作中要加强教育学、心理学方面的研究与学习,掌握相应的心理援助机制,主动了解、关心学生的心理状况和思想动态,也可以通过经常与学生谈心交流等方式,拉近与学生的距离,做好"一对一"的沟通。其次是在管理中引导。辅导员要加强管理引导,青年马克思主义者作为青年学生骨干,很大一部分是学生干部,辅导员要鼓励他们大胆地开展工作,给他们提供充分的为班级、同学服务的机会。在日常管理工作中,既要防止青年学生骨干畏手畏脚,缺乏主动性,不能建立良好的群众基础;也要防止青年学生骨干自以为是,脱离同学,独断专行,不能与班级的其他同学建立和谐友好的关系,不能很好地管理班级事务。辅导员要根据青年学生骨干在平时的工作、学习、生活中暴露出来的基本问题,及时分析并加以教育引导。这种日常的管理引导是青年马克思主义者健康成长所需要的。再次是组织方面的引导。目前高校学生党支部书记一般是由辅导员来兼任,这就为辅导员开展组织方面的引导提供了现实性和可能性。辅导员要在日常与学生的相处过程中自然地引导学生在思想上和组织上自觉地跟党组织靠近,以成为一名共产党员为荣。辅导员要从青年学生递交入党申请书之时就开始引导:一方面,要引导青年学生端正入党动机,以积极的榜样引导青年学生见贤思齐;另一方面,一些青年学生在顺利加入党组织之后可能会出现组织意识淡薄的情况,将自己入党时的初心使命和党员的责任义务抛诸脑后,以"走过场"的心态参与党组织的活动。这都需要辅导员加以正确的引导,时刻提醒青年学生牢记入党的初衷,牢记党员的责任担当,始终发挥共产党员的先锋模范作用。

同时,辅导员自身也是青年学生学习的榜样,辅导员的一言一行都会被学生看在眼里、学在心里,为人师表一定要以身作则、言传身教。辅导员首先就要做一名坚定的马克思主义者,具备较高的马克思主义素养,自觉做马克思主义的坚定信仰者和积极践行者,为青年马克思主义者做好示范。

(三)党团组织

马克思主义是中国共产党的根本指导思想和理论基础,要引导青年学生骨干在思想和组织上入党,从而更好地接受党的教育,更有效地学习马克思主义,为中国特色社会主义事业而奋斗。首先要开展党的必要性教育。党的必要性教育是党性教育的重要内容,缺少了这个内容,党的先进性教育、党的组织纪律教育就失去了根基。党的必要性教育关键在于引导青年学生认识到无产阶级解放事业为什么需要一个独立的政党来领导,引导青年学生认识到无论是个人的人生梦想,还是中华民族伟大复兴的中国梦的实现都必须要在党的领导下才能实现。其次要开展党的先进性教育。党的先进性教育其实是在党的必要性教育的基础上,进一步引导青年学生认识到为什么在中国这个独立的政党是中国共产党,为什么中国共产党是中国特色社会主义事业的领导核心,这是对党的领导做出的合理性解释,要让青年学生以成为共产党员为荣,认识到自身的责任和使命,为党的先进性贡献自己的力量。再次要进行党的组织纪律性教育。没有规矩,不成方圆,任何一个组织都有一定的组织纪律性。毛泽东曾经在《中国青年》中题词:"军队向前进,生产长一寸,加强纪律性,革命无不胜。"由此可见组织纪律性对一个组织建设和发展的重要性。加强组织纪律性教育,就是要引导青年学生遵守党的章程,遵守党员责任与义务,发挥好青年马克思主义者的先锋模范作用。

中国共产主义青年团是中国共产党领导的先进青年组织,是广大青年在实践中学习中国特色社会主义和共产主义的学校,是中国共产党的助手和后备军。共青团组织在高校青年马克思主义者培养工程中扮演着十分重要的角色。首先,共青团是为青年学生成长发展服务的,通过培训共青团干部,提高共青团干部的服务意识与服务能力,让青年学生满意;其次,高校共青团应该通过开展有意义的学习教育活动来增强对青年学生的思想引领,使广大青年学生更好地把握和认同马克思主义中国化时代化最新理论成果和党的路线、方针、政策。同时,在培养的过程中,高校共青团应该根据青年多层次、多价值取向的需求特点,在培养的内容、方式和手段上进一步创新。加强团组织在培养内容和培养方式上的转变,分层次、分年级的加强对团员青年的培养,把青年学生乐于接受的内容和元素融入枯燥的理论教育中去,提升广大青年对理论学习的兴趣,引导青年学生自觉主动地接受青年马克思主义者培养。

学校社团是广大青年学生为培养兴趣自愿参加的学生组织,具有参与的自愿性、范围的广泛性、活动方式的多样性、与学生生活联系的紧密性等特点,在青年学生群体中具有很大的影响力,对青年学生的全面发展、成长成才起着重要的作用,要用好学生社团这一学生组织,发挥其在青年马克思主义者培养工程中的独特作用。社团组织是学习马克思主义、运用马克思主义,提高服务社会实践能力的重要平台,是青年学生自我教育、相互教育的重要组织,同时也是高校校园文化的重要载体和第二课堂的重要组成部分。参加社团活动是广大青年学生培养兴趣爱好,丰富校园文化生活,参加社会锻炼,扩大交往范围,充实内心世界,了解与认识世界的重要途径。社团一方面要在日常活动中渗透和宣传马克思主义,使广大青年学生在潜移默化中受到熏陶,自觉认同和信仰马克思主义;另一方面还要为青年学生提供多方面、不同领域的实践机会,组织青年学生利用周末、假期等课后空余时间走出学校,走向社会,做一些社会服务工作,在这些活动中不断增强青年学生的集体意识、责任意识和劳动意识,更深刻地考察民生民情,了解社会百态,也能为之后的就业寻求方向。此外,高校社团组织还应为青年学生提供高水平的指导教师。中共中央、国务院在《进一步加强和推进大学生思想政治教育的意见》中明确指出:"要加强对学生社团的领导和管理,帮助社团选聘指导教师,支持和引导学生社团自主开展活动。"高水平的指导教师不仅能帮助学生社团更好更顺利地开展活动,还能为青年学生个人的成长发展以及确定人生发展方向贡献自己的智慧和力量。

(四)专家指导和朋辈教育

高校青年马克思主义者培养工程在培养过程中要深入挖掘多方教育资源,从教师队伍、高年级学员和同届优秀学员中汲取优质教育力量并进行有效利用。邀请校内外马克思主义理论、政治学、管理学、教育学等多学科专家教授和党政机关优秀人才担任"青马工程"理论导师,在"青马工程"培养方案设计、落实实施等方面积极建言献策,并定期给青年学生进行理论宣讲。选聘学校优秀青年教师担任"青马工程"培养班主任,细化并落实青年马克思主义者培养方案,负责培训理论课程建设,筑牢学员理论功底。由校团委专职团干部担任指导老师,负责学员在培养期间的日常管理工作,落实实践教学计划。校内校外多领域优秀培养资源的有效组合和及时注入,为广大青年学生学习进步树立了先进的榜样,能扩大青年学生的知识视野,激发青年学生积极进取的信念,并能有效为青年学生人生道路的选择提供持续的帮助和指导。

高校青年马克思主义者培养工程的顺利实施,除了专家指导外,还要充分发挥青年学生的朋辈教育作用。朋辈教育是指朋友与同辈间由于年纪的相仿、知识水平的相近、兴趣爱好的相似而产生的自然的、系统的、非组织化的价值教育与价值感染。重视和利用好朋辈教育,对于高校青年马克思主义者培养工程有明显的效果。具体来说,朋辈教育有纵向和横向两个维度。从纵向来说,打通不同年级的限制,在高年级学员和低年级学员中形成"传帮带"的机制,以高带低。比如,上一届"青马工程"学员与这一届"青马工程"学员结成一对一的学习对子,高年级的学生在思想成长、理论学习、实践锻炼等方面为低年级学生传授经验,答疑解惑。尤其在自主策划开展活动时更要强调不同年级的学生交叉组合,一般来说,高年级的学员经验丰富、理论知识扎实,而低年级的学员积极主动性更强,交叉组合开展活动有助于双方实现良性互动。从横向来说,引导学员在培养的过程中加强相互协作,形成学习进步的共同体。身边模范榜样的带动作用远远胜过课堂中的填鸭式教育,"三人行必有我师焉",经过一段时间的集中学习,许多学员能够从身边的同学身上学习到各自的长处和优点。学生来自不同的地方,有着不同的成长经历和背景,所受的教育也有所不同,文科专业的学生能够学习到理科专业学生的严谨缜密,理科专业学生也能学到文科专业学生的理论知识和人文素养。这不仅能够开阔学生们的视野,拓宽他们的知识面,也能引导青年学生之间相互鞭策、取长补短、共同进步。由于青年学生之间有着天然的身份认同和心理靠近,能够构建起积极向上的学习氛围,塑造着青年学生的思想和行为。在这种健康氛围的影响下,青年学生对马克思主义的学习态度由被动接受转化为主动靠近,对马克思主义的理解也在同辈群体的影响下不断深化。针对在学习马克思主义过程中遇到的困惑、疑问、难题,学员之间也能一起探讨、相互启迪、共同解决,增强自我学习的干劲,培养思想净化的能力。

第三节　丰富培养方式

新时代的青年学生思想活跃,眼界开阔,创新性强,对新时代的青年学生开展马克思主义理论教育需要挖掘丰富的培养方式,在遵循青年学生思想政治教育规律和青年学生成长发展规律的基础上,运用多途径、多渠道的创新培养方式,提高青年马克思主义者培养工程的实效性和持续性。

(一)理论学习

历史和现实无数次地证明,没有革命的理论,就不会有革命的运动。科学的理论是确保"青马工程"成效和引导青年马克思主义者成长进步的前提。作为青年马克思主义者,必须要有坚实的马克思主义理论基础和功底,青年马克思主义者必须用马克思主义经典理论来武装自己的头脑,这就需要青年马克思主义者研读和学习马克思主义经典著作,马克思主义经典著作凝结着马克思主义经典作家的思想成果,每一部马克思主义经典著作都是马克思主义者在解决时代问题的过程中理论与实践相结合的精华。因此,青年马克思主义者培养工程要注重引导青年学生研读马克思主义经典著作,读原著、学原文、悟原理,从而掌握马克思主义的世界观和方法论。

研读马克思主义经典著作要回归文本,即回归原著。原著是马克思主义经典作家经典理论的原始记载,回归原著要求青年马克思主义者认真地、逐字逐句地阅读原著,把原著创作的时代背景、理论渊源、理论价值和内容本身理解透彻,只有这样才能更深刻地把握原著、理解原理。

研读马克思主义经典著作要结合现实。结合现实就是要求青年马克思主义者要带着问题有目的地研读经典,研读经典不应该是目的而应该是手段,真正的目的是要解决青年马克思主义者在实际生活中所遇到的问题。每一部经典著作都是对特定时代问题的理论回答,具有一定的时代局限性。因此,在经典著作中找答案不是要照搬照抄经典著作,或尝试在经典著作中找到解决现实问题的现实方法,而是要通过研读经典著作,领会基本原理,真正掌握马克思主义的立场、观点和方法,并将之用来指导青年马克思主义者解决在现实生活和工作学习中遇到的困惑和难题。

研读经典著作要反复思考讨论。马克思主义理论博大精深,不是短时间内就能摸清吃透的,尤其是对于青年马克思主义者来说,研读经典是有一定难度的。因此,在青年马克思主义者培养过程中可以通过开展"研讨会"等形式组织青年学生一起研读经典,在循环往复地研读中不断思考,在思考中继续深入研读,这样有利于相互交流思想认识,有利于提高研读效果。

青年马克思主义者要用习近平新时代中国特色社会主义思想武装头脑,指导实践。习近平新时代中国特色社会主义思想是马克思主义中国化时代化的最新理论成果,是当代中国的马克思主义,是二十一世纪的马克思主义,是实现中华民族伟大复兴中国梦的行动指南。作为担当民族复兴大任的青年马克思主义者,要深刻学习领会习近平新时代中国特色社会主义思想的科学体系、精神实质、核心要义和实践要求,及时紧跟、联系实际深入贯彻学习,切实掌握贯穿其中的马克思主义立场、观点和方法。

新时代高校青年马克思主义者培养工程要深入推动习近平新时代中国特色社会主义思想进教材进课堂进头脑,打造"名师示范课",实施课程建设体系创新计划,奋力打好提高"青马工程"教育教学质量提升攻坚战,不断提升青年学生对青年马克思主义者培养工程的获得感和满意感。通过学习,教育引导广大青年学生深刻认识到马克思主义是我们立党立国之本,要坚持不懈地用习近平新时代中国特色社会主义思想武装头脑,指导实践。

除此之外,高校作为立德树人的主阵地,可以利用思想政治理论课为青年学生传授马克思主义基本理论和习近平新时代中国特色社会主义思想。高校思想政治理论课本身就是对青年学生进行马克思主义意识形态教育的主渠道、主阵地和主战场,同时也应该是对青年马克思主义者进行马克思主义基本理论和习近平新时代中国特色社会主义思想教育的主渠道、主阵地和主战场。正如列宁所说,人的正确思想是不会自发产生的,这种意识只能从外面灌输进去。所谓"灌输",就是要将马克思主义基本原理和习近平新时代中国特色社会主义思想融入到思想政治理论课教学中去。

(二)实践锻炼

马克思主义实践观认为:"实践是认识世界和改造世界的统一,是在遵循和把握规律的基础上改造世界的物质力量。"习近平总书记在北京大学师生座谈会上的讲话中指出:"不论学习还是工作,都要面向实际、深入实践,实践出真知;都要严谨务实,一分耕耘一分收获,苦干实干。"空谈误国,实干兴邦,回顾我国革命、建设、改革的历史,所取得的每一次成就和进步都是一代代的马克思主义者踏踏实实干出来的,一步一步走出来的。中国特色社会主义进入了新时期,站在新的历史方位上,有许多未知的风险和挑战,但是我们也比历史上任何时期都更有信心也更有能力实现中华民族伟大复兴的中国梦。高校青年马克思主义者培养工程本质上是培养人的工作,要培养人,就不仅仅要让青年学生接受理论教育,提升自身的理论素养和综合素质;更重要的是要引导青年学生从理论学习中掌握正确的世界观和方法论,提高他们分析问题和解决问题的实际能力,从而更好地运用到社会实践中去,通过认识世界进而更好地改造世界。

社会实践锻炼是青年马克思主义者培养理论与实际相结合,组织引导青年马克思主义者在实践中检验、巩固和升华所学理论知识,提升青年马克思主义者马克思主义理论水平的重要载体。青年马克思主义者的培养不同于其他类别的教育,它是在学习原理的过程中提出问题,通过参与实践,基于事实现状做出判断,进而得出结论,是一个不断提升自我求知素养的过程。因此,培养青年马克思主义者不能仅仅局限于理论,必须要深化实践教学,让理论在实践的道路上开花结果。

习近平总书记指出:"广大青年要牢记'空谈误国,实干兴邦',立足本职,埋头苦干,从自身做起,从点滴做起,用勤劳的双手、一流的业绩成就属于自己的人生精彩。要不怕困难、攻坚克难,勇于到条件艰苦的基层、国家建设的一线、项目攻关的前沿,经受锻炼,增长才干。要勇于创业、敢闯敢干,努力在改革开放中闯新路、创新业,不断开辟事业发展新天地。"①青年学生只有积极参加社会实践锻炼，才能真正了解社会、认识社会，在实践锻炼中不断增长才干，磨练意志，提升能力。高校要积极拓宽实践渠道，为青年学生搭建多样化的实践平台，比如加强爱国主义教育实践基地建设。爱国主义教育实践基地，是组织引导广大青年学生树立社会主义核心价值观、确立中国特色社会主义理想信念的重要载体，也是开展马克思主义理论教育的重要平台。爱国主义教育实践基地集中反映了中华民族的优秀文化，集中反映了中国共产党领导人民革命、建设、改革的艰辛历程，集中反映了中国人民建设社会主义现代化国家的奋斗历程。依托爱国主义教育实践基地的现场教学和实地感受，能够帮助广大青年学生更好地了解历史，更好地认识中国，更好地了解社会，更好地理解基层，更能激发广大青年学生刻苦学习、奋发成才。

高校在青年马克思主义者培养工程中，要结合学校实际情况和当地特色，积极发掘并利用各类社会资源，打造具有特色的实践教育形式。除了常规的组织青年学生到社区进行志愿服务、参观学习等，还可以结合当地特色资源，比如红色教育资源等，丰富实践教育的形式，形成具有独特性和针对性的实践育人形式。比如在一些红色革命老区，当地高校可以用好这一红色革命资源，组织广大青年经常性地到各种革命红色教育基地，如烈士陵园、红色革命博物馆等地进行参观教育，在参观的过程中灵活巧妙地融入红色革命文化、集体主义、爱国主义教育，宣传我们党领导人民取得的革命、建设和改革的伟大成就，使青年学生身临其境地感受到革命事业的伟大，感受到党的坚强领导，激发青年学生自觉为中国特色社会主义事业奋斗的斗志和决心。

(三) 文化熏陶

对于一个国家和民族而言，文化意味着历史和民族凝聚力，是一个国家和民族存在的命脉和根基，影响着国民生产生活的方方面面；对于一个人来说，文化是一种精神力量，能够帮助人们更好地认识世界和改造世界。党的二十大报告中习近平总书记指出要推进文化自信自强，铸就社会主义文化新辉煌。中国特色社会主义进入新时代，高校要坚持立德树人的根本任务，要注重以文化人、以文育人，要持续探索高质量的文化育人的新方法和新途径。同样，新时代高校要做好青年马克思主义者培养工程建设，也要重视文化的作用，加强对广大青年学生的文化熏陶，用文化涵养青年学生品行，增强广大青年学生的文化自觉和文化自信。

加强中华优秀传统文化熏陶。中华优秀传统文化是中华民族在漫长的历史中淬炼出来的思想结晶，既表现为浩如烟海、灿烂辉煌的文化成果，也集中体现为贯穿其中的思想理念、传统美德和人文精神。它昭示了中华民族的璀璨历史，展现了各族人民的伟大智慧创造，也是中华民族和全体中华儿女在历史长河中形成的有别于其他民族的独特标识。在对青年学生进行马克思主义理论教育的过程中，要把中华优秀传统文化融入其中，实现中华优秀传统文化与马克思主义思想的有机结合。首先在建立马克思主义理论教育的话语体系方面，要积极保留中华优秀传统文化的内核，用本民族惯有的思维方式和语言体系来解读马克思主义，从而使青年学生用更加全面和开放的眼光看待马克思主义，学习马克思主义。其次，在马克思主义理论教育内容方面，要巧妙地将中华优秀传统文化融入课堂理论

---

① 习近平:《在同各界优秀青年代表座谈时的讲话》,《人民日报》2013 年 5 月 5 日第 2 版。

教育,让广大青年学生感受到中华优秀传统文化独特的魅力。

加强红色革命文化熏陶。红色革命文化是近代以来特别是新文化运动以来,在党和人民的伟大斗争中培育和创造出来的思想理论、价值追求和精神品格。红色革命文化丰富灿烂,如红船精神、井冈山精神、长征精神、延安精神、西柏坡精神等,都集中体现了马克思主义指导下中国近现代文化的发展及成果,展现了中国人民英勇不屈、顽强拼搏的精神气节。红色革命文化既是中华民族革命斗争史的文化表达,也是中国精神在革命年代的集中体现,寄托着各族人民对美好生活的向往。红色是中国共产党人最鲜明的底色,红色革命文化是支撑新时代的中国共产党人在推进中国特色社会主义事业建设和实现中华民族伟大复兴中国梦路上的文化基因和精神动力,新时代的青年学生要加强对历史的学习和了解。因此,在青年马克思主义者培养的过程中要加强对青年学生党史、新中国史、改革开放史和社会主义发展史的系统学习,充分发掘并利用红色资源,让广大青年学生感受到中国共产党人的精神风貌。同时,可以依托当地的红色基地、革命博物馆、烈士陵园等场所大力开展红色实践教育,使青年学生切身感受革命先辈的英勇事迹,引导青年学生成长为坚守初心和使命,有责任、有担当、有本领的新时代好青年。

加强社会主义先进文化熏陶。社会主义先进文化是党领导人民在推进中国特色社会主义伟大实践的过程中,在马克思主义指导下形成的面向现代化、面向世界、面向未来的,民族的科学的大众的社会主义文化,代表着时代的进步和社会的发展要求。新时代高校青年马克思主义者培养要以社会主义先进文化凝聚育人力量,必须坚持以社会主义核心价值观贯穿培养的全过程,社会主义核心价值观是社会主义先进文化的高度凝练和集中体现。习近平总书记指出,核心价值观是一个民族、一个国家最持久、最深层的力量,承载着一个民族、一个国家的精神追求。青年学生是培育和践行社会主义核心价值观的重要力量,因此,要大力加强社会主义核心价值观教育,引导广大青年学生自觉认同和高度践行社会主义核心价值观,旗帜鲜明地反对和抵制各种错误思想和观点,立志成长为愿为中国特色社会主义事业奋斗终身的栋梁之才。

(四)创新教育教学方法

"思想政治教育载体是蕴含思想政治教育内容和目的并通过一定的思想政治教育途径和方式展开的一系列活动及过程。"新时代高校青年马克思主义者培养工程要坚持以青年学生为本,多方面探索多样化的、新颖的教育教学方法。

首先在青年马克思主义者培养工程的形式上,要打破传统的单一化的理论宣传培养形式,运用翻转课堂,强化青年学生在培养过程中的主体地位,加深培养者与青年学生的互动沟通,实现理论与实践的有机结合,不断拓宽"青马工程"的形式。其次在青年马克思主义者培养工程的内容上,要注重培养内容的思想性、理论性、科学性和实践性,根据青年学生的特点因材施教,量身制定培养内容,增强培养内容的针对性、有效性、差异性,不断完善"青马工程"的培养内容。再次在青年马克思主义者培养工程的载体上,要用好多样化的现代化手段,构建一体多元化的新媒体阵容,定期推送"青马工程"培养内容,制作符合新时代青年马克思主义者特点和兴趣的"青马工程"网络产品,为广大青年学生提供多样性、个性化的学习教育环境,丰富培养载体,扩大新时代"青马工程"的影响力和号召力,增强"青马工程"的实效性。

新时代的青年学生是在网络信息社会中成长与发展起来的,是互联网的"土著",他们的生活、学习、工作都与互联网紧密相连。新时代高校要做好青年马克思主义者培养工程,不能仅仅追求线下形式效果明显的培养工作,也要发挥网络空间的作用,形成线下线上一体化的培养环境,为广大青年学生营造多样化、立体化的学习成长环境。新时代的青年马克思主义者培养工程可以在开班之初就开设班级微博、公众号、微信群、QQ 群等,班级微博可以用来实时记录班级学习建设活动动态,通过以上新媒体对外宣传展示,不断扩大"青马班"的影响力,彰显青春正能量,拉近"青马工程"与大学生之间的距离,吸引更多的青年学生参与到青年马克思主义者培养工程中来;班级公众号可以用来推送班级精品学习活动,定期发布与推送班级学员的学习感受与心得体会,发布、转载马克思主义理论类的前沿文章,发挥"青马工程"班级微信公众号的思想引领、成长记录、吸引青年的功能;班级微信群和 QQ 群主要是用来进行班级内部交流沟通,如发布班级通知,开展内部交流,进行民主投票等,克服线下教育存在的时间空间局限性,灵活性地开展培养,为广大青年学生提供一个相互交流、共同学习的平台。

现代信息社会,高校青年马克思主义者培养工程应该结合信息化的发展趋势和工作需要,为广大青年学生提供信息化的学习实践项目,提升青年学生在网络信息社会学习、实践的能力。一方面,"青马工程"要鼓励青年学生大胆参与学校信息化项目的制定与实施工作,发挥青年学生在学校信息化建设中的桥梁作用。青年学生的参与,不仅可以更好地采纳学生群体的意见,体现了广大学生的整体利益,还解决了信息化工作在宣传推广上面临的难题。另一方面,"青马工程"通过信息技术与培养工程的有机结合,将传统的"青马工程"进行现代化信息改造,实现了信息技术与青年工作的深入融合,提升了广大青年学生参与"青马工程"的积极性和参与感。将线上培养与线下培养相结合,丰富了广大青年学生的学习资源,打破了传统培养方式的时空局限性,提高了新时代青年马克思主义者培养工程的培养效率。

第四节 科学应用信息技术载体

信息载体是指在信息传播过程中携带信息的媒介。是信息赖以存在的物质基础,即用于记录、传输、积累和保存信息的实体。回顾信息载体的发展历程,从人类传递信息的第一载体——语言,到文字再到电话、电报、无线电的发明与使用,人类的信息活动进入了新的历史纪元。随着信息量的激增,信息交流范围不断扩大,需求不断增加,更大容量的信息载体如计算机、光纤、通信卫星等新的信息记录、传输、积累、保存工具成为现代社会主要的信息载体。因此,在新的时代背景下,高校青年马克思主义者培养工程除了要用好传统的教育载体外,还应与时俱进,立足社会发展需求和青年学生成长规律,科学应用信息技术载体,拓宽青年马克思主义者培养的形式和渠道,提升新时代青年马克思主义者培养工程的实效性。

（一）信息时代高校"青马工程"离不开信息技术

现代社会中，以互联网为核心的现代信息技术飞速发展，深刻地改变了人们的生产生活方式，也深刻地改变了新时代青年学生的学习与工作方式，同时，还拓宽了人们人际交往与沟通的场域，网络已经成为现代人们思想、文化沟通的新场所。信息技术在为人们的生产生活带来了极大便利的同时，也对人们的思想带来了深刻的影响，使人们无时无刻不在受着潜移默化的影响。在经济全球化、社会信息化不断加速发展的今天，互联网无疑成为影响各国软实力的重要部分。网络信息丰富繁杂、良莠不齐，在现代社会每个人都是网络信息的接收者，同样也可以是网络信息的发布者，人们越来越便利地接受多样化的信息，而不只是单一地从官方机构获取信息，这一现状为高校思想政治教育带来了不小的挑战。因此，高校要清醒地认识到这一现状，落实好立德树人的根本任务，因势利导，搭乘信息时代的快车，将现代信息技术自然地运用到青年马克思主义者培养工程中来，提升新时代高校青年马克思主义者培养工程的时代性和实效性。

习近平总书记在全国高校思想政治工作会上明确提出："要运用新媒体新技术使工作活起来，推动思想政治工作传统优势同信息技术高度融合，增强时代感和吸引力。"[①]高校要与时俱进、应势而动，在思想政治教育工作中，在青年马克思主义者培养过程中要用好新媒体新技术。大众传媒和网络传媒的迅速发展，为思想政治教育信息突破地域限制提供了有效的技术条件，思想政治教育可以通过广播、电视和网络使广大青年学生有更多的机会接受教育。在平面媒介时代，依托于纸张的文字是主要的载体；而在现代信息社会，图像、声音等与文字一起承担着传递思想政治教育信息的任务。同时，传媒载体的发展也改变了传统的思想政治教育结构，这种改变集中反映在思想政治教育过程中主客体关系的变化。在传统媒体的载体条件下，由于思想政治教育主体在信息的占有方面优于思想政治教育客体，从而形成了确立教育主体权威性的不可缺少的前提条件之一。而现代信息社会，人们能从各种渠道接收到思想政治教育信息和资源，由此改变了思想政治教育主体对教育信息的控制权地位，教育客体与主体一样获得了接收思想政治教育信息的资格和可能，甚至有时教育客体接收教育信息的速度和数量会远远超过教育主体。因此，现代信息技术的发展所改变的不仅是信息的传播方式，同时也改变了思想政治教育的观念和模式。如何培养广大青年学生自我判断、自主选择的能力成为新时代高校思想政治教育工作的重要任务。

在现代社会，大众传媒已经成为意识形态竞争的新平台。西方境外势力利用大众传媒，特别是国际互联网不断进行意识形态渗透。同时，大众媒介所负载的大众文化自身的消费主义、功利主义、庸俗化等文化特质，又容易导致受众的价值取向发生偏离和混乱。在市场经济条件下，传媒产业为了在激烈的商业竞争中取胜，往往会造成商业传播在传媒文化中占据首要地位，而商业化传播的特点是讲求直接报偿和阅读快感，这就助长了那些文化上平庸、易于吸收和理解的"咨询快餐"的传播，这将导致青年一代知识构成的"扁平化"。大众传媒拥有更为多样化的符号表达系统，这些符号系统不仅极大地改变了人们对世界的感知方式，同时也极大地丰富和深化了新时代青年学生自我表达的方式。因此，面对信息社会鱼龙混杂、良莠不齐的信息咨询，更需要通过青年马克思主义者培养等手段对青年学

---

① 习近平：《习近平谈治国理政：第2卷》，外文出版社，2017，第378页。

生开展有效的思想政治教育。

新时代高校青年马克思主义者培养工程要积极开发新媒体中的教育载体。新媒体实现了"所有人对所有人传播"的信息流,改变了人际传播和大众传播的传统方式。首先,在青年马克思主义者培养过程中,要在传统的教学载体中引入多媒体和课堂活动等现代载体,运用多媒体技术来辅助对青年学生的培养,这样就可以把原本较为枯燥无味、晦涩难懂的理论宣传变得有声有色、入情入理、入脑入心。如在青年马克思主义者培养过程中,制作内容丰富,集声音、图像、视频文件为一体的多媒体教学课件,能够有效增强理论教育的生动性和形象性,提高青年马克思主义者培养的课堂效果。其次,在青年马克思主义者培养过程中要用好互联网,开发"青马工程"主题网站,建立各种网络互动社区等,搭建线上青年马克思主义者培养的新平台。再次,在青年马克思主义者培养工程中要实施网络内容建设工程,推动中华优秀传统文化、红色革命文化和社会主义先进文化的网络传播,制作适合互联网和手机等新兴媒体传播的精品作品,鼓励广大青年学生在参与培训的过程中创作内容优质、积极向上的网络文化作品。支持学校重点新闻网站加快发展,打造一批具有学校特色的有较强影响力的综合性网站和特色网站,发挥网络的思想政治教育功能,丰富新时代高校青年马克思主义者培养工程的形式和渠道。

与传统教育载体相比,网络载体具有开放性、快捷性、平等性、交互性、融合性、虚拟性等显著特征。同时,与传统教育载体相比网络载体有两大突出功能:一是网络载体的交互功能。网络载体的交互功能是指网络除了提供技术性的工具之外,还能引导广大青年学生加入到互动的活动过程中来,让青年学生与老师平等地自由地交换意见,沟通互动。网络改变了人际沟通的模式,使人际沟通的广度和深度达到了一个新的层面。同时,网络将私人空间与公共空间结合起来,为人们的沟通提供了前所未有的便利。二是覆盖渗透功能。网络载体的覆盖渗透功能是指广大青年通过访问覆盖无限空间的思想观念传播载体的网络所提供的青年马克思主义者培养内容与信息,使之在潜移默化中受到影响和感化。作为新时代高校青年马克思主义者培养工程新载体的网络具有强大的覆盖渗透功能。网络的发展使新时代高校"青马工程"建设能够突破时间和空间的局限性,增强其影响力和号召力。

以互联网为核心的现代信息技术具有及时性、智能性、媒体化、虚拟化等特点,基于此,在新时代高校青年马克思主义者培养过程中可以把思想政治教育的理论内容通过现代信息技术的转化,使教育内容更加生动形象,更加贴近广大青年学生的成长发展需求,并引起他们的学习兴趣,更加贴近青年学生的生活、学习实际,便于他们接受和理解。同时,还可以利用大数据、云计算等现代信息处理技术分析青年学生的接受度,为因材施教,精准教育提供可靠的技术方面的支持。综上所述,在现代信息社会运用以互联网为核心的信息技术载体对推进高校青年马克思主义者培养工程具有深刻的理论与现实意义,不仅能够更好地引导广大青年学生自觉接受理论知识教育,知行合一,还能从整体上推进高校青年马克思主义者培养工程迈入新的发展阶段,切实增强新时代高校"青马工程"的时代性和实效性。

(二)现代信息技术在高校"青马工程"中的具体形式

传统的青年马克思主义者培养工程主要是通过老师在课堂的讲授、灌输,青年学生则是根据老师的教学安排被动地单一地接受培训理论内容。这种培养方式既有优点,同时也有缺点,优点就是老师能与青年学生面对面的交流沟通,能实现信息的有效对流,而缺点就在于这种培养方式过于单一,青年学生容易形成"学习疲劳",难以激发青年学生学习的积极性和创造性,学习的效果就会大打折扣。因此,在社会信息化的今天,我们完全可以将信息技术运用到高校青年马克思主义者培养工程中来,通过有效的科技手段将枯燥的理论培训内容与现代信息技术有机地结合起来,使枯燥的理论活起来。

把现代信息技术运用到高校青年马克思主义者培养工程中要用好网络介质。所谓网络介质简单来说就是网络传播的载体或媒介。新时代高校青年马克思主义者培养工程要实现青年学生与老师之间信息、知识、思想和价值观的传递和互动,也必然要通过一定的介质才能实现。新时代高校"青马工程"的网络介质,是指能够承载和传递"青马工程"培养内容的信息、知识、思想和价值观,成为联结"青马工程"主客体中介和纽带的物质存在方式和表现形态。而在网络中,这种物质存在方式主要表现为各种不断发展的计算机应用程序、网络站点以及网络活动社区。伴随着计算机技术的发展和互联网的普及,网络应用、站点和社区的不断丰富和更新,新的网络应用形态应运而生,也由此产生了新的网络"青马工程"主客体互动的介质,比如"马克思主义经典理论研读"网站、"青马工程"电子公告牌、飞信、"青马工程"培训班班级微博、公众号、微信、班级公共云盘等。

建立"马克思主义经典理论研读"网站。在这个网站中,不是简单的发布信息即可,而是通过现代信息技术让马克思主义经典穿越时空,还原经典理论产生的时代背景,并赋予经典理论情感,让理论"动起来""活起来",引导青年学生自觉学习并认同马克思主义经典理论,在日常生活中实践马克思主义,做马克思主义的坚定信仰者和积极践行者。

创建"青马工程"电子公告牌。电子公告牌在进入国内之初是一种流行于中国教育和科研网内各大高校的信息交互平台,后逐渐发展成为网络上普遍的社区性公共论坛,它包含多个不同主题的论坛版面,通常以匿名的方式向公众提供远程访问服务,公众可以在论坛版面上发表观点或分享信息。目前,我国高校中的电子公告牌在大学生日常学习、工作、生活中承载着信息发布、学术讨论、思想交流、休闲娱乐和校园管理等功能,是大学生的思想交流和获取信息的重要空间。电子公告牌为新时代高校青年马克思主义者培养工程提供了前所未有的崭新形态。电子公告牌在高校"青马工程"中作为网络介质的优势在于:其一,它能够快速及时反映广大青年学生的思想动态,通过这个窗口,"青马工程"的老师能够第一时间了解到青年学生的所思所想;其二,电子公告牌的交互性特点使它能够成为老师与青年学生真诚沟通的桥梁,由于这种网络介质不受时间和空间的限制,从而使异地、及时、交汇性沟通成为可能;其三,电子公告牌所创造的平等和谐的网络沟通氛围,有助于增强"青马工程"的实效性,让培养工作春风化雨,润物无声,更能让青年学生在潜移默化中受到影响。

飞信是融合语音、通用无线分组业务、短信等多种通信方式,覆盖完全实时的语音服务、准实时的文字和小数据量通信服务、非实时的通信服务等三种不同形态的客户通信需求,实现在互联网、移动互联网和移动网间的无缝通信服务的网络媒介形式。飞信是移动互联网发展的产物,它的出现将影响最广的网络与传播最迅速的手机客户端连接了起来,这种更加便捷的沟通方式所具有的优势使其迅速为大学生所接纳和使用,并创造了"青马工程"新的媒介形态。飞信实现了电脑与电脑、手机与电脑、手机与手机之间的无缝衔接与沟通,青年学生可以根据不同的地点采取不同的方式登录并传递信息,实现信息的互通和交流,而不必考虑到客户端设备的影响。

创建"青马工程"班级微博。微博是一种网络关注机制,运用电脑或手机终端记录和分享各种简短实时信息的广播式社交网络平台。由于微博记录和分享信息的即时性和随时性,信息内容的微型化与简明性,操作方式的多样化与便捷性以及互动交流的现场感与实效性等特点,迎合了广大青年学生对多样化和个性化的需求,所以微博一经问世就成为许多青年学生运用的新媒介形态。在高校青年马克思主义者培养过程中,可以根据班级创建各自的班级微博,微博可以定期推送班级学习的情况,进行对外宣传,这既能实时记录反映班级建设的活动动态,也能突出"青马工程"在青年群体中的影响力和号召力,拉近"青马工程"与广大青年学生的距离。

创建"青马工程"微信公众号。"青马工程"班级微信公众号可以定期推送班级学员的学习情况、学习感想以及心得体会,及时发布青年马克思主义者培养工程的相关公告,转载马克思主义理论领域的前沿文章和最新理论成果,有针对性地发布思想引领类文章,发挥班级微信公众号在新时代高校青年马克思主义者培养工程中的思想引领、理论研修、成长记录和民主监督的功能,引导广大青年学生做好自我教育、自我管理和自我监督。

建立"青马工程"班级微信号。微信是为智能终端电脑或手机提供即时通信服务的免费应用程序。它通过支持跨通信运营商和跨操作系统平台快速发送语音短信、视频、图片和文字等实现信息传递与分享,并通过社交服务插件在"朋友圈"中共享多媒体内容。微信的出现为网络时代提供了更加强大便捷的通信、社交和消息传播功能,使得无论是手机还是电脑之间,只要存在通信网络,就可以实现双人、多人语音对讲,信息传递、图片分享等功能,并且朋友圈信息分享与好友互动的私密性,使用户信息得到了更好的保护。微信和微博最大的不同在于社交模式的差异,微博中的用户间属于"面对背"型的弱关系社交模式,即一个微博用户可以关注任意一个用户而不需要事先得到该用户的同。微信的用户间则属于"面对面"型的强关系社交模式,即微信用户间必须是双方同意才有可能建立信息分享关系,因而"朋友圈"内的语音对话、信息传递、图片分享等具有良好的私密性,非微信好友之间不能阅读也无法参与评论。新时代高校"青马工程"可以利用微信这一新媒介更好地实现信息和情感关注、更私密性的话题互动,使"青马工程"目标更专注、过程更具个性化。高校"青马工程"可以把各班的微信群作为内部交流的一种平台,在微信群里可以发布班级通知,开展内部交流讨论,举行民主投票等等,发挥即时通信工具快速便捷、双向互动和跨越时空等优点,让班级集体感和荣誉感时刻存在,让班级学员更积极地参与培训。

新时代高校"青马工程"还可以通过创建公共云盘来记录、储存班级培训相关资料,比如班级规章制度、学习资料、成员档案及活动记录等,且所有的资源都可供班级学员查看,共建共享,随时获取需要的信息和资料。同时,还可以随时上传资料文件到云盘,丰富各类资源。

除此之外,高校青年马克思主义者培养工程的各方师资力量还可以开通个人博客、公众号等,可以在这些公众平台上宣传讲解马克思主义经典理论,扩大马克思主义理论的影响力,吸引广大青年学生积极参与,融入到学习教育活动中。互联网的开放性、共享性等特征,能帮助新时代"青马工程"更有效地吸引更多的优秀青年学生参与,切实提高新时代青年马克思主义者培养工程的针对性和实效性。

第五节　落实条件保障

新时代高校青年马克思主义者培养工程要落实各方条件保障,这一条件保障是为确保"青马工程"顺利实施、取得理想效果的各要素及其相互关系的集合。高校青年马克思主义者培养工程的条件保障既需要外部的制度和资源等环境保障,也需要"青马工程"自身内在的价值保障。就两者的关系而言,外部保障与内部保障相互作用、互为补充、同向发力。外部保障是"青马工程"能够启动和实施的重要前提条件,有利于"青马工程"内在价值的发挥与实现;内部保障是"青马工程"能否得到持续长久发展的内部动力。内在保障能获得更多的外部保障的支持,外部保障和内部保障两者在"青马工程"发展过程中形成一种良性的互动,共同为新时代高校青年马克思主义者培养工程保驾护航。

(一)夯实制度保障

推动新时代高校青年马克思主义者培养工程不断制度化是"青马工程"持续健康发展的根本保证。高校青年马克思主义者培养工程的制度化建设在国家、地方和高校三个不同的层面持续推进。首先在国家层面,按时间顺序梳理可以看出国家对青年马克思主义者培养的重视。2007年5月,团中央发布了《"青年马克思主义者培养工程"实施纲要》;2009年,团中央、全国学联印发了《大学生骨干培养工作实施细则》和《中国大学生骨干培养学校教学与管理大纲》;2012年,"青马工程"被正式纳入中央马克思主义理论研究与建设工程;2015年12月23日,共青团中央、全国学联在北京召开高校"青年马克思主义者培养工程"工作推进会,回顾了"青马工程"的发展历程,总结了"青马工程"的制度化经验,展望了"青马工程"的未来发展前景并提出了科学的指导意见;2017年4月,中共中央、国务院印发了《中长期青年发展规划(2016—2025年)》,也是我们国家第一部中长期青年发展规划。这一规划聚焦我国青年发展的核心问题,关注青年成长发展过程中的利益,紧紧围绕青年切实存在的思想道德、教育、健康、婚恋、就业创业、文化、社会融入与社会参与、权益保护、预防犯罪、社会保障十个领域的问题,从全局出发,系统地做出解答和应对,并提出了每个领域的具体的发展目标和发展措施,力求切实解决我国青年在上述领域遇到的问题和困惑,帮助青年更好地成长。同时,这一规划立足于建设社会主义现代化强国,实现中华民族伟大复兴中国梦的需要和青年自身成长发展的需求,提出了十大重点项目,而"青马工程"位于十大项目之首,足可见国家在顶层设计层面对青年马克思主义者培养工程的重视程度。在具体操作层面,规划指出要通过党性教育、理论学习、实践锻炼、工作锤炼、对外交流等方式和手段,着重在青年学生骨干、团干部、青年知识分子等青年群体中培养一批又一批的立场坚定、作风优良、本领过硬的青年马克思主义者。其中,更是特别强调要"注重后续跟踪培养,动态调整培养方式",力求青年马克思主义者培养取得持续的理想效果。2020年6月5日,共青团中央、教育部、民政部、农业农村部、国务院国资委印发了《关于深入实施青年马克思主义者培养工程的意见》,其中指出深入实施"青马工程"的重要意义和总体要求,中国共产党是用马克思主义武装起来的政党,马克思主义是中国共产党人理想信念的灵魂,深入实施"青马工程"能够巩固和扩大党执政的青年群众基础,确保党的事业后继有人、兴旺发达。同时还提出要建立健全科学化规范化的培养机制,通过着力构建分层分类的培养体系,规范学员选拔标准和程序,完善标准化培养内容,建立健全的从严管理机制,从大力加强人才举荐等方面入手,使培养机制更加健全、科学和规范。此外还提出要从完善领导机制、提升专业水平、优化资源保障等方面强化"青马工程"的支持保障,为新时代做好青年马克思主义者培养工程提供了方向指引和政策支持。

在省级层面,2015年11月,四川省出台《关于实施优秀青年马克思主义者培养工程的意见》,提出要在广大青年中培养造就一批具有坚定政治信念、现代管理素质和较强创新创业能力的优秀管理人才,并择优充实到各级党政机关和重要管理岗位中去,为未来发展发现、培养和储备一批优秀人才。2018年10月,四川省委、省政府印发《四川省中长期青年发展规划(2017—2025年)》,把"青马工程"列为十二大重点项目之首,提出要强化大学生骨干培养,开设"四川省大学生骨干培养学校"暨民族地区"9+3"学生骨干培训班,分省级、市级和校级实施,着重将在川高校大学生骨干、民族地区"9+3"免费教育计划学生骨干中的优秀青年人才作为培养对象,以理想信念教育为核心,学习和贯彻党的理论创新成果,提高思想政治素质。2020年8月,共青团四川省委印发了《2020年四川省青年马克思主义者培养工程实施方案》,明确10个区县作为"青马工程"的试点区县。2021年11月,四川团省委联合省委组织部、省委教育工委、民政厅、农业农村厅、省国资委印发《关于进一步推进四川省青年马克思主义者培养工程的实施意见》,推动"青马工程"在省、市、县三级联动实施、纵深推进,逐步建立三级统一规划、分工负责、联动育人的培养体系,推动科学化、规范化、系统化发展。

在各高校层面,涉及省级"青马工程"学员选拔的各高校都成立了"青马工程"工作领导小组,包括学校各级领导人员和工作队伍,主要负责本校学员人选的选拔、推荐、思想政治教育和跟踪持续教育工作。同时,各高校纷纷响应中央和省委号召,坚持为党育人,为党的事业持续发展输送源源不断的青年人才,开展实施校级"青马工程",出台专门的文件推动"青马工程"的有效实施,校级"青马工程"与省级"青马工程"有效衔接,持续不断地为青马班输送优秀的人才。

同时,制度不是一成不变的,制度化的另一个方面是让"青马工程"的各项规章制度合理保持弹性,并在"青马工程"的实践中不断修正完善。社会变化发展日新月异,如果不根据社会发展需求和学生成长发展要求及时做出合理修订,那么再好的规章制度也会逐渐失去对实际工作的指导作用,"青马工程"也是如此。"青马工程"的培养计划和实施方案并非固定不变,而是会随着社会需要、学员需求和以往的实际培养效果不断调整,以达到最理想的状态。比如在培养计划方面,每年学校都会根据实际情况进行修订,淘汰效果不理想的课程,新增优质课程,不断丰富课程内容,优化培养效果。通过合乎实际情况的修正完善使得"青马工程"规章制度更好地为"青马工程"的实施保驾护航。

(二)优化资源保障

《关于深入实施青年马克思主义者培养工程的意见》中明确指出要优化资源保障:依托党校、团校等教育培训基地,聚集专业资源,在党政机关、厂矿企业、社区农村及青少年爱国主义教育基地中建立一批功能明确、特色鲜明的实践锻炼基地。组建以马克思主义理论学科专家学者、党政领导、高校和科研院所优秀教师等为主体的师资队伍,用好既有的相关教材成果,不断开发推广精品课程,建设"青马工程"教学资源库。统筹各类新闻媒介资源,加强宣传推广工作。规范使用"青马工程"文化标识,结合青年特点开发系列文化产品,增强"青马工程"吸引力和影响力。

新时代高校青年马克思主义者培养工程的顺利实施离不开人财物等各方面资源的支持与保障。在人员安排上,既要专门安排精兵强将进入到"青马工程"工作领导小组,也要灵活安排学校骨干力量加入"青马工程"实施的全过程和各环节,确保"青马工程"工作队伍人手充足,踏实可靠。在对"青马工程"工作人员进行挑选时,要格外注重人选的政治素养、马克思主义理论水平以及日常工作教学能力,力求将信仰坚定、理论扎实、本领过硬的青年干部挑选到"青马工程"中继续历练锻造,这不仅能营造干劲十足、热情饱满的培养氛围,推动"青马工程"取得理想的效果,也能为青年干部自身继续加强理论学习与实践锻炼搭建可靠的平台。在财力保障方面,省级财政为"青马工程"规划有专项的财政预算,每年投入充足的专项资金用以支持"青马工程"的顺利开展。在物力方面,各地要为"青马工程"的顺利实施提供专门的培养基地和实践基地,充分利用省委党校和各高校的校园环境和各种软硬件资源,集中力量为"青马工程"更好地实施提供物质方面的保障。同时,还应该有效利用优质的国内外教育资源,与多地达成合作教学。比如与延安、井冈山等革命老区建立稳定的合作关系,利用当地的红色资源对青年学生开展红色革命文化教育、爱国主义教育和集体主义教育,让青年学生身临其境,感受到革命前辈的不易,从而激发广大青年学生自觉加强理论学习,为社会主义建设打好坚实的基础。

除了固定的人财物方面的投入与支持,新时代高校"青马工程"还应建立灵活的资源保障机制,为"青马工程"的实施提供牢固的后勤保障。在省委的统一号召下,党政军民学等各方面各领域都应为"青马工程"贡献力量,比如省委组织部负责提供培养过程中的基层实践锻炼基地,为高校青年学生的实践锻炼搭建多样化的平台,打通人才出口通道;省委党校和各高校积极献策,参与"青马工程"培养方案的设计、制定与实施,省委党校利用自身优势,承担寒暑假期集中培养的工作,为优秀的青年学生提供更高水平的理论学习、实践锻炼机会;教育厅发挥育人功能,参与"青马工程"学员动员选拔工作,向全省高校联合下发通知文件;财政厅立足自身本职工作,提供与"青马工程"相配套的财力支持,确保"青马工程"顺利地、高质量地开展,取得良好的效果。此外,在教学师资和理论导师的安排方面,要汲取多方资源,建立一支优质的师资队伍。同时,要对这一师资队伍实行动态管理,及时根据教师表现和培养效果进行淘汰和新的选拔,保证信仰坚定、作风优良、本领过硬的师资力量能够随时补充到"青马工程"师资队伍中来,为"青马工程"的顺利实施奠定良好的师资基础。一般来说,"青马工程"的理论导师有较为固定的聘期,比如两年一个聘期,每到一个聘期之前都会面向学校进行增补或替换,这有利于将各专业各领域的专家学者充实到"青马工程"导师资源库中,保持"青马工程"师资队伍始终充满活力与创造力。

除了积极整合外部资源,新时代高校青年马克思主义者培养工程还要格外注重积累和优化提升学校内部资源。一是对参与培养的学员指标进行动态分配,优化内部资源的使用。由于各个高校的规模有所不同,每个学校入选"青马班"接受培养的人数也应该有所差别,而这一分配的标准应该是基于各个高校以往历届"青马工程"的培养实际效果和本届"青马工程"参与选拔的学生质量来进行最终判断的。对学员的指标进行动态管理有利于在各高校之间形成一定程度的竞争,推动高校做好""青马工程""的积极性和创造性,也将会在客观上推动""青马工程""更好地落实。二是抓好毕业生资源,强化与毕业生校友的联系。这里的校友主要是指在校期间参加过"青马工程"培养的校友,随着学员一届一届毕业,他们会去往全国基层各地,涉足各领域各行业,这都是现在"青马工程"开展的现成的鲜活的资源。加强不同届别的青马学员的沟通联系,能够在无形中对广大青年学生产生良好的示范与激励作用,发挥好同辈群体的教育功能。同时,刚刚走出学校的往届"青马班"学员往往更理解现在青年学生的想法与需求,更能产生情感上的共鸣,从而提升分享学习的效果。此外,这些已经毕业的学员能结合自己的基层工作经验,为"青马工程"的实施提出很多针对性的意见,能够帮助"青马工程"培养更多符合社会发展需求的优秀青年人才,帮助"青马工程"进一步优化。

(三)增强价值保障

价值属于关系范畴,从认识论上说,是指客体能够满足主体需要的效益关系,是表示客体的属性和功能与主体需要间的一种效用、效益或效应关系的哲学范畴。对于新时代高校青年马克思主义者培养工程来说,价值是这一工程能够存在、启动和发展的基本依据,而价值保障是指高校青年马克思主义者培养工程在社会价值体系中的独特之处,事关"青马工程"的持续发展和长久实施。时代在不断发展,青年也处在不断发展变化之中,只有紧紧抓住国家和社会发展的紧迫需求并加以解决,高校青年马克思主义者培养工程才能经久不衰,行稳致远。

做好价值保障,要积极创造价值。新时代高校青年马克思主义者培养工程旨在培养能为国家和地方经济发展作出贡献的青年后备干部,力图解决当前后备青年干部紧缺的问题,并且要改变目前一些地方或高校的青年马克思主义者培养工程流于形式,没有取得实际培养效果的状况。"青马工程"将青年学生在校的学习培养与未来的职业发展有机结合起来,并且提出了明确且具体的培养目标。青年学生经过在校期间的集中培训,掌握了扎实的基础理论知识,毕业之后进入基层锻炼能够帮助青年学生更好地了解社情民意,提高处理基层复杂繁琐工作的能力,同时在基层工作也是一个磨炼青年学生理想信念的过程。从单纯的校园到复杂的社会再到环境条件较为艰苦的基层一线,从抽象的理论知识到实实在在的基层实践,必定会对青年学生的理想信念、认知、情感、意志产生深刻的影响。"青马工程"要坚持强烈的问题导向,聚焦现实又着眼长远,不仅要选拔优秀的青年人才到基层一线去,还要尽量使优秀的青年人才扎根基层一线,逐渐成长为当地干部队伍中的骨干力量,为当地经济及社会发展贡献自己的青春力量。

做好价值保障,要善于实现价值。新时代高校青年马克思主义者培养工程旨在为党和国家的事业培养后备人才,在学校开展"青马工程"可以提前发现和吸纳优秀青年,对巩固党在青年群体中的执政基础具有巨大的作用。青年学生思想单纯、积极活泼、思维开阔、可塑性较强,对在校青年学生进行马克思主义理论教育的效果要优于毕业后的再教育,能够真正凸显"德才兼备、以德为先"的后备人才选拔标准。与普通的人才选拔相比,"青马工程"在选拔方式上更加具有科学性。这种科学性表现在青年在面对现在严峻的就业形势时思想或者心态方面可能会发生一定的变化,在这个时候再去考察青年学生的理想信念和综合素质,其结果可能就不那么客观真实,也很容易受到多种不良因素的影响。"青马工程"

的选拔有一套科学系统的流程,包括笔试、面试、考察、公示等环节,根据实际情况还增设了心理健康测试的环节,并运用心理学的相关知识,采用心理学前沿量表测试人选的心理健康、人格特征和职业倾向。在学生时期对青年学生进行这样全方位的考察能够有效缓解在毕业季再进行选拔时可能会出现的各种主客观难题。经过一层层严格的筛选,确保最终进入到"青马工程"中的一定是政治素养、个性特征、学习能力和身体素质等各方面都很出色的青年学生,为"青马工程"取得理想效果奠定基础。

做好价值保障,要做好价值分配。做好价值分配就等同于做好了利益分配,这有利于激发各方教育力量的积极性、主动性和创造性,营造良好的"青马工程"生态环境。首先团省委要突破传统局限,树立长远的眼光,要明确认识到新时代高校青年马克思主义者培养工程不仅仅是为团省委培养人才,更是为党和国家的整体事业培养人才。在青年学生的长远培养目标上,团省委要与省委组织部通力合作,鼓励青年学生在毕业后积极参加地方选调生考试,去往基层,为基层的经济社会发展贡献力量。其次,"青马工程"要引导青年学生树立正确的价值观念,在培养过程中要经常性地教育青年学生不要因为参加了"青马工程"就骄傲自满,而是要时刻保持谦虚,以更高更严格的标准来时刻要求自己,争做其他同学学习的榜样。如果青年学生有意愿参加地方的选调生考试,在考试时必须按照考试要求达到相关标准,如有任何环节没有达标都不能通过考试。在基层工作中,要引导青年学生将接受过"青马工程"培养的优势自觉转化为工作的动力,俯下身子,沉入基层,勇挑重担,不断加强自身学习,在关键时刻站得出来顶得上去,要树立积极健康的工作观,不搞形式主义和面子工程。最后,要做好与对口高校的价值协调。要加强高校在"青马工程"中的地位和作用,直接在高校中开展大学生思想政治教育的实践探索,使其肩负起高校立德树人的责任与义务,这不仅有利于"青马工程"更好地落实开展,也有助于高校培养更多更高质量的人才。

参 考 文 献

一、著作类

[1] 屈晓婷.让理想照进现实:以青年马克思主义者为目标的研究生党员培养研究[M].北京:北京交通大学出版社,2014.

[2] 兰亚明.青年马克思主义者培养理论与实践[M].南京:南京大学出版社,2012.

[3] 姚亚平.江西省青年马克思主义者理论研究创新工程论集[M].江西:江西人民出版社,2015.

[4] 肖红新.思行如一:青年马克思主义者培养教程[M].厦门:厦门大学出版社,2014.

[5] 倪邦文.新时代青年马克思主义者培养论纲[M].北京:中国青年出版社,2020.

[6] 黎万和,赵四学,李龙强,等.引领与垂范:高校青年马克思主义者培育的机制与路径研究[M].四川:四川大学出版社,2021.

[7] 李廷宪.青年马克思主义者培养工程机制建设研究[M].芜湖:安徽师范大学出版社,2015.

[8] 陈志勇,李天丽.新时代"青马工程"培训读本[M].北京:光明日报出版社,2019.

[9] 肖红新.思行如一:青年马克思主义者培养教程[M].厦门:厦门大学出版社,2014.

[10] 陈志勇.新媒体时代的大学生思想政治教育[M].北京:中国文史出版社,2014.

[11] 兰亚明.关于青年马克思主义者培养的若干问题研究[M].南京:南京大学出版社,2016.

[12] 兰亚明.青年马克思主义者培养理论与实践[M].南京:南京大学出版社,2019.

[13] 王向阳.青年马克思主义者培养的探索与实践[M].合肥:合肥工业大学出版社,2012.

二、期刊、论文类

[1] 赵子明,张兴海.高校青年马克思主义者意志品质培养探赜[J].长春师范大学学报,2023,42(1):1-4.

[2] 张亚男,朱文."青马工程"在思想政治教育中的定位、作用与展望[J].长春师范大学学报,2023,42(1):5-9.

[3] 王欣然.新时代高校"青马工程"提质增效:逻辑理路、价值意蕴与实践进路[J].齐齐哈尔大学学报(哲学社会科学版),2022(12):61-65.

[4] 张艳.红色文化在"青马工程"中的功能定位与实践路径[J].山东干部函授大学学报(理论学习),2022(12):58-62.

[5] 高子涵.依托高校"青马工程"培育时代新人的创新模式研究[J].长春师范大学学报,2022,41(11):1-4

[6] 巴特尔.新媒体视域下民族地区高校学生干部社会主义核心价值观培养研究[J].内蒙古财经大学学报,2022,20(3):23-25.

[7] 徐德斌,刘夕语.新时代高校"青马工程"培养路径创新研究[J].吉林广播电视大学学报,2022(3):25-27,30.

[8] 刘俸廷.活动体验 多元化育:基于高校"青马工程"的大学生文化自信培育研究[J].昆明理工大学学报(社会科学版),2022,22(1):98-106.

[9] 刘跃宁.高校"青马工程"培养质量提升路径研究[J].长春大学学报,2021,31(4):73-77,86.

[10] 张学.高校学生党建引领"青马工程"提质增效的四维路径研究[J].南通职业大学学报,2021,35(1):40-43.

[11] 蔡聪裕.价值共创:高校"青马工程"育人模式——基于闽江学院"六艺修身班"实践项目[J].长春师范大学学报,2020,39(11):1-6.

[12] 何楣,耿悦曦,朱翰墨.以立德树人为核心的高校"青马工程"人才培养指标体系探索[J].扬州大学学报(高教研究版),2020,24(5):92-96.

[13] 哈自铭,杨亚庚."青马工程"实施背景下少数民族大学生信仰教育研究[J].长春师范大学学报,2020,39(9):1-4.

[14] 卞彩巍,李影.社会主义核心价值观融入"青马工程"实践路径研究:以长春师范大学为个案[J].长春师范大学学报,2020,39(7):1-3.

[15] 蔡威,马悦.高校"青马工程"质量提升面临的问题及对策[J].长春师范大学学报,2020,39(3):1-3.

[16] 刘雪.民办院校"青年马克思主义者培养工程"探析[J].长春师范大学学报,2020,39(3):4-6.

[17] 邱蔚.大思政格局下高校"青马工程"实践创新的路径探析[J].福建广播电视大学学报,2019(6):10-12.

[18] 郭琳.微信公众平台在"青马工程"建设中的有效应用探析[J].长春师范大学学报,2019,38(5):1-3.

［19］ 张甲田.基于分类分层一体化视角的高校学生干部能力培养路径探析［J］.吉林广播电视大学学报,2019(5):66-67.

［20］ 佟宇.高校学生党建工作与"青马工程"内在联动机制研究［J］.东北师大学报(哲学社会科学版),2019(3):125-130.

［21］ 王桂林,唐吕俊驰.青年大学生文化自信培育路径探究:基于"青马工程"分析［J］.重庆工商大学学报(社会科学版),2019,36(4):122-128.

［22］ 耿毅乾.以"青马工程"为依托的"学习筑梦"行动:以长春师范大学为例［J］.长春师范大学学报,2019,38(1):1-3.

［23］ 周涵.高校"青马工程"育人导向探析［J］.长春师范大学学报,2018,37(11):1-3.

［24］ 于丽霞.学生干部就业创业综合素质培养［J］.西南林业大学学报(社会科学),2018,2(5):84-86.

［25］ 孙雷."青年马克思主义者培养工程"课程体系及效果评价研究［J］.辽宁广播电视大学学报,2018(3):86-87.

［26］ 毛帅.以红色文化引领"青马工程"建设的探究［J］.湖北函授大学学报,2018,31(11):111-113.

［27］ 迟慧.高校"青马工程"协同育人过程中的变量分析［J］.长春师范大学学报,2018,37(5):4-5.

［28］ 钟远珍.论高职高专学生干部"三自"能力培养的制度建设研究［J］.湖北函授大学学报,2018,31(8):39-41.

［29］ 黄广顺."大思政"逻辑下深化高校"青马工程"改革的几点思考［J］.佳木斯大学社会科学学报,2018,36(1):74-76.

［30］ 赵士初.推进高校"青马工程"三级联动发展［J］.长春师范大学学报,2018,37(1):1-2.

［31］ 蒋泽枫,徐星华.协同创新理念下高校"青马工程"长效培养机制探究［J］.长沙大学学报,2018,32(1):150-153.

［32］ 张建强.95后高校学生干部培养的现状、问题及对策探析［J］.吉林广播电视大学学报,2017(12):43-44.

［33］ 王颖,王延东.李大钊青年教育思想对高校实施"青马工程"的启示［J］.长春师范大学学报,2017,36(11):1-3.

［34］ 马丹,吴近名,李欢.高校"90后"班级学生干部管理能力培养:基于领导生命周期理论［J］.湖北函授大学学报,2017,30(18):59-61.

［35］ 马金玉,杨亚庚.学员在青年马克思主义者培养工程中的角色定位［J］.长春师范大学学报,2017,36(9):12-13,20.

［36］ 孙万代.论高校青年教师思想政治工作载体创新:以长春师范大学青年教师马克思主义学会为例［J］.长春师范大学学报,2017,36(9):1-5.

［37］ 张晓庆.社会工作介入"青马工程"社会实践环节:基于优势视角的思考［J］.重庆师范大学学报(哲学社会科学版),2017(3):74-78.

［38］ 金佳,赵山,闫国栋,等.积极心理学视域下高校学生干部培养探索研究:以吉林大学为例［J］.吉林广播电视大学学报,2017(6):18-20.

[39] 于德媛.论校园文化建设与学生干部的培养[J].湖北函授大学学报,2017,30(9):24
    -25.

[40] 赵平.青年马克思主义者培养工程的阈限探析[J].华北电力大学学报(社会科学
    版),2017(2):117-122.

[41] 黎钻仪.民办高校新时期学生干部骨干培养提高路径探索:以广东理工学院为例
    [J].吉林广播电视大学学报,2017(4):88-89.

[42] 马健.新高度下选拔和培养高校学生干部的重要性[J].锦州医科大学学报(社会科
    学版),2017,15(1):95-97.

[43] 徐敏,任真真,王泰然.习近平高校思想政治工作会议讲话对"青马工程"的启示[J].
    长春师范大学学报,2017,36(1):1-3.

[44] 张建强,李亚.新形势下高校学生干部的培养探究[J].湖北函授大学学报,2016,29
    (18):59-60,95.

[45] 赵士初,石波罗.运用"五大发展"理念指导高校"百优"青马工程""建设:以长春师
    范大学为例[J].长春师范大学学报,2016,35(7):4-5.

[46] 徐敏.高校"青马工程"特殊辅导模块相关问题研究:以长春师范大学为例[J].长春
    师范大学学报,2016,35(7):1-3.

[47] 孟琦,刘严宁,葛梦薇.高职院校"青马工程"与学生党建的衔接路径探析[J].湖北函
    授大学学报,2016,29(13):25-26,31.

[48] 王莉.浅谈高校学生干部的选拔、培养、任用与管理[J].开封大学学报,2016,30(2):
    48-49.

[49] 赵士初,贺晓玲.高校"青马工程"建设创新实践成果研讨:以长春师范大学"青马工
    程"为例[J].长春师范大学学报,2016,35(5):4-8.

[50] 王菁.拓展训练对高校学生干部素质培养的影响研究[J].安徽工业大学学报(社会
    科学版),2016,33(3):114-115.

[51] 崔海波,马金玉.以红色资源推进"青马工程"信仰教育的大众化[J].长春师范大学
    学报,2016,35(3):4-6.

[52] 钱立贤.谈"青马工程"推进思想政治教育的实现对策[J].长春师范大学学报,2016,
    35(3):1-3.

[53] 张翀,陈爱梅.新环境下高校意识形态建设的新思路:以长春师范大学"青马工程"为
    例[J].长春师范大学学报,2016,35(3):7-9.

[54] 亚里坤·买买提亚尔.新疆高校实施"青马工程"的经验与现实思考[J].中南民族大
    学学报(人文社会科学版),2016,36(1):97-100.

[55] 杨立敏.加强宣传思想工作背景下的高校校园文化活动再思考[J].长春师范大学学
    报,2016,35(1):4-5.

[56] 蔡秋华.精致化学生工作视角下高校学生干部队伍建设的再思考[J].吉林广播电视
    大学学报,2015(12):133-134.

[57] 薛翔宇,陈爱梅.高校党委如何占领青年的信仰阵地:以长春师范大学"百优"青马工
    程""为例[J].长春师范大学学报,2015,34(11):1-4.

[58] 高千卉.将社会主义核心价值观融入高校青年马克思主义者培养工程[J].吉林广播

电视大学学报,2015(10):89-90.

[59] 郝海洪,朱宗友.基于"青马工程"的大学生骨干社会主义核心价值观培育与实践探究[J].佳木斯大学社会科学学报,2015,33(5):82-84.

[60] 杨立敏.基于"青马工程"的高校基层党建工作新范式[J].长春师范大学学报,2015,34(9):4-6.

[61] 孙万代,钱立贤.高校"青马工程"与基层党建互促共进论析[J].长春师范大学学报,2015,34(9):1-3.

[62] 徐江虹.朋辈教育视阈下高校学生干部领导力培养探析[J].江苏师范大学学报(哲学社会科学版),2015,41(5):1-3.

[63] 韩梦成,杨建.新时期高校学生干部培养机制创新研究[J].齐齐哈尔大学学报(哲学社会科学版),2015(8):154-156.

[64] 孙万代,杨影.论青年马克思主义者的自我修缮:以长春师范大学"百优"青马工程""为例[J].长春师范大学学报,2015,34(7):1-3.

[65] 赵士初.将社会主义核心价值观融入"青马"学员培养全过程[J].长春师范大学学报,2015,34(7):7-9.

[66] 冯剑桥.新时期高职院校学生干部培养与队伍建设[J].湖北函授大学学报,2015,28(9):61-62.

[67] 潘业旺,徐晓辉.高校院系层面"青马工程"大学生干部培养途径探析[J].长春师范大学学报,2015,34(3):4-6.

[68] 孟杰.浅析高校学生干部执行力的培养[J].吉林广播电视大学学报,2015(3):120-121.

[69] 潘业旺.高校团委在推动"青马工程"建设中的作用及途径[J].长春师范大学学报,2015,34(1):27-29.

[70] 饶冬.新时期高校学生干部培养模式的构建与创新[J].吉首大学学报(社会科学版),2014,35(S2):174-176.

[71] 庞玉清.高校开展"青马工程"中存在的问题及解决对策[J].长春师范大学学报,2014,33(11):1-3.

[72] 迟慧,王英权.高校"青马"学员对马克思主义接受状况的调查与分析:以长春师范大学"青马工程"为例[J].长春师范大学学报,2014,33(11):11-16.

[73] 张润宏.新形势下高校学生干部主体性培养[J].山西农业大学学报(社会科学版),2014,13(10):1046-1049.

[74] 刘珍珍.网络环境下"90"后大学生干部培养路径探索[J].湖北广播电视大学学报,2014,34(10):55,69.

[75] 安阳阳.高校大学生学生自律会干部队伍的建设与培养[J].湖北函授大学学报,2014,27(11):13-14.

[76] 张丽佳.高校学生干部培养发展难点探析[J].上海理工大学学报(社会科学版),2014,36(2):192-196.

[77] 张罡,刘香楠,赵琪.学生助理辅导员培养和学生干部培养机制探讨[J].湖北函授大学学报,2014,27(4):192-196.

[78] 邱铁辉.高校学生干部培养存在的问题与对策[J].长江大学学报(社科版),2014,37 (1):131-132.

[79] 余晓.浅谈如何在高校新生中对学生干部进行选拔培养[J].湖北广播电视大学学报,2013,33(10):55.

[80] 许震宇,陈宁.西藏高校学生干部培养模式探析[J].长春工业大学学报(高教研究版),2013,34(3):135-136.

[81] 陈洪兵,薛晏.高等学校学生干部角色认知的调查与分析[J].沈阳农业大学学报(社会科学版),2013,15(5):592-594.

[82] 余常.关于高校学生干部培养的思考[J].成都中医药大学学报(教育科学版),2013, 15(2):81-82.

三、报纸类

[1] 习近平.在同各界优秀青年代表座谈时的讲话[N].人民日报,2013-05-05(2).

[2] 习近平.在中国科学院第十七次院士大会、中国工程院第十二次院士大会上的讲话[N].人民日报,2014-06-10(2).

[3] 习近平.在哲学社会科学工作座谈会上的讲话[N].人民日报,2016-05-19(2).

[4] 习近平.以解决突出问题为突破口和主抓手推动党的十八届六中全会精神落到实处[N].光明日报,2017-02-14(1).

[5] 习近平.在纪念马克思诞辰200周年大会上的讲话[N].光明日报,2018-05-05(2).

[6] 习近平.在同各界优秀青年代表座谈时的讲话[N].光明日报,2013-05-05(2).